中共上海市委党校（上海行政学院）"超大城市治理与高品质生活推进"
创新工程项目资助出版

JIANKANG ZHONGGUO DE CHENGZHEN JUMIN YILIAO BAOXIAN
ZHIDU BIANQIAN YU ZHENGCE FENXI

健康中国的城镇居民医疗保险制度变迁与政策分析

贺小林 ◎ 著

复旦大学出版社

序

改革开放40多年来，我国经济社会发展取得了举世瞩目的成就。医疗保障体制改革作为其中最为闪亮的部分已经融入全面深化改革的伟大历史进程中。城镇职工医疗保险制度、新型农村合作医疗制度和城镇居民基本医疗保险制度先后建立并逐步实现了全民医保。其中，城镇居民基本医疗保险是最为重要的基础性制度之一，伴随着其与新型农村合作医疗制度的加快整合，城乡居民医疗保险制度的统筹逐步实现，城镇居民基本医疗保险制度的政策变迁与政策分析很快将淹没在历史的尘埃中，至今也不过10余年！如何促进一项事关亿万国民的基本医疗保障制度向着更加公平、更可持续、更加成熟、更加定型的目标发展，不断增加人民在健康福祉方面的获得感、幸福感和安全感？最好的方式是将制度的发展路径、来龙去脉镌刻，这不仅是为了保持制度的连续性，更是为后来者对改革的求索提供镜鉴。

贺小林副教授的著作《健康中国的城镇居民医疗保险：制度变迁与政策分析》较好地承担了这一功能。著作对城镇居民基本医疗保险的制度变迁、政策运行、公平性分析、政策评估与风险识别进行了研究，较为前瞻地把握了城镇居民基本医疗保险的制度瓶颈，并提出了完善的战略思路与政策路径。具体而言，聚焦探讨了关于城镇居民基本医疗保险参保覆盖面与户籍制度的问题、自愿参保与应保尽保的问题、制度筹资的责任分担问题、筹资水平与补偿水平的问题、保基本还是保大病的问题、城镇居保与医疗服务体系联动的问题、医保支付方式改革的问题、制度融合与全民医保的问题共8个方面的重点问题。并指出，在短期内大幅提高城镇居保筹资水平的制度空间十分有限的情境下，进行医保支付制度的改革；结合医疗服务体系的改革，促进社区卫生服务尤其是家庭责任医生制度的构建，以形成医保费用的"守门人"制度；加强对医保基金的监督和管理，提高医保机构的经办效率等政策路径。这些均已随着形势的变化成为当前完善城乡居民医疗保险制度的发展方向和工作重点，体现了研究的前瞻性和可靠性。本研究基础扎实，富有创新意义，研究结论和政策建议有较高的参考价值。

21世纪是健康的世纪，当前我国已经进入全面建成小康社会的决胜阶段，国民健康作为全面实现小康社会的先决条件和重要内容，是未来国家战略的重中之重。2016年8月，中共中央召开全国卫生和健康大会，正式将"健康中国"确立为国家战略。中共中央政治局审议通过的"健康中国2030"规划纲要是具有重大影响和深远意义的里程碑事件。"把人民健康放在优先发展的战略地位""将健康融入所有政策""努力全方位、全周期保障人民健康"是党和政府对全国人民的庄严承诺。作为社会管理与社会政策领域的青年学者,贺小林博士长期关注并专注于健康中国的理论和实践研究,以浓厚的兴趣和深入的调研坚守在这一领域,勤奋耕耘。他先后获得多项国家级和省部级课题资助,并先后承担中央深化改革领导小组、国家相关部委、上海市委市政府的重点决策咨询项目,为"健康中国"战略和"健康上海2030"规划的实践落地进行了有益的尝试与探索研究,取得了一系列高质量的研究成果;先后荣获第九届、第十届、第十一届、第十二届上海市政府决策咨询研究成果一等奖或二等奖。这对于一位年轻学者而言,是非常不容易的。当前,我国健康事业的发展还面临着艰巨挑战和诸多风险。2020年春,一场席卷全球的新冠肺炎疫情让人们意识到健康领域的公共政策研究依然任重道远。研究无止境,希望他一如既往地围绕相关主题进行深化研究、开拓创新,将研究写在人民城市建设的发展路途上,将学问写在健康中国建设的祖国大地上,为我国实现"健康中国"战略贡献智慧。

是为序。

复旦大学城市发展研究院院长　梁鸿教授
2021年2月8日
于复旦大学

目录

第一章　导论 1

　　第一节　研究背景与研究意义 1
　　第二节　研究现状与问题提出 4
　　第三节　研究内容与逻辑框架 16

第二章　城镇居民基本医疗保险研究的理论回顾与选择 20

　　第一节　国内外关于医疗保障政策研究的主要理论工具及其启示 20
　　第二节　城镇居民基本医疗保险政策分析拟采用的视角及理论工具 31

第三章　我国城镇居民基本医疗保险的制度变迁分析 40

　　第一节　城镇居民基本医疗保险政策变迁的过程考察 40
　　第二节　城镇居民基本医疗保险政策变迁的影响因素 59
　　第三节　城镇居民基本医疗保险制度变迁的总体特征 73

第四章　我国城镇居民基本医疗保险政策的政策运行分析 81

　　第一节　我国城镇居民基本医疗保险政策的核心政策目标与执行情况 82
　　第二节　试点城市城镇居民基本医疗保险的政策运行情况 90
　　第三节　试点城市居民基本医疗保险政策的入户调查情况 103

第五章　试点城市城镇居民基本医疗保险的政策公平性研究 120

　　第一节　城镇居民基本医疗保险政策的公平性分析 120

第二节　城镇居民基本医疗保险政策的筹资公平性分析 122
　　第三节　城镇居民基本医疗保险的服务利用公平性评价 129
　　第四节　试点城市城镇居民基本医疗保险政策的负担公平性评价 135

第六章　城镇居民基本医疗保险的政策评估与风险识别 140

　　第一节　城镇居民基本医疗保险政策的参保意愿及其影响因素分析 141
　　第二节　城镇居民基本医疗保险政策服务利用及其影响因素 151
　　第三节　城镇居民医疗保险制度的满意度及其影响因素分析 163

第七章　城镇居民基本医疗保险的制度瓶颈与完善路径 169

　　第一节　现行城镇居民基本医疗保险面临的制度瓶颈 169
　　第二节　城镇居民基本医疗保险政策的改革优化与理论探讨 178
　　第三节　完善我国城镇居民基本医疗保险的政策建议与实施路径 184

研究结论与展望 188

参考文献 192

后记 201

第一章

导　论

第一节　研究背景与研究意义

一、城镇居民基本医疗保险政策运行的背景概述

随着人民生活水平的提高，健康越来越被人们所重视。而伴随着人民的健康需求不断扩大，医疗费用也在不断上升，这使得目前的医疗市场上出现很多矛盾，如医疗卫生资源的有限性与健康需求无限性的矛盾、贫困群体对医疗资源利用不足与富裕群体过度利用的矛盾以及基本医疗广覆盖的性质与其服务价格门槛过高的矛盾。我国政府针对这些问题进行了一系列医疗体制改革，取得了一定效果。但是，随着改革的不断深化，一些深层次的问题逐渐暴露出来。[①] 其中，以职业为依据的、碎片化的医疗保障制度已不能满足人民群众日益增长的医疗保障需求。市场经济体制改革以后，公费医疗和劳保医疗保障等传统医疗保障制度的作用日益减弱。"看病难、看病贵"成为人民群众当前面临的突出问题，医疗保障制度也成为社会各阶层共同关注的热点问题。建立一个覆盖全体国民的医疗保障网成为政府和学术界共同面对的难题。

为此，党的十七大提出了全面推进城镇职工基本医疗保险、城镇居民基本医疗保险、新型农村合作医疗制度建设，加快建立包括医疗保障在内的覆盖全体城乡居民的社会保障体系的要求。[②] 在这一大背景下，国家开始大力推进医疗保障制度改革。综观我国医疗保障制度建设的进程，从1997年开始试点建立城镇职工医疗保险制度，到2003年试点建立新型农村合作医疗制度，以及2007年起正式开展城镇居民基本医疗保险政策的试点，医疗保障覆盖的人群在不断地扩大。从市场经济体制改革背景下的医疗保障制度缺失问题的凸显到医疗保障制度的覆盖，我国医疗保障制度改革进程大致可以分为3个阶段。

首先是城镇职工医疗保险（简称城镇职保）制度的改革。1998年12月14日颁布的

[①] 梁鸿，褚亮.试论政府在医疗卫生市场中的作用[J].复旦学报（社会科学版），2005（6）：91-97.
[②] 胡锦涛.中国共产党第十七次全国代表大会报告[EB/OL].http://cpc.people.com.cn/GB/104019/104101/6429414.html.

《国务院关于建立城镇职工基本医疗保险制度的决定》明确了"城镇所有用人单位，包括企业（国有企业、集体企业、外商投资企业、私营企业等）、机关、事业单位、社会团体、民办非企业单位及其职工，都要参加基本医疗保险""基本医疗保险费由用人单位和职工共同缴纳""建立基本医疗保险统筹基金和个人账户""划定各自的支付范围，分别核算"的基本政策原则。[1] 截至2008年4月，我国城镇职工基本医疗保险参保人数已突破2亿。[2]

其次是农村居民医疗保险制度的建立。2003年国务院办公厅转发了卫生部、财政部和农业部《关于建立新型农村合作医疗保险制度的意见》，将"新型农村合作医疗制度"明确界定为"由政府组织、引导、支持，农民自愿参加，个人、集体和政府多方筹资，以大病统筹为主的农民医疗互助共济制度"。[3] 自2003年试点至2008年9月底，全国开展新型农村合作医疗（简称新农合）的县（市、区）达2 729个，参合人口8.14亿人，参合率达91.5%，农民对新农合的认可度逐渐上升，受益人次数不断增加，新农合取得了显著成效，[4] 越来越接近新型农村合作医疗制度全覆盖目标。[5]

最后是城镇居民基本医疗保险政策的建立。截至2007年，我国城镇非从业居民尚没有国家制度层面所引导建立的医疗保障制度，成为医疗保障缺失的夹心层，形成了医疗保障制度覆盖面的空洞。由于城市非正式从业居民人群多为老人、儿童、病人、残疾人等社会弱者，其就业不稳定、收入相对较低的现状和医疗保障缺失的交织，给居民及其家庭的医疗服务带来了更为严重的负担。这类人群因病致贫、因病返贫现象越来越成为突出的社会问题。为了将这一群体纳入基本医疗保障制度当中，实现全民医保的战略目标，2007年7月5日，国务院颁布了《关于开展城镇居民基本医疗保险试点的指导意见》，选择79个城市进行城镇居民基本医疗保险（简称城镇居保）政策试点，具体规划是：2007年，启动改革试点；2008年，扩大改革试点；2009年，争取覆盖率达到80%；2010年，力争在全国推广。

该意见指出：城镇居保的试点工作要坚持低水平起步的原则，根据各地的经济发展水平和各方面的承受能力，合理确定制度的筹资水平和保障标准，重点保障城镇非从业居民的住院和大病门诊的医疗需求，逐步提高保障水平。和新农合一样，城镇居保也采用自愿参保原则，以充分尊重人民群众的参保意愿；同时明确中央和各级地方政府在城镇居保制度建设中的责任。中央主要负责确定制度的基本原则和主要政策，地方主要

---

[1] 国务院关于建立城镇职工基本医疗保险制度的决定［EB/OL］.http://www.gov.cn/banshi/2005-08/04/content_20256.htm.
[2] 全国11.3亿人参加基本医保未参保人群主要有3类［EB/OL］.http://www.china.com.cn/policy/txt/2009-04/14/content_17599974.htm.
[3] 国务院办公厅转发卫生部等部门关于建立新型农村合作医疗制度意见的通知［EB/OL］.http://www.gov.cn/zwgk/2005-08/12/content_21850.htm.
[4] 孟宏斌.利益主体联动机制：西部新型农村合作医疗持续发展的关键［J］.四川大学学报（哲学社会科学版），2009（6）：113-117.
[5] 周婷玉，李伟.我国有10亿余人享受基本医疗保障［J］.共产党员，2009（6）：24.

负责制订执行的具体办法和政策试点,对参保居民实行属地管理;同时,在制度试点的同时要处理好与城镇职保、新农合两大制度之间的关系。坚持统筹协调,做好各类医疗保障制度之间基本政策、标准和管理措施等的衔接。在各级政府的高度重视和不断努力下,城镇医疗保障的覆盖人群越来越广。截至2007年年底,全国参加城镇基本医疗保险的人数为2亿2 311万人。其中,参加城镇职工基本医疗保险的有1亿8 020万人;参加城镇居民基本医疗保险的有4 291万人。[①]

二、城镇居民基本医疗保险制度分析和完善的研究意义

从公共政策的视角来看,"在我国目前的医疗保障制度框架下,几乎所有的人都可以找到自己所对应的医疗保障制度,全民医保的基本制度框架初步建立起来。但实际情况离真正意义上的全民医保还相去甚远,仅仅是在制度与政策上覆盖全体国民的医疗保障(即使单就这一点来说,实际上目前还没完全做到),称不上真正意义上的全民医保。全民医保是一个巨大的系统工程,有许多问题需要进行系统分析和研究。"[②]

2009年国家公布的新医改方案明确提出:"加快推进基本医疗保障制度建设。基本医疗保障制度全面覆盖城乡居民,3年内城镇职工基本医疗保险、城镇居民基本医疗保险和新型农村合作医疗参保(合)率均达到90%以上;城乡医疗救助制度覆盖到全国所有困难家庭。以提高住院和门诊大病保障为重点,逐步提高筹资和保障水平,2010年各级财政对城镇居民基本医疗保险和新型农村合作医疗的补助标准提高到每人每年120元。做好医疗保险关系转移接续和异地就医结算服务。完善医疗保障管理体制机制。有效减轻城乡居民个人医药费用负担。"[③]城镇居民基本医疗保险政策的参保率、财政补助标准的明确显然有助于提高城镇居保制度的保障能力和保障水平,缓解居民"看病难、看病贵"的困境,从而实现医疗保障的全民覆盖。但与此同时,由于制度的全覆盖只是医疗保险改革的阶段性目标,这个阶段性目标与完善各项医保主体制度、各项制度之间的合理衔接以及实现人人公平享有基本医疗国民待遇的战略目标还存在着很大的差距。

其中,起步最迟的城镇居民基本医疗保险政策至2012年只有5年左右的时间。就实践层面看,经过5年的发展,城镇居民基本医疗保险政策虽然已经在全国全面铺开,各试点城市正在结合自身经济和社会条件的基础上进行模式各异的制度探索和完善的过程当中。试点城市在其城镇居保制度的政策体系、运行模式等方面取得了一定的进展。但由于制度的试点时日尚浅,许多相关问题还未能在实践中加以总结和完善,城镇居保制

---

① 人力资源和社会保障部,国家统计局.2007年劳动和社会保障事业发展统计公报[EB/OL].http://www.mohrss.gov.cn/SYrlzyhshbzb/zwgk/szrs/tjgb/201710/t20171031_280387.html.
② 申曙光,彭浩然.全民医保的实现路径——基于公平视角的思考[J].中国人民大学学报,2009(2):18-23.
③ 中共中央国务院关于深化医药卫生体制改革的意见[EB/OL].http://www.sdpc.gov.cn/shfz/yywstzgg/ygzc/t20090407_359819.htm.

度在管理体制及配套措施方面还存在着诸多不足,制度在运行过程中也难免出现一些问题。例如,一是由于城镇居民基本医疗保险政策对象的特殊性,制度运行中存在着参保人群波动比较大、人群结构不够合理的现象,部分居民的参保意愿不强,制度的参保率还有待提高;二是制度参保对象大多为老、幼、病、弱、低收入和无收入者等社会弱势群体,制度的抗风险能力比较弱,难以从根本上解决"看病难、看病贵"的问题;三是筹资机制缺乏稳定性,筹资水平较低,保障待遇有待提高;四是制度统筹较低,大多数试点城市均定为市级统筹,甚至是县级统筹,不利于医疗风险的分散、医保基金的调剂余缺和制度互助共济作用的发挥。"此外,有的地区居民医保只能享受大病住院待遇,未设置医疗补助项目和门诊诊疗项目,导致多数居民参保后未能享受任何医疗保障待遇,影响居民的参保积极性。"[①]且各地普遍存在基金监管不够完善、经办服务水平低下、制度之间缺乏衔接等问题。

相对于城镇职工基本医疗保险和新型农村合作医疗保险来说,城镇居民基本医疗保险无论是在制度建设方面还是在实施运行方面,还存在着较大的差距。城镇居民基本医疗保险政策的发展和完善成为实现全民医保的关键。大力推进城镇居民基本医疗保险政策的发展,完善其机制体制成为实现全民医保的必然要求。在此背景下,对我国试点城市城镇居民基本医疗保险进行制度分析和研究,为完善我国城镇居民基本医疗保险政策制定和实施提供第一手的数据与经验成为当务之急。

第二节 研究现状与问题提出

一、我国城镇居民基本医疗保险的研究现状

城镇职工基本医疗保险制度和新型农村合作医疗制度以及城乡医疗救助制度的先后试点和逐步建立,使得我国的绝大多数居民有了医疗保障制度的覆盖,对解决群众"看病难、看病贵"的问题起到积极作用,但包括中小学生在内的城镇非从业居民尚未被纳入社会医疗保险范围。可以说,城镇居民基本医疗保险政策是在"全民医保"制度构建的呼声下建立和实施的。随着城镇职工医疗保险制度的普遍建立,全国近1.4亿城镇职工、灵活就业人员和退休人员的基本医疗服务需求得到了初步的保障。"根据2003年第三次国家卫生服务调查显示,我国城镇居民中没有任何医疗保险者占到44.8%。"[②]也就是说,以全国城镇总人口5.4亿测算,还有2.4亿人被排斥在医疗保险政策范围之外。广大

---

① 刘雪.城镇居民基本医疗保险试点存在的问题与对策——以济南市为例[J].劳动保障世界,2010(6):29-33.
② 中国卫生服务调查研究组.第三次国家卫生服务调查分析报告[R].北京:中国协和医科大学出版社.2004:93.

城镇居民要求参加医疗保险的呼声强烈，每年涉及医疗保险问题的人大代表建议和政协委员提案中，半数以上是要求解决城镇居民基本医疗保险问题。[①]"全民医保"的提出并迅速在全国范围内得到各方面的关注，源于2005年国务院发展研究中心公布的一份研究报告，在该报告中，提出了我国医疗卫生体制改革基本上是不成功的结论。我国的卫生事业因此走到一个改革的转折点，众多医改方案在此阶段纷纷出现，"全民医保"是其中主流的声音，并且最终得到了国家的支持。[②]自此，城镇居民基本医疗保险研究才逐步进入社会保障学者的研究视野和公共政策专家以及各级政府的议事日程。城镇居民医疗保险制度研究学术关注度总体情况见图1-1。

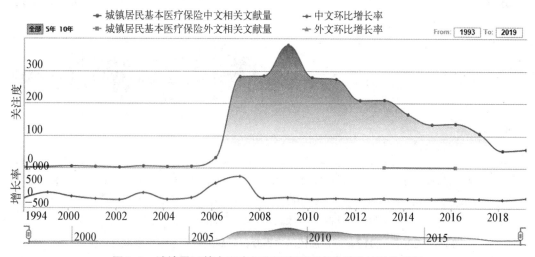

图1-1 城镇居民基本医疗保险制度研究学术关注度总体情况

自2007年国家提出要建立城镇居民基本医疗保险制度之后，学界对这一制度进行了一些研究。笔者梳理了关于我国城镇居民基本医疗保险研究的主要文献。从文献分布的情况来看，截至2012年年底，我国城镇居民基本医疗保险研究总体偏于薄弱，还处于研究的初期。在中国期刊网中以"城镇居民基本医疗保险"作为主题词进行检索，共检索出文献330篇，其中，核心期刊仅61篇；研究生论文79篇，其中，硕士论文74篇，博士论文仅为5篇。（见表1-1）

但是，城镇居民基本医疗保险政策作为解决我国已有的城镇职保、新农合和城乡救助制度覆盖范围之外的城镇非就业居民，特别是少年儿童、老年人、残疾人等群体"看病难、看病贵"而做出的一项新的制度安排，对于实现"全民医保"，促进医疗体制改革乃至整个社会经济的协调发展都具有战略性意义，其研究无疑具有十分重大的理论和现实意义。近年来，对于城镇居民基本医疗保险政策的研究逐渐为学界所重视（见图1-2）。

---

① 严良军.城镇居民基本医疗保险的行与思［J］.中国社会保障，2006（9）：43-44.
② 王欢，苏锦英，闫磊磊，等.底线公平视角下城镇居民基本医疗保险制度与新型农村合作医疗制度的比较［J］.医学与社会，2009（1）：3-5.

表1-1　我国城镇居民基本医疗保险研究文献分布情况　　　　　　　（单位：篇）

	2006年	2007年	2008年	2009年	2010年	2011年	2012年
全部期刊	5	47	43	58	56	79	42
核心期刊	3	15	4	3	10	16	10
博士论文	0	0	0	0	1	4	0
硕士论文	1	4	11	12	18	20	8

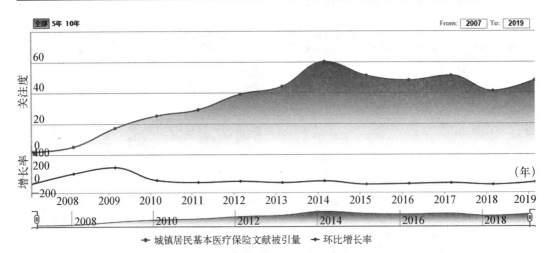

图1-2　2007—2019年城镇居民基本医疗保险制度研究学术传播度总体情况

经过认真查阅、系统梳理现有的研究文献发现，国内就城镇居民基本医疗保险政策的研究主要涉及制度建立的背景、必要性和意义研究、制度设计和完善研究以及典型试点地区的政策评估及经验介绍等方面的内容。

1. 关于建立城镇居民基本医疗保险政策必要性的研究

我国城镇职工基本医疗保险制度建立以来，为我国居民健康水平的提高、经济的发展和社会的稳定提供了重要保障。但这一制度仅覆盖城镇从业者，城镇居民中占相当比例的非从业人员不能参加。历次国家卫生服务调查的数据显示，1993—2003年的10年间，我国居民两周患病率明显增加，居民两周就诊率和住院率却都呈下降趋势，2003年城市居民中两周患病未就诊人数所占比例比1998年增长14.2%，高达57.0%的城市居民患病后不去医院治疗（见表1-2）。自我医疗的比例则逐年增加，全国35.7%的患者采取自我医疗。由于城镇居民基本医疗保险的缺位，城市自我医疗比例由43.7%增加到47.2%，而同期农村自我医疗为31.4%，城市竟然明显高于农村。有关资料表明，近年来，由于越来越多的城乡居民选择自我医疗的方式，使居民自我购药费用年平均增长率均在20%左右，高于同期的门诊和住院医疗费用增长率。2003年度"消费者购药行为与影响因素的深度研究报告"表明：约82.5%的消费者都有到药店购买药品的经历。① 2008年国家第四次卫生服务总调查数据显示，城乡居民两周未就诊率均在35%以上，2007年城镇居民基本医疗保险制度试点以后，城市居民未就诊率有所回落，但也高达37.3%（见表1-2）。②

表1-2　国家卫生服务调查两周患病未就诊率　　　　　　　　　　（%）

年　份	城　市	农　村	全　国
1993	41.1	36.0	37.6
1998	49.9	33.2	38.5
2003	57.0	45.8	48.9
2008	37.3	37.8	37.6

我国宪法第四十五条明确规定，中华人民共和国公民在年老、疾病或者丧失劳动能力的情况下，有从国家和社会获得物质帮助的权利。国家发展为公民享受这些权利所需要的社会保险、社会救济和医疗卫生事业。在以往的医疗保障制度中，城镇职工医保将绝大部分少年儿童、城镇非就业人口以及以农民工为代表的流动人员排斥在外。为此，劳动保障部门开始探索城镇居民基本医疗保险，以期对职工医疗保险的未覆盖人群做出制度安排。因此，建立城镇居民基本医疗保险政策，是完善我国医疗保障体系的又一重大举措。"随着我国社会经济事业的发展，政府的物质积累、财政收入逐步提高，政府职能也逐步由管理型向服务型转变，具备了将没有医疗保障制度安排的城镇居民纳入医疗保险覆盖范围的条件，城镇职工医疗保险向城镇居民医疗保险延伸工作日益迫切。只有通过制度建设，将广大城镇居民纳入医疗保障范围，才能从根本上解决城镇居民基本医疗保险问题。"③ "显然，城镇居民基本医疗保险制度的建立和发展，是改善民生的必要举措，有利于缓解居民看病难、看病贵的社会压力，适应新一轮医疗体制改革的客观要求，能够对社会经济的发展起到较好的促进作用。"④

2. 关于城镇居民基本医疗保险政策设计和完善的研究

由于城镇居民基本医疗保险刚进行试点时，其制度设计、运行模式及政策配套尚未进行细化和完善，学术界对城镇居保的制度设计和政策实践过程中比较关键的环节进行了研究，出现了一些在制度具体设计问题上的争论和不同观点。主要集中在以下4个方面。

---

① 刘立藏,刘国恩,严霄.我国城镇居民自我医疗相关因素分析[J].中国卫生统计,2009(12):569-572.
② 王鹏,刘国恩.我国城镇居民病伤治疗措施选择的影响因素分析：来自我国9城市的微观数据[J].中国卫生经济,2011(9):60-63.
③ 马娟,于凯.城镇居民基本医疗制度分析——基于上海、北京和广州试点方案的比较[J].劳动保障世界,2010(6):26-29.
④ 苏映宇.城镇居民基本医疗保险制度实践研究综述[J].社会保障研究,2009(3):38-41.

（1）关于城镇居民基本医疗保险制度对象的讨论。 学界出现了是否以户籍作为参保依据，是否将流动人口（尤其是农民工）以及大学生纳入城镇居保的讨论。

由于历史原因，我国社会结构分化比较复杂。虽然学界对于要建立城镇居民基本医疗保险政策，将非正式就业的城镇居民、城市老年人、婴幼儿和大学生等纳入医疗保障达成了共识，但是，由于城镇居民人数众多，城乡二元经济结构调整和户籍制度改革使城乡居民情况复杂，难以区别。（严良军，2006）而城镇化进程中大量的农民进入城镇，城乡人口分布也悄然发生着变化。但是，大多数进城农民因为不具有城镇户籍而暴露在疾病风险之下，这使得基本医疗保障体系对进城农民的基本医疗保障功能弱化。代宝珍、毛宗福分析了我国城镇化进程中城乡人口分布的变化和进城农民的基本医疗保障现状与问题，阐明了进城农民与城镇居民基本医疗保险政策可持续发展的辩证关系，认为应该将其纳入城镇居民基本医疗保险。[①] 目前，学界已就进城农民及外地户籍的流动人口参加城镇居保达成了理论上的一致，但具体的政策设计还有待进一步的研究和试点探索。

关于是否需要将大学生纳入城镇居民基本医疗保险，学界出现了不同的声音。赞同者认为大学生的加入有利于改善城镇居民基本医疗保险政策的参保人员结构，增强制度分担风险的能力。不赞同者认为大学生医疗保障是我国医疗保障体系的重要组成部分，是保障学生健康发展的重要制度保证。许多地区将大学生原来享受的公费医疗纳入城镇居民基本医疗保险予以保障，降低了医疗保险的保障水平。完善大学生医疗保障需要政府承担起相应的责任，给予学生充足、可及的保障。只有如此，才能充分发挥医疗保障的功能，才能实现"病有所医"的战略目标。[②]

（2）关于城镇居民基本医疗保险范围问题的讨论。 学术界出现了保大病为主、保小病为主以及以住院和门诊大病统筹为主、门诊统筹为辅的3种不同观点。

丛树海认为，医疗保障制度应该坚持大病保障为主的原则。因为参保人员之所以选择参加保险，最为重要的制度诉求就是要对个人难以承担的大病风险进行保障。城镇居民基本医疗保险政策规定重点保障居民的住院和大病是符合医疗保险制度的规律的。对于参保居民个体而言，患日常小病的小额看病资金大部分居民是可以承担的，但患大病可能需要巨额的医疗费用，容易造成因病致贫的问题。因此，虽然保障大病"似乎'以少数人利益牺牲了大多数人利益'，但这种由少数人承担的风险是这些少数人所无法依靠自身力量化解的。依靠大多数的帮助解决少数人的大困难，这正是医疗保险的原则和实质所在。所以，一定要'把资金投向少数大病患者'，而不是人人都具有一定数额的小病医疗费报销权"。[③] 但也有部分持以"保小病为主"的专家认为在日常生活中，相

---

① 代宝珍，毛宗福.城镇化进程中城镇居民基本医疗保险可持续发展策略研究[J].中国卫生经济，2010（2）：23-25.
② 刘钧.大学生医疗保障的缺失与重构——兼评目前学术界流行的观点[J].中央财经大学学报，2011（2）：17-20.
③ 丛树海.论构建以大病保障为核心的医疗保障制度[J].上海财经大学学报，2006（1）：53-59.

对于大病，小病发生的概率更大，是影响大多数居民健康的实际因素。将小病纳入制度保障有利于引导居民积极就医，实现早治疗、早预防。同时，保小病的制度受益面更大，容易激发居民参保的积极性。

应该说以上观点均具有一定的道理。但是，由于城镇居民基本医疗保险面临的实际情况是制度刚刚建立，如果单单以大病住院作为制度保障的目标，这对于初次参加居民医疗保障制度的人而言，无疑容易引发逆向选择的风险。由于城镇居保不涵盖小病门诊，大多数认为自身健康状况良好的年轻居民很可能选择不参保。而容易患大病、重病的老年人和身体不好的人愿意参保，客观上给制度扩面和风险分担能力带来了困难。目前的城镇居保试点中，部分城市规定居民只享有住院和大病门诊的报销待遇而不包括普通门诊，这有可能导致许多居民参保后只要没有患有大病，患小病却不能享受任何医疗保障待遇，在一定程度上影响居民的参保积极性。同时，由于城镇居保对于门诊、小病的保障缺失，不利于居民形成及时诊疗的良好就医习惯，往往将小病拖成大病。因此，随着筹资水平的提高，有必要考虑门诊费用的统筹问题，以增强城镇居保制度的保障范围和吸引力。在城镇居保制度逐渐得到了居民认可，或城镇居保制度实现了全民强制参保之后，方可考虑逐步优化保障范围和保障力度。当前，在以大病保障为主的同时，应该将门诊统筹纳入城镇居保的保障范围，将政策着力点放在如何将医保与有效的服务体系相衔接的问题上。争取做到充分利用有限的医保资源，在扩大医疗保障范围的同时，提高医疗保障程度。（梁鸿，贺小林，2011）

（3）关于控制医疗费用措施的讨论。医疗费用的控制措施是医保健康稳定运行的重要机制。医保可以从需方入手，通过医疗保障范围的界定来控制医疗费用的增长，也可以通过对定点医疗机构的监管，利用大户谈判的地位来实现对医保基金运行的风险管理。为了控制医保费用的支出，目前各试点城市都制定了包括起付线、共付段和封顶线"两线一段"组成的费用分担机制。同时，为引导参保居民就近到社区卫生服务中心去看病，在节省医保费用支出的同时形成合理分流的就诊格局，各个试点城市均对参保居民到不同等级医院看病的保险比例进行了阶梯式的设置。通常，医院等级越高，起付线越高，支付比例越低。在控费主体方面，目前各试点城市均强调从需方角度着手进行费用的控制，而忽视了对医院和医生等医疗服务供给方费用的控制。笔者认为，在"两线一段"费用分担机制面前，起付线和分担比例的排除作用和封顶线的限制作用已经能够很好地将参保人员的道德风险和逆向选择进行控制。"从国际上看，从供给方控制医疗费用的行为也非常多，并且以不减少保障程度为前提。因此，我国的医保制度也应借鉴国外的成功经验，以此使得供需双方共同来控制医保费用。"[①]

郭有德也认为合理的费用控制是实现医疗保险体系可持续发展的关键。他分析了医

---

① 马娟，于凯.城镇居民基本医疗制度分析——基于上海、北京和广州试点方案的比较[J].劳动保障世界，2010（6）：26-29.

疗服务的特征及医疗保险中道德风险的表现形式及其对医疗费用的影响，并通过一个经济学模型分析了费用控制的机制。指出由于医疗服务行业特殊的信息结构，与单纯从需方的角度进行费用控制相比，为服务提供方提供费用控制的激励机制会更有利于实现医疗费用控制的最优化。①

王翔认为城镇居民基本医疗保险与其他医疗保险一样，健康运行的关键是能否采取有效措施控制医疗费用的过快增长。他通过对居民医保制度特点及国外医保付费制度的研究，结合镇江市居民医保付费制度的实践，根据居民医疗保险有别于职工医保付费制度设计的前提及借鉴，提出居民医保应实行以"参保定点人头"为核心的"总额预算管理"的复合式付费制度，通过构建"资金跟着病人走"，政府购买服务的新机制，为居民提供优质、连续的基本医疗服务。②通过医保支付改革的方式来节约医保费用，提高医保费用的使用效率。

（4）关于是否实施城镇居民基本医疗保险政策个人账户制的讨论。个人账户的设置主要来源于城镇职工医疗保险的经验，制度初衷是在制度试点初期吸引目标人群参保。丛树海认为疾病及其医疗保险防止"意外"的特性决定了医疗保险不宜实行个人账户制。因为：第一，将一部分资金存入个人账户的直接目的是保证个人的未来使用，是将收入作时间再分配，但医疗保险账户基本上是一部分人不使用或很少使用，而另一部分人不够使用，造成医疗风险的分担不均和医保基金统筹分担能力的减弱。第二，个人账户即便没有余额也需要就医。如果医院因为病人个人账户没有余额而拒绝给病人诊治是非常不合理的，这与医疗保障制度分担风险的制度初衷也不相符合。第三，个人账户的余额还有可能涉及处理问题。如果一个参保居民的个人账户积累了大量的医保资金，其家人或亲属是否有权利继承？如果可以继承，这种继承和财产的继承区别在于不仅仅是一种财产的继承，还是一种医疗保障条件的继承，有可能造成就医的不平等。③

也有学者认为，由于当前的城镇居保制度采取自愿参保的政策，有可能造成参保人群的逆向选择，老年人和儿童等容易患病的人群倾向于参保，身体健康状况较好的年轻人则容易选择不参保。因为他们很少患病，即使患上一些小病，自行买药就能解决。所花医疗费用也比较低，因而没有参保的意愿和必要。"这在一定程度上削弱制度的发展。因此，建议城镇居民医疗保险制度实行个人账户制度，将个人所缴纳的医保费用存入个人专有账户，实行累积，参保者的家属可以继承，这样，可以在一定程度上调动居民的参保积极性。"④吸引健康的人群也来参保，从而改善城镇居民参保对象的人群结构，增

---

① 郭有德.医疗保险中道德风险的经济学分析[J].复旦学报（社会科学版），2011（1）：116-123.
② 王翔.城镇居民基本医疗保险付费制度研究——兼析镇江市居民医保付费方式的完善[J].中国卫生经济，2008（12）：23-26.
③ 丛树海.论构建以大病保障为核心的医疗保障制度[J].上海财经大学学报，2006（1）：53-59.
④ 马娟,于凯.城镇居民基本医疗制度分析——基于上海、北京和广州试点方案的比较[J].劳动保障世界，2010（6）：26-29.

强城镇居民基本医疗保险政策的风险分担能力。

3. 关于城镇居民基本医疗保险试点城市的个案研究

由于目前我国城镇居民基本医疗保险政策正处于大范围的制度试点和确立初期，分析试点城市的具体做法，研究其面临的问题，总结试点地区经验的个案研究也成为当前城镇居民基本医疗保险研究的一个热点。欧燕燕、丁少群比较分析了东、中、西部6个城市城镇居民基本医疗保险在参保范围、缴费标准与水平、保障范围与补偿程度、费用控制4个方面的异同点，认为当前城镇居保的覆盖范围应向非正规部门就业人员、农民工子女和在校大学生等开放，应逐步提高筹资水平和补偿程度，扩大受益面，探索按病种付费和总额约束等方法，着重从供方控制医疗费用的增长，同时要立足长远，逐步实现城镇居保与新农合、城镇职工医保制度的衔接与整合。①

贺巧知以广州为例对城镇居民基本医疗保险的参保意愿问题进行了研究，从广州市城镇居民基本医疗保险的相关规定和开展的情况看，身体状况差的老、幼人群参保意愿强，而身体状况好的人群不愿意参保。这种情况将导致居民医保基金运行风险增强。建议建立居民医保的个人账户，探索建立将缴费年限与待遇水平相挂钩的机制，并逐步将居民医保与职工医保相衔接，纳入统筹管理。②王健对江苏省城镇居民基本医疗保险制度进行了研究，认为江苏省城镇居民基本医疗保险政策建设和运行效果总体较好，但也存在参保对象范围窄、基金筹资渠道少、支付待遇水平低、基金监管不到位、社区卫生服务建设滞后等问题。他从理念制度、立法保障、运行机制、服务管理、制度衔接等方面提出了政策建议。③朱彪、袁长海等就山东省城镇居民基本医疗保险试点中反映的问题进行了分析，包括参保居民分类复杂、部分人群参保积极性不高、大学生参保组织难度大、政府补助提标过快等问题。需要简化并归并人群，规范大学生参保管理，延缓政府补助提高步伐，合理确定三类医疗保险制度衔接，以期逐步完善试点中的城镇居保制度。④

4. 关于城镇居保与其他医疗保险制度的比较、衔接及城乡统筹研究

由于目前我国已经初步形成了城镇职工医疗保险、城镇居民基本医疗保险、新型农村合作医疗制度，包括商业医疗保险、城乡医疗救助制度在内的"三纵三横"的医疗保障制度体系，因此，就不同医疗保障制度进行比较和衔接，以及如何进行制度统筹和整合也成为当前学术界研究的热点。

在制度的比较方面，闫永亮、闫菊娥等采取多阶段整群分层随机抽样方法抽取研究样本，进行了家庭入户调查。运用疾病家庭经济风险、疾病经济负担等方法，比较3种

---

① 欧燕燕，丁少群.六城市城镇居民基本医疗保险制度比较研究[J].地方财政研究，2009（6）：16-21.
② 贺巧知.城镇居民医疗保险的参保意愿问题研究——以广州市城镇居民医疗保险为例[J].卫生软科学，2009（1）：55-59.
③ 王健.江苏省城镇居民基本医疗保险制度研究[D].江苏大学硕士学位论文，2011：1-3.
④ 朱彪，袁长海，黄思桂，等.山东省城镇居民医疗保险试点中反映的问题及对策[J].中国卫生事业管理，2010（1）：17-18.

医疗保障制度参保者疾病经济风险及经济负担。结果发现3种基本医疗保障制度的疾病经济风险差别较大，新农合参保者的疾病经济风险是城镇职工的2倍；3种医疗保障制度中城镇居保和新农合参保者的疾病经济负担较高。因此，需要增加居民特别是新农合居民收入、提高基本医疗保障制度筹资水平、扩大补偿范围和比例，以增强抵御疾病经济风险的能力，降低疾病经济负担。[①]

关于制度的统筹衔接，樊路宏、平其能认为，随着我国城市化进程的推进，统筹城乡医疗保障体系已迫在眉睫，而统筹管理体制、理顺管理职能是关键。[②]世界银行（2011）发布的《中国医改政策建议》系列报告提出，立即整合城镇职工基本医疗保险、城镇居民基本医疗保险、新型农村合作医疗以及医疗救助并不是务实的做法。当前最为可行的做法应该是先逐步缩小城镇职工基本医疗保险与新农合制度之间在报销比例和报销水平方面的差距。而且，城镇职工基本医疗保险、城镇居民基本医疗保险和新型农村合作医疗的制度对象不同，其制度起点也不一样。由于三大制度的参保对象存在巨大的收入差异，收入不均等带来的医疗风险分担能力不同在现阶段还难以完全统一。"短期之内，政府应着眼于增加对新农合的补贴力度，以保证最贫困地区的人们可以获得基本服务包。报告还建议，将新农合与城镇居民基本医疗保险的补贴结合在一起，从而提高农民工的保障范围和报销额度。按照这一方案，当农民工迁移至城镇地区时，他们可以使用政府对新农合的补贴支付保费，加入城镇居民基本医疗保险。"[③]

在具体的制度整合路径方面，国内已有著名学者做出了顶层设计。郑功成强调公平、正义、共享是社会保障制度的核心价值理念，将覆盖全民的医疗保障制度摆到整个社会保障体系建设的优先地位，提出了从多元医疗保障体系到统一的国民健康保险的三步走战略思路。[④]刁孝华、谭湘渝认为未来我国医疗保障体系的构建时序大致经过覆盖城乡、统筹城乡、整合城乡、城乡一体化，最后达到统一城乡的阶段。制度整合的原则包括公平优先、兼顾效率等原则，制度衔接与整合的重点领域包括新型农村合作医疗与城镇居民基本医疗保险衔接、农民工大病医疗保险与城镇职工基本医疗保险的衔接与整合、失地农民医疗保险与新农合及城镇职工医保的对接与整合、商业医疗保险与基本医疗保险的对接与整合四大领域以及医疗保障管理体制与机构的整合。[⑤]

关于城镇居保与商业医疗保险以及城镇居民医疗救助制度之间的衔接，胡涛认为："城镇居民基本医疗保险是由政府举办的，其资金来源主要是以家庭为单位的缴费和各

---

① 闫永亮,闫菊娥,赖莎,等.三种医疗保障制度参保者疾病经济风险及负担研究[J].中国卫生经济，2012（2）：30-32.
② 樊路宏,平其能.统筹城乡医疗保障管理体制的探索——以苏州经验为例[J].学海，2012（2）：102-107.
③ 世界银行.《中国医改政策建议》报告：立即整合城乡医保非务实之举[EB/OL].http://journal.healthpolicy.cn/ch/reader/view_news.aspx?id=20110127162032001.
④ 郑功成.中国社会保障改革与发展战略——理念、目标与行动方案[M].北京：人民出版社，2008：17-20.
⑤ 刁孝华,谭湘渝.我国医疗保障体系的构建时序与制度整合[J].财经科学，2010（3）：77-84.

级政府的补助。虽然医保基金的经办机构有多种选择,但是鉴于商业保险公司有精算技术、专业人才、服务网络和风险管理等各方面的专业优势,让商业保险公司具体参与医疗保险基金的经办,同时让相关的政府部门、卫生部门来管理监督医疗保险基金的运营,可以很好地发挥不同机构各自的比较优势,从而达到降低制度运行成本的目的。"① 他总结了商业保险公司经办医保基金的3种主要方式:基金管理型、保险合同型、混合型,认为现阶段比较可行的方式是基金管理型。

郑功成教授认为由商业保险公司经办医疗保险的选择存在诸多问题。保险公司作为一个商业主体,其最大的目标无疑是销售出保险产品并获得利润,因此,不可能承担属于社会保险的公益性角色。"在我国以往30年的社保改革历程中,从集体企业职工养老保险委托商业保险经办、到救灾保险改革的夭折,再到上世纪末个别地方的商业保险公司与当地人口计生委合作举办计划生育家庭夫妇养老保险试验的失败,都揭示了商业保险公司是企业而非公益机构,虽然当时也在个别地方短期内取得过成效,但最终无一例外地以失败而告终,导致数以百万计的集体企业退休人员没有养老金等等,也影响了那些介入社会保险领域的保险公司的业务拓展,留下的是异常深刻的教训。"②

关于城镇居保与医疗救助制度的衔接,涉及两种制度在补偿对象、补偿范围等方面的重叠问题。由于城镇医疗救助制度的建立早于城镇居保,二者在具体的覆盖范围内既有交叉,又有不同的制度侧重点。因此,需要调整城镇医疗救助对医疗费用的补偿范围,可以考虑先通过城镇医疗救助制度资助低收入群体加入城镇居保制度,由城镇居保制度对居民进行保障。如果居民患大病或重病造成居民医保支付超过封顶线的,超过城镇居保制度封顶线部分的医保费用纳入医疗救助的调整范围。在具体政策方面,梁鸿、贺小林对上海市长宁区"四医联动"政策进行了实证研究,长宁区已经构建了集医保、医药、医疗、贫困救助为一体的信息共享系统,通过鼓励和补助区域内的贫困居民参加城镇居民基本医疗保险。③社区卫生服务机构与社区贫困人群签约,为其提供有针对性的家庭责任医生服务来保障其健康需求,医疗费用则由医保与民政部门联合承担,较好地解决了城镇居民与贫困医疗救助制度相衔接的问题,提高了医保和贫困救助资金的使用效率。

5. 关于城镇居民基本医疗保险制度的政策评估及其作用研究

2009年新医改方案颁布以来,预计用三年完成的涵盖五项重点工作的改革第一阶段已经完成。因此,对城镇居民基本医疗保险制度的政策评估及其制度成效的评价也显得十分迫切和重要。顾海在对国内外医疗顾客满意度研究现状分析的基础上,建立了医疗顾客满意度指数模型及评价体系。④仇雨临等以浙江省天台县为例,从参保居民的角

---

① 胡涛.城镇居民基本医疗保险初探[J].保险研究,2008(2):47-49.
② 郑功成.全面深化医改需要理性选择行动方案[J].中国医疗保险,2012(5):23-26.
③ 贺小林,梁鸿.社区卫生服务与医联动的政策成效——上海长宁的经验与启示[J].中国医疗保险,2012(6):30-33.
④ 顾海.城镇居民医疗顾客满意度指数的实证研究[J].南京社会科学,2008(3):102-106.

度,调查了城镇居民和新农合两种制度衔接后,城镇居民对医疗保险制度的满意程度及影响因素,分析城镇居民的医疗保险需求,认为居民对医疗保险制度的满意度整体评价一般,综合满意度不高。对于待遇水平评价较低,且最为关注的问题是报销比例问题。对于满意度影响最大的因素是医院的医疗条件。[1]

从医疗保障制度改革的实践来看,申曙光、彭浩然认为:"我国只是刚刚搭好了全民医保的制度框架,理论上可以覆盖全体国民,实际上还远未做到。而且这个制度还不是一个统一的制度,无论是不同制度之间,还是制度内部,都存在许多有悖公平原则的问题,有待于进一步发展与完善。"[2]郑功成认为新医改三年来取得了阶段性成果,但也面临着:普惠全民易,实质公平难;建立制度易,整合制度难;加大投入易,提高效率难;单项推进易,多项协同难;硬件改善易,软件建设难;满足一般参保人的要求易,解决特殊群体的困难难的特征。对于医保制度体系而言,应尽快赋予人力资源社会保障部门统一管理城乡医疗保障事务的责权,并实现问责制。[3]

关于城镇居民制度的作用方面,一般认为,因疾病导致的健康医疗支出和劳动力损失是个人和家庭的一种主要风险,通过医疗保险在不同群体中分散疾病所带来的风险,或者对低收入者进行医疗补助,可以调节高收入者和低收入者、高风险群体和低风险群体之间的收入分配。因此,医疗保障可以在国民收入再分配中发挥重要作用。[4]近日,《柳叶刀》杂志也刊登了关于中国新医改的相关文章,其中给予了城镇居民保障制度建立后快速趋近全民医保的目标高度评价,认为医保的全民覆盖会对经济社会产生积极的影响。首先,从经济方面来看,医保全民覆盖能够提高参保居民的家庭抵御疾病风险的能力,对社会而言会有巨大的经济外溢效益;从公共政策和政治方面来考虑,医保全民覆盖的实现在改善教育公平、减少贫穷和收入不均等、增强社会凝聚力方面也具有十分重要的作用。毫无疑问,作为实现我国全民医保的关键政策,城镇居民基本医疗保险政策将提高城镇居民的就医风险承担能力,为实现人人公平享有"国民基本医疗保险"的长远目标奠定坚实的制度基础。

二、研究问题的提出

通过对已有文献的梳理,我国城镇居民基本医疗保险政策的研究已经逐步进入正轨并正在不断地深化探索当中,已有研究的主要价值和启示主要体现在5个方面:

一是为完善我国城镇居民基本医疗保险制度积累了宝贵的理论基础,但总体而言还需要继续推进理论研究和经验研究。对深化城镇居民基本医疗保险制度的关键性、基础

---

[1] 仇雨临,张静祎,徐璨,等.城镇居民基本医疗保险满意度研究:以天台县为例[J].中国卫生政策研究,2009(2):11-17.
[2] 申曙光,彭浩然.全民医保的实现路径——基于公平视角的思考[J].中国人民大学学报,2009(2):18-23.
[3] 郑功成.全面深化医改需要理性选择行动方案[J].中国医疗保险,2012(5):23-26.
[4] 权衡.收入分配与社会和谐[M].上海:上海社会科学院出版社,2006.

性问题尚须深入讨论，这些基础性、关键性问题包括：城镇居民基本医疗保险政策的制度变迁及其政策制定过程是如何演进的？城镇居民基本医疗保险政策的运行现状如何？其中包括参保人群结构特征、参保意愿和筹资水平情况、制度实际覆盖程度、制度保障内容、城镇居保对象的医疗服务利用情况、实际保障程度水平、实际医疗负担等。以往多数研究针对的往往只是集中于制度的某个方面，对于城镇居保制度运行面上的情况缺乏系统的描述分析。因此，本研究首先将从试点城市的城镇居保制度运行的实际状况出发，对制度做系统的政策描述分析。

二是现有对城镇居民基本医疗保险政策的研究大都局限于制度本身，而对于我国转型时期整体的社会保障制度建设的理论基础和发展趋势关注较少。因此，有必要对我国转型时期的社会保障与福利研究及其发展趋势进行系统的梳理，为正在进行中的城镇居民基本医疗保险以及地方性城镇居民基本医疗保险试点经验的讨论、比较提供理论研究的基础，以及未来包括城镇职工、城镇居民和新型农村合作医疗三大主体制度在内的医疗保障体系发展趋势的理论指导。

三是现有对城镇居民基本医疗保险政策的研究大多是定性研究，对于制度运行的实证研究较少。学界对城镇居保的研究大多数集中于制度建设的必要性、制度设计中若干理论问题的讨论，各试点城市的个案研究和经验介绍，制度统筹的必要性及其路径以及部分地区的制度评估等方面，受制于城镇居保数据的缺失，大多数研究都为定性研究，缺乏对于制度运行的实证分析。因此，本研究将利用掌握的数据对我国城镇居民基本医疗保险制度的深层次问题进行实证分析。对于实现城镇居保"保基本、广覆盖、可持续"核心制度目标的影响因素进行研究。具体包括：城镇居民基本医疗保险制度的公平性、效率和可及性分析；参保意愿及其影响因素分析；服务利用及其影响因素分析；城镇居保制度的满意度及其影响因素分析等。

四是学界对城镇居保制度的完善研究大都集中于医疗保障体系内部，强调不同制度之间的统筹和衔接。笔者认为这只是完善医疗保障体系的一个方面，目前的医疗保险研究还缺乏与卫生服务体系的衔接。城镇居民基本医疗保险制度的完善不应该与基本医疗卫生服务、医疗卫生服务系统的重构割裂开来。要完善城镇居民基本医疗保险政策，还需要提高研究的系统性，尤其是需要将城镇居民基本医疗保险与现有的医疗卫生服务系统重构，将城镇居民基本医疗保险与社区卫生服务门诊统筹，将城镇居民基本医疗保险与家庭责任医生制度改革等结合起来进行更大范围内的政策分析。即围绕提高城镇居民基本医疗保险政策的公平性和有效性，实现城镇居民"人人享有基本医疗保障"这一核心目标，如何建立一个保障程度适宜、覆盖面广、服务高效的制度与服务体系。因此，本研究将对我国各地在完善城镇居民基本医疗保险制度过程中的典型案例进行系统的总结和分析，以期为其他地区的政策优化提供制度经验和政策蓝本。

五是目前各试点城市正在对城镇居民基本医疗保险政策进行不同的政策方案的实践，但是，对城镇居民基本医疗保险政策设计过程中核心问题的争论显然还需要细致的

研究基础，以对其可靠性提供支撑。同样，多样化的、在因地制宜的地方试点基础上形成的不同医疗卫生保障模式之间缺乏比较研究。我们注意到，地区间的信息交流网络并不十分充分，导致一地的成功经验往往不能及时顺利地扩散至全国；经验扩散的困难也从另一个侧面显示了相关理论建设的滞后和不足。因此，本研究还打算总结转型时期我国社会保障与福利体制研究的最新进展和发展趋势。总之，本研究将有助于为实现城镇居民基本医疗保险"保基本、广覆盖、可持续"的核心目标的政策讨论和完善城镇居民基本医疗保险政策提供系统的支持。

具体而言，本研究了解城镇居民基本医疗保险政策对满足城镇非从业居民基本医疗需要、增强抵御大病风险的能力以及提高居民享受医疗保健水平的作用，发现试点中存在的问题及原因，总结试点经验，探索规律，为完善城镇居民基本医疗保险政策提供科学的决策依据。本研究通过中国医疗保险研究会和北京大学联合实施的《国务院城镇居民基本医疗保险入户调查》对9个调查城市（分别是：东部的浙江省绍兴市、福建省厦门市、山东省淄博市，中部的吉林省吉林市、内蒙古自治区包头市、湖南省常德市，西部的四川省成都市、青海省西宁市和新疆维吾尔自治区乌鲁木齐市）的调查的数据进行实证分析和研究，力求探索和回答以下4个方面的重要问题：

（1）中国城镇居民基本医疗保险政策经历了哪几个阶段的变迁历程？哪些因素影响了城镇居民基本医疗保险政策的变迁？城镇居民基本医疗保险政策变迁具有哪些特征？

（2）城镇居民基本医疗保险政策的核心政策目标与执行状况如何？当前试点城市的城镇居民基本医疗保险政策运行情况如何？（具体包括参保情况、筹资情况、服务利用情况、制度保障情况、实际负担情况以及制度满意度情况）在实现公平的核心政策目标方面取得了哪些进展？

（3）城镇居民基本医疗保险政策的效率与可持续性如何？城镇居保政策存在哪些政策风险？居民的参保意愿如何？哪些因素影响了居民的参保？服务利用的情况如何？哪些因素影响了服务利用？制度满意度的情况如何？哪些因素影响了制度满意度？

（4）城镇居民基本医疗保险面临哪些主要的制度瓶颈？建立健全城镇居民基本医疗保险制度面临的深层次问题有哪些？需要哪些配套措施来完善城镇居民基本医疗保险政策？

第三节 研究内容与逻辑框架

一、研究内容

本书内容主要分为7章。

第一章：导论

第二章：城镇居民基本医疗保险研究的理论回顾与选择
第三章：我国城镇居民基本医疗保险的制度变迁分析
第四章：我国城镇居民基本医疗保险政策的政策运行分析
第五章：试点城市城镇居民基本医疗保险的政策公平性研究
第六章：城镇居民基本医疗保险的政策评估与风险识别
第七章：城镇居民基本医疗保险的制度瓶颈与完善路径
逻辑示意图见图1-3。

二、研究目标

完善城镇居民基本医疗保险政策不仅是深化医药卫生体制改革，落实科学发展观和构建和谐社会的需要，而且是政府重点关注的解决公众"看病难、看病贵"的一个重大民生问题。本研究试图将理论研究、实证分析以及政策设计结合起来，针对我国城镇居民基本医疗保险政策改革的实践进程进行系统的论证和分析。研究试图达到以下5个主要目标：

（1）**梳理政策脉络**。了解我国城镇居民基本医疗保险政策的政策背景、研究现状和制度发展的历史路径。厘清我国城镇居民基本医疗保险政策变迁所经历的历史阶段，探究影响城镇居民基本医疗保险政策变迁的相关因素，总结城镇居保制度变迁的阶段和特征。为完善城镇居保政策做好铺垫。

（2）**提供理论指导**。新医改方案已明确了深化医药卫生体制改革的宏观战略目标和理念，但在试点过程中需要具体、可操作的政策理论来指导政策的运行。本研究将在总结学界目前医疗保障制度经典理论的基础上，就城镇居民基本医疗保险改革的政策理念与理论框架，以及在完善制度过程中需要重点讨论的深层次的问题进行讨论和分析，力图为完善城镇居民基本医疗保险政策提供政策理念。

（3）**了解政策现状**。通过对我国城镇居民基本医疗保险政策的核心目标及执行情况的描述，以及相关试点城市城镇居保政策的制度和推进情况的总结来了解城镇居保制度的现状。并从国务院关于城镇居保调查数据的情况来细化对当前城镇居保政策运行情况的认识，以期为之后城镇居保政策的完善提供方向和可供决策的证据。

（4）**识别政策风险**。城镇居保政策的实施面临着新机遇、新挑战。从理论、经验与国情等多个方面重新阐释和分析我国城镇居民基本医疗保险政策面临问题的宏观及微观根源。我国医疗保险制度面临的主要问题是医疗卫生服务公平缺失与医药费用的过高，是有限的医保资金与无限的健康需求之间的矛盾。为此，实现基本医疗保障的公平与效率是重中之重。改革面临的三个主要挑战是如何贯彻立足国情、渐进探索的路径，处理医疗保险与医疗服务提供方的角色与责任，以及如何实现提高城镇居保制度效率的问题。本研究需要评估城镇居保制度在参保、服务利用和满意度方面的影响因素和政策风险。

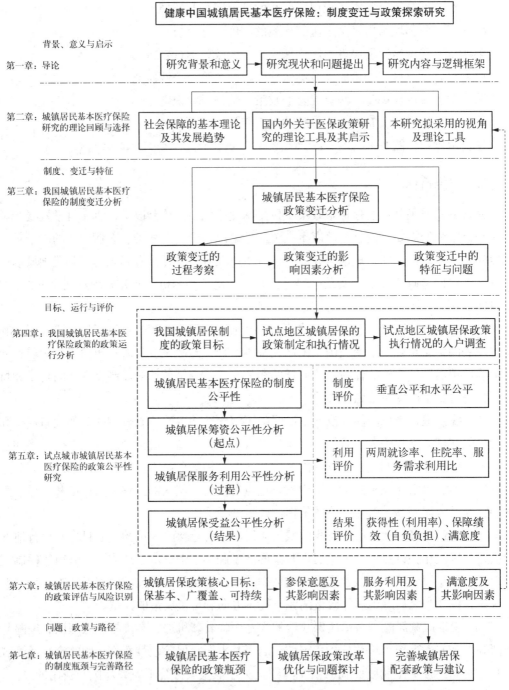

图1-3　健康中国城镇居民基本医疗保险：制度变迁与政策分析逻辑示意图

（5）**提供政策建议**。城镇居民基本医疗保险政策的完善需要具体落实的可操作性政策建议。因此，在分析当前我国城镇居保制度各个环节所存在的现实问题基础上，进一步讨论目前完善城镇居保制度所需要面临的理论问题及其解决路径。在制度、服务与体制系统衔接的基础上提出进一步完善城镇居民基本医疗保险政策的建议。

三、方法与技术路线

（1）**文献分析法**。通过文献分析，归纳和总结国内外就城镇居民基本医疗保险政策乃至医疗保障制度研究的已有研究成果，在此基础上，界定城镇居民基本医疗保险的制度内涵、研究范畴、主要政策问题等，归纳国内对于城镇居民基本医疗保险已有的研究理论和分析方法。确立本研究的理论框架体系，明确本研究分析问题的理论工具。

（2）**历史分析研究方法**。通过收集国内外对于城镇居民基本医疗保险政策已有的研究资料，分析我国城镇居民基本医疗保险政策的演变历程及其主要特征和改革方向。围绕现行城镇居民基本医疗保险政策的试点、构建和经验等方面，收集国内外相关期刊论文、书籍、政府文件、各地试点经验和案例等。收集途径包括中国知网、图书馆、政府文件和政府网络等。通过对相关方面的研究成果进行系统梳理和归纳、分析，对城镇居民基本医疗保险政策的内容、发展路径等进行总结，在此基础上，建立起科学、有效的理论分析框架。

（3）**政策比较研究**。利用收集的9个城市的城镇居民基本医疗保险政策的方案和资料，进行横向的制度和政策比较研究，吸取各个试点城市城镇居民基本医疗保险政策的经验和教训。

（4）**调查数据的实证和定量分析法**。通过对城镇居民基本医疗保险9个典型试点城市的调查数据，来分析城镇居民基本医疗保险政策运行现状，制度的公平性、有效性和可持续性，以及影响城镇居民医保参保意愿、服务利用和满意度的因素。为提出有针对性的完善城镇居保的政策建议提供证据。

第二章

城镇居民基本医疗保险研究的理论回顾与选择

在详细分析和研究我国城镇居民基本医疗保险政策的政策运行和实践情况之前,本章主要梳理了转型时期我国城镇居民基本医疗保险研究的理论动态和研究进展。这些资料的分析和总结将为本书的后续研究提供理论指导和政策分析工具。当前,我国处于经济高速发展与社会急剧转型的特殊时期。一方面,旧体制已经被完全打破,计划经济时代的社会保障制度已经不适应国家经济与社会发展的形势,原有的医疗保障的缺失日益凸显。另一方面,新的体制逐步得到确立,但现有的社会保障制度依然面临着巨大的挑战,新的社会问题如人口老龄化、"看病难、看病贵"等问题也一起爆发,表现出交织发展、日益复杂的特征。在这种时代背景下,我国需要构建与社会主义市场经济体制相适应的医疗保障制度,转型时期我国的城乡医疗保障制度构建问题也因此进入了学者们研究的视野。研究的焦点主要集中于医疗保障制度的理念和目标、当代中国城镇居民医疗保障制度的战略规划和行动方案的构建、城乡二元结构下中国医疗保障的统筹与制度整合、我国医疗保障制度立法的完善与发展趋势等方面。本章试图从以上角度对现有的相关研究成果进行梳理。

第一节 国内外关于医疗保障政策研究的主要理论工具及其启示

随着经济和社会的不断发展,健康越来越为人们所重视。自20世纪60年代以来,基于维护健康的需要,人人都能享有基本医疗卫生保障已经成为国际上衡量一个医疗体制是否公平健全的主导性标准。[威廉姆斯(Williams),1980] 1978年联合国的《阿拉木图宣言》提出了"人人享有卫生保健"的目标。同年,国际劳工组织(International Labour Organization,LIO)通过第67号国际公约,呼吁各国政府为达到"2000年人人卫生保健"的目标而努力。1979年世界卫生会议提出了"消除健康不平等,为人人提供健康"的全球性战略决议。1982年,汤森(Townsend)在研究报告中提出社会健康不平等的话题,随后,有关健康不平等的研究成为研究者和相关政策部门分析和讨论的热点问题。此后,世界卫生组织(WHO)发表的许多政策声明和研究结果都强烈呼吁缩小国家之间和国家内部不同社会经济人群之间的健康差异。[①] 由此,有助于缩小健康不平等的医疗保障制度也成为当下政策研究的重要内容。国内外围绕医疗保障政策的理论流派众多,其主要观点有的一脉相承,有的则针锋相对。目前学界研究使用较多的主要理论包括健康公平理论、福利经济学理论、信息经济学理论、公共物品理论、政府与市场失灵理论等。

一、健康公平理论

世界卫生组织对于健康有如下定义:"世界卫生组织认为健康是一种在身体上、心理上和社会各个方面的完满状态,而不仅仅是没有疾病和损伤。健康平等意味着在生物学范围内,全体居民尽可能地达到最高水准的身体、精神和社会完好状态的健康水平。"在阿马蒂亚·森(Amartya Sen)的"可行动能力"和"以自由看待发展"的视角中,健康被看作重要的人类的"可行动能力"和非常基本的自由。因此,健康权是一种基本人权,每个公民都应当有同等的机会来享有这一基本人权,即健康公平的权利。

对于健康公平的研究最早源于健康的差异与不公平现象。而测量健康公平自被纳入学者的研究视域之后就一直是个复杂的学术命题。健康公平的研究内容主要包括对于健康的定义、了解和分析健康的影响因素、发现和总结提高健康的方法技术、与健康相关的伦理道德、政治和社会的考量以及对于健康的主观判断等诸多因素。自20世纪70年代中期以来,国际上对健康不平等的研究方兴未艾。许多研究者通过实证研究,运用统计学的方法来衡量和评价健康不平等的程度、变化及其原因,总结和探索出了很多分析方法。总结学界对于医疗保险中健康公平的测量方法,主要包括洛仑兹曲线和基尼系数法、极差法、差异指数测量、集中曲线和卡克瓦尼(Kakwani)指标法等。

"近二十年来,人们对国家间与国家内部的健康差异给予越来越多的关注。随着研究的深入,发现这种差异不仅体现在最终的健康水平上,同时也体现于获得健康的机会与途径之上。因而,健康公平可以从结果与过程区分为两个方面,即包括健康状况的公平(结果的公平)、获得健康的机会与途径公平(起点公平和过程公平),而过程公平又主要从获得医疗保健服务的公平与卫生筹资的公平两个方面进行理解。"[②]

以往的研究一致认为影响健康的因素多种多样,主要包括基因遗传、生活方式、社会经济地位、教育水平、收入、职业、环境、医疗服务与医疗保障水平等。由此可见,由于基因遗传等客观因素,在人群间的完全的健康平等是不可能存在的。因此,所谓的

---

① 刘慧侠.健康不平等:走向可持续、和谐增长的羁绊——转型期中国健康不平等研究[D].西北大学博士学位论文,2006:13-15.
② 侯剑平,邱长溶.健康公平理论研究综述[J].经济学动态,2006(7):97-102.

健康平等只是一种相对情况。学术上对健康平等的研究和追求主要是指通过制度和政策能够缩小在追求健康公平的起点和过程中的不公平,例如,不同人群因为社会阶层、经济收入、就医机会等原因而造成的健康的显著差异,就可以视作一种可能追求和缩小的健康平等。通过公平的医疗服务,有可能缩小从而接近相对公平的状况。医疗保障政策被视作可以降低健康不平等的重要方法和有力手段。

"从价值中立的角度来看,健康状况的差异是一种健康不平等的客观表现。而其中不公正的不平等,则构成了健康的不公平。"① "如何从健康不平等(客观存在)到健康不公平(主观价值判断),一个基本的前提是,健康不平等在一定程度上可以避免。基于此,可避免的不平等构成了健康不公平。"② 健康公平可以定义为:"健康需求依据支付能力来筹资,卫生服务依据医疗需求来分配。医疗保健服务利用的公平性则强调水平公平,有同等需要的人应当同等受益,即平等地利用医疗保健。筹资的公平性强调垂直公平,即支付能力不同的人应该支付不同的费用,支付能力越高,应当支付的费用越多。"③

判断健康后果的公平性见图2-1。

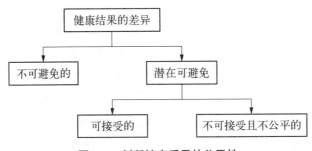

图2-1 判断健康后果的公平性

城镇居民基本医疗保险政策建立的目的就在于缩小不同人群之间的健康不平等。健康公平理论为我们考察城镇居民基本医疗保险政策的公平性提供了理论基础、研究方向和分析工具。因此,从健康公平的理论出发,公平应该是城镇居民基本医疗保险追求的核心目标。研究中应该注重考察制度在筹资公平性、医疗服务可及的公平性以及医疗保障水平的公平性等方面,从而提升制度的效果。从研究工具的视角看,健康公平理论中关于健康测量的许多方法则为研究的深入分析并找出医疗保障制度设计和完善中最需要注意的目标群体提供了可能。

二、福利经济学理论

20世纪20年代,福利经济学之父庇古(Pigou)在其著作《福利经济学》中对福利

---

① Evans T, Whitehead M, Diderichsen F, et al. 挑战健康不公平——从理念到行动[M]. 牛津:牛津大学出版社, 2003:p.25.
② Whitehead M. The concepts and principles of equity and health [J]. International Journal of Health Services. 1992, 22(3): 429-445.
③ 王欢. 全民医保目标下医疗保障制度底线公平研究[D]. 华中科技大学博士学位论文, 2006:13-15.

的概念做了系统的阐述，认为福利是对获得的效用或满足的心理反应，是一种主观的感受。福利分为社会福利和经济福利，其中，能够用货币来衡量的部分便是经济福利。福利经济学的主旨在于增进世界或一国的社会经济福利。福利经济学依据边际效用论提出了两个基本的福利命题。经济福利的影响因素包括"第一，国民收入的大小；第二，国民收入在社会成员中的分配情况"。[1]因此，国民收入总量的大小以及收入分配的均等程度也就自然成为衡量和影响经济福利的决定性因素，社会经济福利与国民经济总量和国民收入分配均成正相关关系，国民经济总量越大，社会经济福利也就越大；国民收入分配越平等，社会经济福利也越大。庇古非常注重收入的均等化，认为经济福利的增加有赖于国民经济的增长和国民收入分配格局的改善，通过宏观调控的政策来实现社会资源的优化配置以扩大国民经济的总量，同时通过缩小收入差距来改善国民经济的福利。

20世纪初，意大利经济学家帕累托（Pareto）在序数边际效用的基础上提出了帕累托最优理论，开创了新福利经济学派。"在20世纪30年代西方世界经济大危机的历史背景下，以希克斯（Hicks）、西托夫斯基（Scitovsky）、李特尔（Ritter）为代表的经济学家在帕累托理论基础上对旧福利经济学进行了许多修改和补充。新福利经济学对庇古的旧福利经济学的批判集中于以下三点：第一，旧福利经济学遵循的边际效用基数论违背了效用不可衡量和个人间效用不可比较的一般规律，福利经济学建立的基础应当是边际效用序数论。第二，经济理论应当将价值判断排除在外，旧福利经济学的主张和要求没有科学根据，应代之以实证研究。第三，福利经济学研究的中心问题不是收入分配问题，而应当是交换和生产的最优条件。"[2]据此，社会福利的补偿原则被提出。但是，卡尔多（Kaldor）、希克斯等新福利经济学家分离实证研究和规范研究、效率问题和公平问题的错误倾向和相关论断也招到了一些批评。伯格森（Bergson）、萨缪尔森（Samuelson）等人提出了社会福利函数，形成了社会福利函数派；阿罗（Arrow）、阿马蒂亚·森、黄有光等构成了福利经济学的社会选择论派。[3]福利经济学各个流派的主要观点见表2-1。

受福利经济学的影响，"福利国家之父"贝弗里奇（Beveridge）于1942年向英国国会提交了《社会保险和相关服务》的报告，明确了社会保障的三大基本原则。一是普遍性原则。社会保障实施范围应该涵盖所有公民，而不仅仅是某一特殊阶层。二是政府统一管理原则。政府通过国民收入再分配的方式来组织实施社会保障。但与此同时，社会保障也需要国家和个人的合作。国家在社会福利方面的责任在于提供保障服务和筹集资金。但也需要给个人储蓄和资源参保保留一定的空间。三是全面保障原则。报告中设计了一套完整的从出生到死亡的社会福利制度，将所有人群划分为6类，要求国家为这些

---

[1] 庇古.福利经济学[M].北京：商务印书馆，1981：120-123.
[2] 董黎明.我国城乡基本医疗保险一体化研究[M].北京：经济科学出版社，2011：36.
[3] 李华.农村合作医疗制度的经济学分析[D].吉林大学博士学位论文，2006：19-20.

表2-1 福利经济学流派的发展过程及其主要观点

流派	时间	代表人物	主要观点
旧福利经济学派	20世纪20年代	庇古	福利是对获得的效用或满足的感受;福利分为经济福利与社会福利,国民收入总量的大小和收入分配的公平是影响经济福利的决定因素;通过收入均等化来增加国民收入总量,将富人的部分收入转移给穷人,促进社会经济福利的增加
新福利经济学派	20世纪初	帕累托	帕累托最优理论:自身福利好坏和高低状况的最好评价者和判断者是个人;社会福利是全社会每个人福利的总和;如果没有一个人因为其他人福利提高而自身福利下降,全社会的福利就上升了,也被称为"帕累托改进"
			最大福利的内容是经济效率,而不是收入的均等分配。经济效率是指生产资源的使用达到最有效的状态。当资源得到最适度配置时,经济就是有效率的,因而才能达到最大社会福利的状态
新福利经济学的补偿原则派	20世纪30—50年代	卡尔多、希克斯、西托夫斯基、李特尔	国家的任何政策变动都会导致市场价格变化,从而必定有人受益,有人受损,不符合帕累托最优原则。建议将受益者的一些收入转移以补偿受损者,补偿后若有剩余,则福利增加;若受益者的收益大于受损者的损失,对国家整体的福利依然增加;有些国家政策短期内会使部分人受损,但长远来看会使全体人受益,受损者也自然得到补偿,从而增加了整体的社会福利
新福利经济学的社会福利函数学派	20世纪30—50年代	伯格森和萨缪尔森	帕累托最优状态有许多个而不是唯一的,如果要达到唯一的帕累托最优状态,除了交换和生产的最优条件外,还需要考虑个人福利合理分配的问题,收入分配是否合理是实现帕累托最优状态和最大社会经济福利的充分条件,经济效率高低只是其必要条件
新福利经济学的社会选择学派	20世纪60年代	阿罗、阿马蒂亚·森、黄有光	阿罗"不可能定理":个人偏好排序与社会总体偏好排序是内在冲突的,不可能由此及彼地推论出社会偏好的次序,也就不存在社会福利函数
			阿马蒂亚·森认为,阿罗"不可能定理"只适用于投票式的集体决策过程。黄有光认为排序只提供序数偏好的信息,而没有提供有关偏好强度的信息,即只重视偏好的顺序问题而忽视了偏好的强度以及偏好强度的人际比较等方面的问题

资料来源:作者根据相关研究成果自行整理

人群提供全方位的医疗和康复服务,并根据个人经济状况提供国民救助。

凯恩斯(Keynes)的有效需求理论也认为在资本主义世界中存在着市场失灵。有效需求不足将导致经济萧条和大规模的失业。因此,有必要将社会保障作为一种国家干预经济的"稳定器"引入社会中。自20世纪80年代以来,新凯恩斯学派继承和发展了凯恩斯的思想，认为医疗保障属于典型的准公共产品，主张对包括医疗保障在内的市场失灵领域，政府应该干预并发挥作用，提供包括医疗保险和医疗服务在内的公共产品。

为了实现医疗风险在不同收入人群的风险共担，医疗保险已成为现代社会中一项基本的经济与社会政策，是许多国家和政府财政收入转移支付的重要制度之一。从福利经济学的视角看，由于医疗服务的特性，医疗保险市场中医疗服务的供给和消费不可能由市场充分竞争从而实现价格的均衡和资源的最优配置。医疗服务供方的信息和技术优势往往使得医疗服务消费的数量和质量难以控制。同时，由于参保人与保险人之间信息的不对称，参保人的道德风险和逆向选择将会给医保制度带来风险和损失。为了防止这一局面的出现，医疗保险方往往通过提高参保门槛、共付比例、增加监控力度等手段来加以控制，从而造成交易成本的提升和医保制度效率的损失。毫无疑问，这将影响到一国的国民健康和整体的社会福利状况。

因此，需要在福利经济学等理论的指引下，通过对社会公平与效率的关系研究，将制度公平作为核心诉求来构建医疗保险框架，从而实现社会福利的最大化。同时，福利经济学的普遍性原则也要求医疗保障制度应该覆盖全体居民，而非取决于居民的职业状态等条件，需要克服潜在的制度歧视，将社会中的弱者涵盖到医疗保险的制度之中。此外，福利经济学还十分强调社会福利的主观感受，需要医疗保险制度在承担疾病风险共担的基础上进一步关注预防贫困、保障生活质量、提升人力资本方面的功能，最终实现提升国民健康福利的政策目标。

三、信息经济学理论

传统经济学有一个非常重要的假设前提条件：市场机制要发挥作用，需要在完全竞争市场的环境下进行，而且参与市场交易的双方都必须拥有完整充分和传递及时的信息。由于这一条件要求极为苛刻，现实中完全竞争市场几乎不存在。由此引发了对市场交易中信息的研究，产生了信息经济学。学界一般将斯蒂格勒（Stigler）于1961年在《政治经济学》杂志发表的《信息经济学》以及同年维克瑞（Vickrey）在《财经》杂志发表的《反投机、拍卖和竞争密封招标》看作信息经济学诞生的标志。信息经济学的研究内容主要包括："（1）市场信息的基本形式及对经济活动的影响；（2）资源配置过程中的信息机制；（3）信息资源配置；（4）如何实现最优信息经济；（5）微观信息市场等几个方面。"[①] 信息经济学的范围涉及面极广，其中，有关道德风险与逆向选择、委托-代理机制、博弈论等内容是医疗保险制度分析中不可或缺的理论基础。

道德风险的研究源于保险，阿罗将道德风险界定为"个体行为由于受到保险的保障而发生变化的倾向"。富兰克（Frank）将道德风险定义为保险人对所投保的保险标的采取较少的防损努力的一种倾向。瓦里安（Varian）将道德风险扩大为保险中一方不能观

---
① 陈瑞华.信息经济学[M].天津：南开大学出版社，2003：13-14.

测到另一方行为的情况。①在道德风险集中的保险保障领域，医疗保障又是其中道德风险最为严重的险种。医疗保险中的道德风险是指投保人、医疗机构或其他拥有信息优势的人员为了实现自身的利益最大化，故意增大疾病风险发生的频率或风险发生时的损失程度，损害处于信息劣势的委托人的利益。由于医疗市场的复杂性，发生道德风险的现象极为普遍，主要表现为需求方（患者）的过度消费和供给方（医生）的诱导需求。

"道德风险的存在使得医疗保险的补偿水平不会达到100%，其原因在于：假设这一产品真的存在，投保者个人的经济负担为零，那么其就会增加对个人医疗服务的需求，从而导致医疗资源的极大浪费。此外，如果投保者个人在全面保险的产品与个人自我保险（不购买任何保险产品）之间进行选择，其会对购买全面保险的产品所支付的价格与自我保险万一出险所需要支出的医疗费用之间进行权衡，其最终会基于购买保险产品所需要付出的成本与获得收益之间的不对称而放弃该项产品，选择自我保险的方式。"②费尔德斯坦（Feldstein）对道德风险所造成的福利损失进行过有影响的研究，认为因道德风险而造成的医疗费用的增加包括：已购买服务中因个人自付减少而增加的服务量；已购买服务的价格的上升部分；因保险覆盖而消费的服务量和价格增加；因保险覆盖使购买的服务质量提高部分，包括昂贵的、技术密集型服务。③为了维持医疗保险制度的可持续性，如何控制医疗保险中的道德风险已经成为医保制度研究必不可少的环节。在各国的医疗保险制度实践中，一般通过设置起付线、提高共付比例、设立医疗保险的封顶线等方式来控制医疗费用的过快增长。但如果起付线的标准定得过高或者共付比例过低，很可能会导致医疗保险的实际保障程度降低而使制度流于形式，造成参保人员尤其是身体健康的人群不愿参加或购买医疗保险，出现医保参保率降低或"选择性"参保的问题。

1970年，阿克罗夫（Akerlof）在其《旧车市场分析》中创立了旧车市场模型（又称为"柠檬"模型），第一次提出了逆向选择的概念。在文章中他以旧车市场为例，分析了假冒伪劣产品对市场的扰乱作用。在旧车市场上，由于买方对旧车的相关信息不对称，因此，买方通常只愿意以极低的价格或者说假设二手车质量一般的价格来购买旧车。卖方则会隐藏旧车具体质量的相关信息，通过对旧车的部件更新和外观改造来提高价格。在这样的情况下，一般高于平均质量的旧车会因为买家意愿支付的价格过低而"退出"市场，低于平均质量的旧车则会"留"在市场。最终，劣币驱逐良币的现象将持续发生并摧毁消费者对市场的信任从而导致市场萎缩。

具体到医疗保险市场中，由于保险公司不可能对参保人的健康信息完全了解，因此，在制定保险产品方案时只能基于一般人群的健康状况来进行预测和精算，从而确定参保价格。这对身体状况良好的人群来说，价格很可能是高昂的。因此，健康的参保

---

① 李琼.中国全民医疗保障实现路径研究［M］.北京：人民出版社，2009：25.
② 徐宁.统筹城乡医疗保障——以镇江、昆山为例［D］.武汉大学博士学位论文，2010：38.
③ 郭有德.医疗保险中道德风险的经济学分析［J］.复旦学报（社会科学版），2011（1）：116-123.

者一般不会选择支付高昂的参保费用而选择不参保,而愿意参保的人有可能是身体不健康、需要参加保险来分担的人,从而造成保险公司的赔偿率有可能上升。为了维持收支平衡和盈利,市场上的商业保险公司只有不断提高保险产品的定价,在这种情况下,愿意参保的人一般是身体健康状况不太好的人。如果商业医疗保险未能识别,则有可能给保险公司带来损失;如果能够识别,则一般不考虑将这样的人群纳入保险中,又有可能使得身体健康状况较差的人反而难以参加保险。因此,在医疗保险研究领域,逆向选择理论很好地解释了为什么私人保险市场难以解决全部社会成员的保险问题的原因,需要国家出面来主导和建立社会医疗保险制度。对于我国当前的医疗保险体系来说,城镇居民基本医疗保险政策的建立更显示了政府对克服医疗保险领域逆向选择的责任承担。

在信息经济学的研究范畴中,委托-代理也是一个运用于公共部门的引人注目的理论。在一般委托代理中,委托人均试图为代理人建立一种激励机制,使其行动最大限度地有利于实现委托人的目标,代理人做出的决策则对委托人有影响。在建立稳定的激励机制中,存在的困难来自两个因素:(1)委托人的目标与代理人的目标存在典型偏差;(2)委托人和代理人之间存在着信息差异。[1]用委托代理理论研究医生行为、医疗产业的组织结构是非常热门的领域。医疗保险中参保人、医疗保险机构以及医疗服务提供方形成双重"委托-代理"机制。一方面,医生和病人之间存在委托代理;另一方面,病人和医疗保险之间存在委托代理,医生和医疗保险之间还存在委托代理关系。因此,在医保和医患关系中,医生处于"双重代理人"的核心地位。

阿罗提出了如何解决医疗服务中医生和病人之间存在的非对称信息、风险承担市场缺失和医生具有特殊社会角色等问题的方法。认为医生作为代理人是解决病人高信息成本的可行方法的关键。[2]麦吉尔(McGuire)指出:"作为代理方的医生如果能够忠诚地代表委托人-患者的利益,那么就能够克服很多甚至绝大多数由于不满足市场竞争条件而带来的市场失灵。"[3]在实际运行过程中,并不存在自发的有效机制能够保证医生忠诚地代表委托人的利益,于是,如何从机制设计上促使医生能够忠诚地代表患者的利益成了医疗保险中的核心问题。

委托-代理理论的相关研究表明,在医疗保险制度设计中必须充分考虑到各方信息不对称情况的行为,通过制度设计来克服和预防信息不对称带来的道德风险和逆向选择,并在此基础上充分考虑各方的利益博弈。通过制度设计来激励各方,尤其要注重激励医生做出符合医疗保险机构以及患者利益最大化的行为。

---

[1] 欧文·E.休斯.公共管理导论[M].彭和平,周明德,金竹青,等译.北京:中国人民大学出版社,2001:14.
[2] Arrow K J. Uncertainty and the welfare economics of medical care[J]. *American Economic Review*, 1963, 53: 941-973.
[3] Mcguire T G. Physician agency[M]. *Handbook of Health Economics*, 2000: 463-536.

四、公共产品与公共选择理论

公共产品的概念由瑞典经济学家林达尔（Lindal）于1919年首次提出。此后，萨缪尔森在《公共支持的纯粹理论》一文中将公共产品明确定义为：每个人对这个产品的消费都不会导致他人对该产品消费的减少。他以路灯为例说明了公共产品消费的非排他性。奥尔森（Olson）也在其名著《集体行动的逻辑》中将公共产品定义为：如果一个集团中的任何人能够消费它，它就不能不被该集团中的其他人消费，这类产品便属于公共产品。这一定义强调了公共产品的不可分割性。[①]

公共选择学派的奠基人布坎南（Buchanan）把公共产品定义为：任何由集体或社会团体决定，为了任何原因，通过集体组织提供的物品或劳务。在《公共物品的需求和提供》一书中他还进一步将纯公共物品和非纯公共物品进行了区分。认为"纯公共物品或服务是指相关群体的全体成员可同等获得的那些物品或服务。该产品的单一生产单位对应着多个同质的消费单位，即同时可供多人消费。该物品一旦生产出来，阻止群体内的任何人享用（既可能带来正效用，也有可能带来负效用）都是没有效率的。"[②]体现了公共物品的非竞争性。

然而，在现实生活中，纯公共物品并不常见，更多的是私人物品以及兼具公共性和私人性的准公共物品。其中，私人物品是指那些具有排他性、竞争性的，只能为单个使用者提供利益的产品。一般而言，私人物品是谁使用、谁付费、谁享用，可以按照市场交易过程实现对该产品的所有权；非经物主许可任何人不得使用该产品。准公共物品则是指那些兼有公共物品和私人物品特性的物品。

一般来说，准公共物品又分为三类。一类是利益外溢的准公共物品。这类物品的一部分利益由其所有者享有，在技术上可以实现价格排他。但与此同时，一部分利益可以由所有者以外的人享有，因而也具有公共物品的特征。如教育、公共卫生事业，政府修建的公园等。第二类是拥挤性的准公共物品。这类产品随着消费人数的增加而产生拥挤，从而会减少每个消费者可以从中获得的效益。如交通系统等。第三类是公共资源。这类产品在效用上具有不可分割性，在消费上具有非排他性，但是在消费上具有竞争性，公共资源的使用超过一定的限制后也会导致拥挤。

纯公共物品、准公共物品和纯私人物品的划分见表2-2。

在有关医疗保险制度的研究中，医疗保险和医疗服务均具有准公共物品的特征。具体体现在以下3个方面：

一是消费中的排他性和非排他性兼有。对于医疗服务而言，个体为了维护其健康而寻求的医疗服务具有排他性，消费了一定的医疗服务和医疗资源，则他人可消费的

---

① 曼瑟尔·奥尔森.集体行动的逻辑[M].陈郁，郭宇峰，李崇新，译.上海：上海三联书店，上海人民出版社，2007：13.
② 詹姆斯·M.布坎南.公共物品的需求与供给[M].马珺，译.上海：上海人民出版社，2009：47.

表2-2 纯公共物品、准公共物品和纯私人物品的划分一览表

	排他性	非排他性
竞争性	纯私人物品 （1）排他成本很低； （2）由私人企业生产； （3）通过市场分配； （4）资金来源于销售收入； 如食品、衣物等	准公共物品 （1）集体消费，但存在着拥挤； （2）由私人部门生产或直接由公共部门提供； （3）通过市场或国家预算分配； （4）资金来源于销售收入或税收收入； 如公园、公共游泳池、共同产权资源（如城市绿地）等
非竞争性	准公共物品 （1）具有外部性的私用品； （2）由私人企业生产； （3）通过市场分配、辅之以补贴或者校正性税收； （4）资金来源于销售收入； 如学校、交通系统、社会保障、接种免疫、有线电视、非拥挤性桥梁	纯公共物品 （1）排他成本高； （2）直接由政府提供或在与政府签约的情况下由企业生产； （3）通过国家预算分配； （4）资金来源于强制性税收收入； 如国防、法律制度、社会治安、环境保护等

资料来源：郭庆旺，鲁昕，赵志耘.公共经济学大辞典［M］.北京：经济科学出版社，1999：189

数量必然减少。但与此同时，个人健康的增进对于社会劳动资本和社会整体健康环境来说，均具有明显的正外部效应。对于医疗保险而言，社会医疗保险不应该排斥任何一个社会成员参与到医疗保险中，但如果参保人不实现缴纳个人应负担的部分社会医疗保险费用，则医疗保险服务具有排他性，将未参保人员排斥在社会医疗保险产品之外。

二是消费中的非竞争性与竞争性共存。医疗保险产品中的非竞争性主要体现在公共卫生部分，尤其是提高居民健康意识的公共卫生教育等。例如，在社区卫生服务的健康教育中，增加个体的消费并不会导致产品成本的增加。竞争性则体现在个人领取医疗保险基金的部分，在医疗保险制度中，参保人个体享受医疗保险的数量会对他人的享受造成竞争性的影响。

三是消费的不可分割性和可分割性共存。对于艾滋病等传染性疾病而言，医疗服务属于公共物品，具有不可分割性，需要政府承担起提供公共卫生服务的责任。个人生病所需要的医疗服务则可以分割，如果病人未曾参加任何社会医疗保险，则医疗费用大部分由病人自主承担。

公共物品选择理论认为，私人物品主要由市场来提供，公共物品则主要由政府来提供，这是由于市场运行机制和政府运行机制的不同决定的。就私人物品而言，消费者可以通过市场中的价格交易来实现，谁受益则谁支付。对于公共物品和准公共物品而言，

由于其具有消费的非竞争性、不可排他性和不可分割性，不可能由市场来充分提供。个人对于公共物品的提供普遍抱有"搭便车"的心理，因此，需要由政府来直接提供或者由政府来主导社会提供。在医疗保险制度构建的过程中，除了那些低于贫困线以下的社会弱势群体需要政府通过医疗救助制度来保障之外，对于所有社会成员，不管其是否具有正规职业，均应由政府主导的社会医疗保险来覆盖。

五、市场失灵与政府干预理论

经济学理论认为市场是配置资源的最佳手段，在资源配置中起基础性作用。然而，市场机制经常由于相关主体的信息不对称、交易费用的增加以及一些产品的公共性和外部性导致产权不明晰，从而造成资源配置的无效率或市场的不作为，往往无法实现帕累托最优，造成市场失灵。

斯托基（Stocky）和泽克豪斯（Zeckhaus）指出市场失灵主要包括6种原因：（1）存在交易信息的不完全和不充足的可能。（2）交易成本会有碍交易的实现。（3）由于信息不足或分布不均或是无力保障合同的实施，有些市场是难以存在的。（4）有些买家或卖家的市场力量足以破坏公平定价的条件。（5）某些交易具有"外部性"。（6）有些商品和服务无论消费者付费与否都可享有，天生具有公共物品的特点。[①]市场失灵的存在需要政府通过公共政策加以干预、引导和矫正。

在医疗卫生服务市场中，医疗服务是医生提供给市场的用于满足人们医疗健康需求的消费产品。医疗服务又可以细分为基本医疗服务、公共卫生服务和非基本医疗服务3种。其中，基本医疗服务和公共卫生服务均具有某种程度的准公共物品和纯公共物品性质，具有一定的外部性。在医疗服务市场上，患者对于自身健康状况的了解往往不如医生，因此，难以实现医患之间公平交易和平等议价，需要政府进行干预。通过医疗保险制度第三方付费的制度设计和对医疗机构的大户谈判地位，可以加强对医疗机构乃至医生的监管，以减少信息不对称带来的市场失灵问题。对此，美国经济学家斯蒂格利茨（Stieglitz）将医疗市场和标准竞争性市场进行了比较，认为医疗保健市场主要的问题在于市场失灵，具体表现为有限的竞争和有限的信息（见表2-3）。

"公共经济学的外部性理论成为政府有效提供医疗保障制度的依据。""由于外部性（无论是正外部性还是负外部性）的存在，市场机制调节资源配置都无法达到帕累托最优状态。在市场中，经济人都是以追求利润最大化为目的的，都希望得到全部的收益（含边际外部收益）。生产者在不能得到全部收益的情况下，会减少生产或者不生产这种公共品。可见，市场机制在提供公共品方面是无效率的，会出现'市场失灵'。"[②]

---

① 欧文·E.休斯.公共管理导论[M].彭和平，周明德，金竹青，等译.北京：中国人民大学出版社，2001：113-114.
② 李华.理性政府与理性农民的简单博弈——新型农村合作医疗制度进入机制分析[J].学习与探索，2007（4）：124-127.

表2-3 医疗市场与标准竞争市场之间的区别

	标准竞争性市场	医疗服务市场
供给	有许多卖者	医院的数量相对有限
信息	需方的信息是充分的	需方的信息不充分，高度不对称
产品	具有同质性	高度的异质性
目标	利润最大化	大多数医院是非营利性医院
费用	消费者支付	消费者可能支付其中一部分费用

资料来源：Stiglitz J E. *Economics of the Public Sector* [M], 2nd edition. New York: W. W. Norton & Company, Inc.1998: 290. Table 2-1

由于现代社会是一个市场经济社会，市场失灵还表现为贫富差距的拉大，收入的不平等也有可能派生出医疗服务获取能力的不平等。因此，政府在医疗保障中的责任是不容置疑的。在我国全面建设小康社会的历史进程中，构建和实现全民医保无疑是其中一项非常重要的工作。在城镇居民基本医疗保险政策的建设中，由于其对象的特殊性，政府承担着主要的筹资和管理责任。

第二节 城镇居民基本医疗保险政策分析拟采用的视角及理论工具

在系统回顾了社会保障与医疗保险研究领域的传统经典理论之后，我们可以得出结论：政府在医疗保障制度中发挥着至关重要的作用。某种程度上来说，政府应该是医疗保险制度的主导者甚至是直接提供者。然而，任何一项制度的发展都有着其独特的演进路径，一项政策的出台与否取决于当时的政治体制、利益群体、制度环境等诸多因素。从公共政策研究的视角来看，哪些因素影响了政策乃至制度的变迁？是什么因素导致了一项政策进入决策议程？公共政策决策是如何做出的？一项政策被制定后，政策的执行和运行情况如何？如何来正确评估一项政策？如何总结政策出现的问题以及采取怎样的方式来优化政策的制度设计和政策工具的选择？这些悬而未决的问题需要我们转换研究视角，在已有理论的基础上进一步探索和细化具体政策研究中面临的现实问题。因而，在考察和分析我国城镇居民基本医疗保险政策建立的过程、制度特征、政策成效、瓶颈问题，完善城镇居保制度设计和政策建立等问题上，本研究拟采用的理论分析工具包括制度变迁理论、公共政策过程分析理论、循证决策理论、政府工具理论等。

一、制度变迁理论

本书第一个需要回答的问题是：我国城镇居民基本医疗保险政策变迁的问题。具体包括：制度变迁是怎样发生的？为什么城镇居保制度长期发展缓慢，而在新医改启动之后却得到迅速发展？其中，制度演变经历了哪些历史阶段？制度变迁的过程是如何发生的？制度变迁显示出怎样的路径特征？这是当前迫切需要解释和研究的问题。本研究尝试从制度变迁理论来分析和解答这些问题。

制度变迁理论源于西方新制度经济学，它以制度作为研究对象，从1776年亚当·斯密发表第一部现代经济学巨著《国富论》开始，经过德国历史学派、美国早期制度学派等的影响，发展至新制度经济学，已经成为现代经济学理论中非常有影响力的一个理论分支。

20世纪初，在美国以凡勃伦（Veblen）、康芒斯（Commons）等为代表，形成了早期的制度经济学派。制度学派的经济学家们基本上都非常重视对非市场因素的分析，诸如制度因素、法律因素、历史因素、社会和伦理因素等，其中尤以制度因素为甚，强调这些非市场因素是影响社会经济生活的主要因素。[1]凡勃伦将制度理解为人们在现实生活中相互交往所形成的有关自然习俗，并且由于习惯化和广为人知，这种习俗便成为一种类似公理的、社会生活必不可少的东西。而在康芒斯眼中，制度无非是社会控制的手段，通过集体行动控制个人行动。凡勃伦以非正式制度为原型来理解所有的制度，重视的是制度的"自然性"。康芒斯则非常注重制度的建构性。但就早期的制度经济学派而言，有一个非常显著的特征，那就是经济组织和制度结构一直都是其反复研究和强调的主题。

随着理论的不断演进，制度经济学进入新的发展阶段。1937年，科斯（Coase）在其经典论文《企业的性质》中对传统经济理论零交易费用的假设做了影响深远的修正，他将边际分析方法引入制度变迁分析中，建立了边际交易费用的概念，为新制度经济学的研究发展开辟了新领域。[2]此后，新制度经济学有了长足的发展。他在1960年的另一篇经典论文《社会成本问题》中，从一个全新的角度考察了外部效应的问题，并首次提出了经典的科斯定理：假设交易费用为零，被清晰界定的产权不论如何安排都不会影响资源的最优配置。

此后，在科斯定理的基础上，制度的经济分析主要沿着3个方向发展。一是侧重从产权、外部性和交易费用的关系出发讨论不同产权规则对资源配置的影响，代表人物有德姆塞茨（Demsetz）、阿尔钦（Alchian）、巴泽尔（Barzel）和张五常等制度经济学家。二是侧重从契约、信息和激励的观点出发研究介于市场和企业之间各种经济组织

---

[1] 毛克宇. 基于新制度经济学的公立医院薪酬管理研究［D］. 天津大学博士学位论文，2009：8-15.
[2] Coase R H. The nature of the firm［J］. *Economica*, 1937(11): 386-405.

背后的基本逻辑,代表人物有威廉姆森(Williamson)、罗伯茨(Roberts)等。三是侧重从产权和制度演变的内在依据出发研究历史进程中产权和制度的变迁对长期经济增长的作用,代表人物有诺思(North)、托马斯(Thomas)、戴维斯(Davies)和舒尔茨(Schultz)。

本书非常重视第三条研究路径对于制度变迁的解释力。众所周知,以诺思为代表的新制度经济学派在制度变迁理论方面取得了非常有解释力的研究成果。诺思认为"制度是一个社会的博弈规则,或者更规范地说,它们是一些人为设计的、形塑人们互动关系的约束。从而,制度构造了人们在政治、社会或经济领域里的交换的激励","制度变迁决定了人类历史中的社会演化方式,因而是理解历史变迁的关键"。[①]他将制度分为正式的规则、非正式的约束以及它们的实施特征3个基本部分,并认为制度变迁是一个动态的、复杂的过程。正是因为制度变迁在边际上可能是这一系列规则、非正式约束实施的形式及有效性变迁的结果,所以,制度变迁一般是渐进性的,而非不连续的。

"诺思在强调制度分析方法和历史分析方法的同时,使用了'成本-收益'分析方法,将制度变迁的源泉归结于相对价格的变化。诺思认为,一项制度安排之所以被创新,之所以影响到制度变迁,主要是因为:一方面,有许多外在性的变化促成了潜在利润或外部利润的形成;另一方面,由于存在对规模经济的要求,将外在性内在化的困难以及厌恶风险、市场失败、政治压力等原因,这些潜在的外部利润无法在规定的现有制度安排结构内实现。"[②]因而,一旦出现相对价格的变化,某些群体为了获得在现有制度安排下难以获得的潜在利益,愿意站出来率先克服当前的制度障碍,由此对现有的制度安排进行创新,从而形成制度变迁。

制度变迁的一般具体过程可以分为5个步骤:第一,形成推动制度变迁的第一行动集团,即想获取制度变迁所带来的预期收益而起主导作用的集团;第二,提出有关制度变迁的方案;第三,根据制度变迁的原则对方案进行评估和选择;第四,形成推动制度变迁行动的第二集团;第五,两个集团一起推动制度变迁。

新制度经济学被我国学者所重视,主要是因为自20世纪70年代末以来,从传统的计划经济向市场经济转轨的过程中,出现了大量需要解释的经济现象。许多原来看似牢不可破的制度在短时期内便濒于崩溃,与此同时,大量新的制度在实践探索中逐步形成和建立起来。在制度转型过程中有很长一段时间,双轨运行的制度比比皆是。因此,从20世纪80年代到90年代,中国的改革思维也经历了从忽略制度到重视制度的嬗变。新制度经济学的制度变迁理论对于中国正在进行的伟大的经济转轨实践具有很强的解释力。[③]在我国城镇居民基本医疗保险政策长期空缺了几十年之后,自2007年开始进行了

---

① 道格拉斯·C.诺思.制度、制度变迁与经济绩效[M].杭行,译.上海:格致出版社,上海三联书店,上海人民出版社,2008:3.
② Brennan R. Evolutionary economics and the markets-as-networks approach [J]. *Industrial Marketing Management*, 2006(7): 829-838.
③ 孙良.中国制度变迁理论研究述评[J].经济学动态,2002(2):50-52.

制度试点并得以快速推进。

从一个相对较长的时期来看，政策变迁是受到价值观念、政治、经济、技术、环境等诸多复杂因素的交互影响和作用的过程。相对于长时期的制度变迁的历史考察来说，公共政策过程分析的观察期大大缩短以后，在观念、技术和环境等因素相对稳定的情况下，政策变迁则主要是一个政治决策、利益集团竞争以及政策工具选择的过程。因此，在运用制度变迁理论分析考察了我国城镇居民基本医疗保险在较长历史阶段中的制度变迁及其特征之后，本书将转向对城镇居保制度的政策分析，从公共政策过程的视角来探索我国城镇居保政策的现状、问题及其改进路径。

制度变迁理论的发展过程及其主要观点见表2-4。

表2-4 制度变迁理论的发展过程及其主要观点

阶 段	时 间	代表人物	理论成果	研究方法创新
萌芽阶段	19世纪40年代	凡勃伦 康芒斯	社会人的假设	从制度的角度分析经济问题，以人与人之间的关系作为研究起点
成长阶段	20世纪初	加尔布雷思	权力转移论、生产者主权论、二元体系论和新社会主义论	注重整体制度分析方法，在分析中运用价值判断标准。经济组织和制度结构是反复研究和强调的重大主题
成熟阶段	20世纪60年代	科斯、张五常、阿尔钦、威廉姆森	科斯定理（1991年诺贝尔经济学奖）	在制度分析中引入边际分析方法，建立了边际交易费用的概念
最新发展	20世纪末	诺思、舒尔茨拉坦（Ratan）、林毅夫	制度变迁理论（1993年诺贝尔经济学奖）	综合使用制度分析、成本-收益等方法来研究和解释制度变迁和制度创新的原因。强制性变迁和诱致性变迁理论

资料来源：根据相关研究资料自行整理修改

二、公共政策过程分析理论

本书需要回答的第二个主要问题是：关于城镇居民基本医疗保险政策的建立是如何成为政策议题并最终成为公共政策产出的。在具体的政策实践中，政策目标是如何形成、选定和细化的？关于政策过程分析的研究，林德布鲁姆（Lindbloom）最先提出了政策分析的概念，最初是指一种涉及渐进性比较的定理分析法，经过几代公共政策学家的发展，形成较为完整的划分体系和框架。

帕顿（Parton）、沙维奇（Savage）将政策分析定义为认定和评估备选政策方案或规划以减轻或解决社会、经济及自然问题的一种过程。一般而言，初步政策分析过程包括6个步骤，即认定和细化问题，建立评估标准，确认备选政策，评估备选政策，展示和区分备选政策，监督和评估政策实施。[①]从这一概念来看，政策分析是涵盖整个政策周期过程的广义的政策分析，既包括事前分析，也跨越事中分析和事后分析。狭义的政策分析被称为描述型政策分析、事后分析或回溯分析，它可以细分为回溯性政策分析和评价性政策分析。回溯性政策分析是指对以往的政策的描述和阐释，重点在于探究发生了什么；评价性政策分析规划评价，重点在于评价政策运行是否合乎政策目标。

公共政策作为一门学科虽然只有短短几十年的历史［拉斯韦尔（Lasswell）和勒纳（Lerner）于1951年出版的著作《政策科学：范围和方法的新近发展》被视为公共政策科学的发端之作］，但是其在现实生活中却随处可见，和政府行为的联系非常密切。公共政策学科的创立者拉斯韦尔将政策定义为"一种含有目标、价值和策略的重大计划"，并将公共政策的过程划分为情报、建议、规定、使用、运用、评价、终止7个阶段。戴伊（Dye）认为凡是政府决定做的或不做的事情就是公共政策，这一定义将政府不作为也纳入政策范畴之内。

伊斯顿（Easton）则认为公共政策是对全社会价值所做的权威分配。由此可见，医疗保险政策作为一项对社会中居民福利具有较大影响的政策计划，无论其出台与否，都可以视为政府福利政策的一部分，由于其事关社会每一个成员的福利分配而更引人注目。按照公共政策的一般理论，政策过程一般包括从议程设立、问题的提出、政策制定、政策方案的选择，到政策执行、政策评估和政策调整或终结的一个循环完整的政策周期和过程。

关于政策议程的设立和政策制定的过程，一些主要的有代表性的理论解释模式已经产生并被广泛应用，例如，金登（Kingden）的多源流模型解释了在模糊性条件下是如何进行议程设置和政策制定的。金登的《议程、备选方案与公共政策》一书，系统地阐述了政策的多源流理论。他将整个政策决策系统看作一个完整的政策溪流，而影响政策决策的溪流包括问题流、政治流和政策流。这一模型回答了公共政策过程中的3个重要问题，即政策制定者的注意力是如何分配的、具体问题是如何形成的、对问题及其解决方法的发现是怎样和在哪里进行的。

类似地，萨巴蒂尔（Sabatier）的倡导联盟模型吸收了多源流模型中的许多解释变量，并且在两个方面进行了修正和改进：一是倡导联盟模型更加清晰地将多源流模型框架下的问题流的问题界定与政策工具的选择（政策流）以及利益集团的倡导竞争性政治游说活动（政治流）紧密地结合在一起，以反映这些复杂的源流因素是如何通过内在互动以推动政策制定的过程的；二是在政策议程过程中引入了政治企业家的信念系统和政

[①] 卡尔·帕顿，大卫·沙维奇.公共政策分析和规划的初步方法［M］.孙兰芝，胡启生，等译.北京：华夏出版社，2012：18-19.

策的学习机制，增强了制度的解释力。但是，这一模型也存在不可忽视的缺陷，即其过于突出政策子系统利益集团的作用，而实际上并不是所有的政策目标和价值都是与利益集团的动机和倡导一一对应的。①这对于中国的现实国情来讲，尤其如此。

鲍姆加特纳（Baumgartner）和琼斯（Jones）提出了政策议程的间断-平衡理论。这一理论致力于解释公共政策过程中一个简单的现象，即在政策过程中，通常可见的是稳定性和渐进性的政策调整，但偶尔也会出现不同于过去的重大变革。王绍光（2006）研究了我国国情下公共政策制定的模式。朱旭峰（2011）针对政策变迁中专家参与的模式进行了更细致的考察。赵德余（2010）对我国医疗体制改革中的政策制定模式也进行了修正和阐述。就我国城镇居民基本医疗保险政策发展的历程而言，政策分析的起点在于政策目标的形成和细化阶段。需要考察和分析城镇居保制度的政策目标的形成及其执行情况。

三、政策执行理论

本书需要回答的第三个主要问题是：城镇居民基本医疗保险制度的执行现状如何？从对应城镇居民基本医疗保险政策的政策目标来看，政策运行是否合乎政策目标？对于城镇居民基本医疗保险政策而言，从2007年政策制定、方案出台和政策运行，至今已有多年的时间。因此，本书拟运用政策过程分析尤其是描述性分析的方法对我国城镇居民基本医疗保险政策进行分析，以便系统地评估政策运行的情况，看是否实现了当初的政策目标。此外，通过对9个试点城市调查数据的实证分析，有针对性地找出政策过程中出现的问题，尤其是对制度瓶颈问题进行系统的梳理和归纳。

关于政策执行的理论研究并未与公共政策学科的兴起同步。以20世纪30年代"罗斯福新政"为标志，美国推行了大规模的国家干预主义政策，制定了许多政府规划项目。美国政府管理出现了一个以公共投资、政府管制和福利国家为基本特征的政策干预时期。但长期以来，政策执行都是一个被研究忽略的"缺失的环节"。例如，伊斯顿在其经典著作《政治生活的系统分析》中，构建了一个早期关于政治系统的模型，在该模型中他也未能将政治系统运行过程中所发生的事情纳入政策过程的考察范围。但在现实社会中，政府干预在迅速扩张的同时常常也伴随着许许多多失败的案例，即低效率的干预。

随着政策执行研究的不断增多，人们逐渐意识到，将政策形成和政策结果之间的行政管理过程看作一个与政策结果不相关的"黑匣子"可能是有问题的。20世纪60年代末美国"向贫困宣战"和在奥克兰市建立"伟大的社会"两个政府项目的失败，促使政策学家将政策研究的目光转向政策执行的过程而非仅仅关注政策过程的初始阶段。1973年，佩尔兹曼（Perlzman）和威尔达夫斯基（Wildavsky）出版了《执行》一书，正式开拓了政策执行研究的领域。至今为止，已经经历了自上而下的研究途径（top-bottom

---

① 赵德余.权利、危机与公共政策：一个比较政治的视角［M］.上海：上海三联书店，2012：141.

approach)和自下而上的研究模式（top-dowm approach）以及试图超越前面两种范式的综合和多元模式3个历史阶段。时至今日，人们已不难认识到，公共政策的执行是一个受到内外多方因素影响的过程，这一过程会受到参与其间的多元主体和卷入其中的各种资源的制约。因此，深入研究公共政策执行的制约因素和这些制约因素的影响方式及其相互关系，探讨优化执行资源配置和执行效果的路径，无疑具有十分重要的理论意义和现实意义。[1]对于我国城镇居民基本医疗保险制度而言，不同的政策群体在各自利益和不同目标的指引下，由于政策目标和非趋同性的利益诱因，在政策制定和执行的过程中也出现了明显的利益博弈趋势。

四、政策评估理论

本书需要回答的第四个问题是：城镇居民基本医疗保险政策的政策成效如何。对于城镇居民基本医疗保险政策执行的过程而言，政策制定和实施以来，从宏观层面上的数据结果来看，政策取得了巨大的进步，各地关于制度迅速发展、制度覆盖面、保障程度和保障水平不断提高的报道汗牛充栋。但是，对于这项政策在具体执行过程中究竟推行得如何还未能有充分的时间来检视和研究。因此，本书将在政策执行的理论框架下对城镇居保政策中政策执行的过程和各个参与主体的行为做一个系统的分析，找出政策执行中存在的不足和问题。

关于公共政策的评价研究，是在20世纪中期以后才引起足够重视的。美国约翰逊政府时期在"伟大的社会"口号下进行的很多政策项目的评价为公共政策评价研究提供了契机。政策执行偏重于对政策执行过程中的相关主体和因素的研究，政策评估则偏重于对政策执行结果和过程的评价。萨其曼（Sachmann）于1967年出版了《评估政策》一书，倡导将政策评估作为一个独立的研究领域来看待。[2]进入90年代后，伴随着新公共管理和重塑政府运动的兴起，政府绩效评估在英国、新西兰、澳大利亚、美国等国家兴起并进入了常态化和法制化的阶段。修正了以早期极致的工具理性作为公共政策评估指导思想之后，理想的政策评价应该起到以下3个方面的作用：一是对公共政策的周期进行评估并就其是否终结或者继续执行实施做出正确的判断；二是根据公共政策的改善做出指导；三是提供一部分关系决策所需要的信息或者可供选择的方案。

在政策评估理论的指导下就阶段性的政策成果做出评估，是历经一个改革阶段后，政策研究中的应有之义。对于城镇居民基本医疗保险政策而言，进行政策的评价有助于我们了解政策实施对于政策目标的实现程度，以便为进一步优化政策制度设计奠定基础。对于未来城镇居保制度发展需要做出的努力和制度的配套方面的调整设计也可以提供一定的理论基础。

---

[1] 迈克·希尔，彼特·休普.执行公共政策[M].黄健荣，等译.北京：商务印书馆，2011：3.
[2] 杰伊·沙夫里茨，卡伦·莱恩，克里斯托弗·博里克.公共政策经典[M].彭云望，译.北京：北京大学出版社，2008：19.

五、循证决策理论

本书需要解决的第五个问题是：城镇居民基本医疗保险的政策发展面临着哪些制度瓶颈？发现和总结这些问题的证据何在？从目前的研究现状来看，对于我国城镇居民基本医疗保险试点的个案总结、问题和对策方法的研究已经开始发端。但是，大多数研究成果都仅停留在对于制度的简单描述和数据罗列层面，对于政策执行中所面临的瓶颈问题也仅仅是一般意义上对人、财、物缺乏的泛泛而谈的观点。而对于到底是哪些因素影响了制度目标，如制度覆盖面、居民的参保意愿、制度的筹资水平、制度的保障程度以及制度可持续性等关键问题，依然未能提供让人信服的证据，对其背后的影响机理也未曾做出更有说服力的解释。因此，本书认为应该强化对于城镇居保政策的实证研究，在大规模调查数据的基础上进行总结和分析，为进一步完善制度设计找准问题和方向。

循证公共决策（evidence based policy making）是近年来西方国家政策领域新兴的一股潮流。循证决策的迅速发展起始于1999年英国政府的白皮书《现代化政府》，当中写道："政策的制定应该是基于已有的最佳证据，而不是为了应对短期的外界压力。……政府应该将政策的制定视作一个连续的学习过程。作为研究者要加强对证据和研究的利用，以便更好地理解需要解决的政策问题。"[1]

具体到卫生政策研究的领域来看，各国的卫生政策研究的发展并不均衡。例如，有的国家比较重视以循证为基础的决策，有的国家虽然重视卫生政策的制定，但对政策执行过程的监测和评价不太重视，这与政策研究的文化环境有关。[2] 而政策过程是一个从问题发现到政策制定、执行、监测、评价的一个完整的周期过程。因此，有必要强化以往研究过程中我们比较容易忽视的环节。对于政策决策的证据支撑是未来医疗卫生政策领域需要进一步深化的研究领域。

循证公共政策衍生于循证医学，后者的基本思想是在临床实践中采取被证明过最有效的证据作为临床治疗的依据。在临床医学领域取得重大成功以后，一些卫生领域的决策者和研究者开始试图将这种思路应用到公共卫生的决策中，这就是循证公共卫生决策。这种思路是指根据"证据（evidence）"来制定医疗卫生政策和法规。

在循证医学中的寻求最佳证据进行决策的基础上，国外研究者创造出系统评价（systematic review）的方法作为循证决策的基本方法。系统评价的方法是确定、选择和评价所有相关文献及收集和总结有关特殊研究问题的证据。这些文献应满足最低的质量标准。这种方法通过系统地搜集和评价现有的文献和证据，能够减少评价不同政策效果的偏倚，进而给政策决策者快速提供相关政策问题的研究结论，提供执行政策及今后健康投资的方向。对政策研究者而言，也可能有效地利用时间，指出进一步研究的

---

[1] 杨肖光.家庭暴力干预政策过程分析及社会组织在其中的作用——以广西壮族自治区为例［D］.复旦大学博士学位论文，2008：13-15.
[2] 胡善联.循证决策研究方法的进展［J］.卫生经济研究，2006（8）：39-40.

方向。①李幼平等总结了循证决策中高质量证据的共同特征，即科学和真实、系统和量化、动态和更新、共享和实用、分类和分级以及对于肯定、否定和不确定结论的证据支持。②在高质量的证据作为科学决策的参考日益受到重视的今天，在政策研究和公共政策决策制定过程中，证据尤其是充分的数据分析得出的有针对性的可信结果将越来越重要。因此，本研究将基于试点城市调查来为改进我国城镇居民基本医疗保险政策提供决策证据。

六、政策工具理论

政策工具理论是公共政策科学中晚近兴起的研究领域。目前，政策工具已经得到了广泛的应用。从发展路径来看，政策工具研究的兴起源于对政策执行研究。由于政策工具承担着连接政策目标与政策结果之间的桥梁，是政策执行的具体对象，因此，自20世纪80年代以来，政策科学、公共行政、公共管理等学科的融合和交叉自然产生了对政策工具的研究。胡德（Hood）、彼得斯（Peters）、萨瓦斯（Sawas）等政策工具研究专家对公共政策工具均做了全面和系统的研究，对公共政策工具进行了定义和划分。其中较有影响力的如萨瓦斯将政策工具划分为政府服务、政府间协议、契约、特许经营、补助、凭单制、市场、自我服务、用户付费和志愿服务等。③豪利特（Howlett）和拉米什（Ramish）构建了一个普适性的政策工具图谱，将政策工具分为自愿性公共政策、混合型公共政策和强制性政策工具3类。④目前，该理论已经广泛用于公共政策的实践领域，为具体的政策细分和丰富提供了理论基础。

本书需要回答的第六个问题是：可以采用哪些合理、合法的政策工具来完善城镇居民基本医疗保险政策？在政策工具理论的指导下，公共政策工具选择的多元化将得到凸显，政策完善的范畴和可能性也将大大增强。当然，在回溯以往政策研究的过程中，我们也发现我国的公共政策发展和完善的范式存在许多和其他国家不尽相同的地方，尤其是我国"摸着石头过河"渐进改革的政策实验范式也得到了学界的高度重视和认可。在"中国模式"这一概念呼之欲出的讨论中，本书也意识到我国任何一个改革领域中具有潜在的共性的特征和规律。在不同的政策试点城市结合当地情况所做的各式各样的改革探索中，已经形成了不少有益的经验和"模式"，这些针对政策环节中具体问题而提出的政策路径对于未来改革的推进和完善无疑具有重要的参考价值和实践意义。因此，系统总结的当前部分典型政策试点的经验也将在本书结尾部分的政策建议中得到呈现。

---

① 胡善联.循证卫生决策研究方法介绍［J］.中国循证医学杂志，2007，7（2）：142-146.
② 李幼平，王莉，文进，等.注重证据，循证决策［J］.中国循证医学杂志，2008，8（1）：1-3.
③ 杰伊·沙夫里茨，卡伦·莱恩，克里斯托弗·博里克.公共政策经典［M］.彭云望，译.北京：北京大学出版社，2008：21.
④ 迈克尔·豪利特，M.拉米什.公共政策研究：政策循环与政策子系统［M］.庞诗，等译.北京：三联书店，2006：90.

第三章

我国城镇居民基本医疗保险的制度变迁分析

在分析任何一项制度和政策时,首先须界定政策分析的一些核心概念。医疗保险作为一种医疗消费的财务分担机制,对参保者的医疗费用进行一定比例的价格补贴,不仅能够缓解医疗风险带来的经济损失,而且可以使那些本来没有能力就医的人能够得到及时的医疗服务(Arrow,1963),因而在世界范围内广泛实行。[①] 在我国,医疗保险可以根据其保险对象的职业状态不同划分为职工保险和非职工保险,根据保险对象所处区域不同划分为城镇居民基本医疗保险和农村合作医疗保险。目前已经基本形成了城镇职工医疗保险、城镇居民基本医疗保险和新型农村合作医疗为主体制度的医疗保险架构。

本研究聚焦的是我国城镇居民基本医疗保险政策,也即针对居住在城市的非就业人群的医疗保险制度。按照官方权威的定义,我国城镇居民基本医疗保险政策是指:由政府组织、引导和支持,城镇居民自愿参加,个人、政府及社会多方筹资,与城镇经济社会发展水平、城镇居民承受能力和医疗费用相适应的,以住院统筹为主,兼顾门诊医疗的互助共济制度。虽然正式的城镇居保制度是2007年才开始确立的,但是伴随着新中国成立初期即确立的劳保医疗和公费医疗制度,与城镇居民密切相关的医疗保险政策演化也历经了许多变迁。本章将在考察有关我国城镇居民基本医疗保险政策变迁历程的基础上来分析其缘起、进程、影响因素和特征。

第一节 城镇居民基本医疗保险政策变迁的过程考察

关于我国医疗保险体系的制度发展的历史,学界已经做了系统和充分的研究。高春亮等梳理了中华人民共和国成立以来各部委、国务院和中央颁布的医疗制度相关文件,以医疗制度变迁中激励机制安排为线索,将我国医疗保障制度分为公费医疗、市场化

---

① 顾海,李佳佳.机会不平等对城乡居民医疗需求的影响研究[J].江苏社会科学,2012(2):52-56.

导向和市场失范3个阶段,并对每一阶段医疗体制的关键问题进行了分析。认为财政约束、医疗改革的路径依赖和利益集团是深化医疗制度改革的限制因素。[①]赵曼回顾了改革开放30年以来我国医疗体制改革的历史,认为改革开放前期,作为企业改革的配套措施,建立社会医疗保险制度的初衷是政府接受国有企业甩下的社会包袱;而在构建和谐社会的历史背景下,社会医疗保险被赋予崭新的含义,从服务于企业改革转变为以人为本。[②]宋晓梧回顾了新中国成立60年来我国医疗保障体系的发展历程,认为自20世纪50年代以来建立的以机关事业单位公费医疗、企业劳保医疗和农村合作医疗为主体的医疗保险制度不再适应社会主义市场经济发展的要求,在这样的背景下,经过了初步探索阶段(1978—1992年)、构筑框架阶段(1993—2002年)和全面推进阶段(2003年至今),初步构建了符合社会主义市场经济体制要求的医疗保险体系。[③]

从以往的研究可以发现,对于我国医疗保险制度的研究虽然众多,但是对于如何划分不同的医疗保险阶段依然存在着不小的争议和缘由。由此可见,对于政策变迁的考察本质上是一个连续性、综合性的过程。对于城镇居民基本医疗保险制度的变迁过程,由于政策从试点到现在时间较短,学界尚没有将其作为一个单列的制度来对其制度变迁的历程进行考察。笔者认为,随着城镇居民基本医疗保险政策的确立,有必要对中华人民共和国成立以来所有与城镇居民有关的医疗保险制度的变迁进行系统的分析,以便研究制度变迁背后的原因及其影响因素,为归纳制度变迁的特征奠定基础。本书将我国城镇居民基本医疗保险政策变迁的过程划分为依附于"公费"和"劳保"制度阶段(1951—1992年)、城镇居保制度缺失阶段(1993—2006年)和城镇居保制度试点、构建与完善阶段(2007年至今)3个阶段。

一、依附于公费和劳保制度的"半费"保障阶段(1951—1992年)

中华人民共和国成立以后,我国先后于1951年和1952年对国有企业、事业单位职工,国家工作人员分别实行了劳保医疗和公费医疗制度。其中,劳保医疗是指为保障国有企业职工身体健康,对企业工人与职员实行免费,对职工家属实行半免费的社会保障制度。1951年2月26日政务院颁布实施的《中华人民共和国劳动保险条例》规定,劳保医疗制度的政策对象暂定为:"甲、雇用工人与职员人数在一百人以上的国营、公私合营、私营及合作社经营的工厂、矿场及其附属单位与业务管理机关。乙、铁路、航运、邮电的各企业单位及附属单位。"[④]值得注意的是,这一政策对于目标对象是按照企业规模和行业来粗略界定的,在政策适用人群中并没有明确规定将企业职工供养的直系亲属纳入在内,但在待遇保障条款中则有关于相关企业员工供养的直系亲属享受待遇的

---

① 高春亮,毛丰付,余晖.激励机制、财政负担与中国医疗保障制度演变——基于建国后医疗制度相关文件的解读[J].管理世界,2009(4):66-74.
② 赵曼.中国医疗保险制度改革回顾与展望[J].湖北社会科学,2009(7):60-63.
③ 宋晓梧.建国60年我国医疗保障体系的回顾与展望[J].中国卫生政策研究,2009(10):6-14.
④ 中华人民共和国劳动保险条例[EB/OL].https://www.ruiwen.com/gongwen/tiaoli/18946.html.

规定。"工人与职员供养的直系亲属患病时，得在该企业医疗所、医院或特约医院免费诊治，普通药费减半，贵重药费、就医路费、住院费、住院时的膳费及其他一切费用，均由本人自理。"①由此可见，在劳保制度下，居民的普通医疗费用享受"半费"待遇。

公费医疗是指针对国家机关、事业单位工作人员以及大专院校学生在规定的范围内实行的免费治疗和预防疾病的政府福利型保险制度。1952年6月27日，政务院发布《关于全国各级人民政府、党派、团体及所属事业单位的国家工作人员实行公费医疗预防的指示》，规定享受公费医疗人员主要包括全国各级人民政府、党派、工青妇等团体、各种工作队以及文化、教育、卫生、经济建设等事业单位的国家工作人员和革命残废军人。1953年1月卫生部关于公费医疗的规定将大专院校在校学生等群体也纳入公费医疗范围。公费医疗的经费主要来源于国家财政拨款和医疗预算基金。享受公费医疗的待遇为"门诊、住院所需的诊疗费、手术费、住院费、门诊或住院中经医师处方的药费，均由医药费拨付；但住院的膳费、就医路费由病者本人负担，如实有困难，得由机关给予补助，在行政经费内报销。"②

在国家工作人员的家属医疗待遇方面，1954年3月，政务院发出《关于各级人民政府工作人员福利费掌管使用办法的通知》，按照规定将家属医药补助费、多子女补助费等合并为一项，统称为工作人员福利费。关于福利费预算与掌管使用问题设立的预算标准为：中央、大区、中央直辖市各机关的工作人员每人每月十分；省、行署、专署（市）人民政府之各机关的工作人员每人每月八分；县（市）、区人民政府的工作人员每人每月六分。此后，国家各部门又颁布了一系列关于对城镇居民基本医疗保险费用的通知，主要包括：1956年国务院发布的《关于国家机关和事业、企业单位1956年职工冬季宿舍取暖补贴的通知》、1957年1月国务院发布的《关于职工生活方面若干问题的指示》等，对城镇居民在医疗等方面做了补充性的保障。因此，从严格意义上来说，公费医保制度中也不包括国家工作人员的非从业家属，而只是配套出台了一些措施，城镇居民基本医疗保险的缺失为今后公费和劳保制度"一人参保，全家看病"的问题埋下了根源。

从总体上看，中华人民共和国成立后的医疗保障制度实行的是"国家/企业保险"模式，具有3个方面的显著特征。第一，"国家/企业保险"为人们提供了全面的医疗保障，并成为计划经济下低工资制度的补充。第二，国家主导，企业执行。社会保障政策由各企业单位实施，其"背后"则由国家财政承担无限责任。第三，"国家/企业保险"事实上是一种由工会系统主导的制度，主要体现在工会对保险资金的分级管理和使用上。③

---

① 中华人民共和国劳动保险条例［EB/OL］.https://www.ruiwen.com/gongwen/tiaoli/18946.html.
② 关于全国各级人民政府、党派、团体及所属事业单位的国家工作人员实行公费医疗预防的指示［EB/OL］.http://www.ce.cn/xwzx/gnsz/szyw/200705/29/t20070529_11526269.shtml.
③ 郑秉文，高庆波，于环.60年回顾：社保理论与社保制度的互动［J］.中国社会保障，2009（10）：114-117.

对于广大的城镇居民医疗问题而言，依附于劳保和公费医疗制度下，城镇非就业居民的医疗保险虽然同企业在职职工或国家工作人员相比待遇较低，但基本上都纳入了保障的范围。企事业职工家属的"半费医疗"和国家机关工作人员家属的"福利预算费"政策作为保障城镇非就业居民医疗的主要政策，也伴随着我国公费和劳保医疗制度，从新中国成立初期直到1992年我国确立社会主义市场经济体制，探索相应的社会医疗保险制度改革，延续了40余年。

在计划经济时期，以"国家统包"的模式建立社会保障是作为社会主义制度的一大优越性而被确立下来的。又由于在计划经济时代，我国普遍建立了以"单位"为基础的社会基层组织形态，在这种体制下，基本不需要劳动力的正常流动，劳动者的一生甚至后代都可以依附于其所在的单位，因而使得所有社会保障的功能蜕变为"单位"保障。[1]这种封闭型的单位保障在资金筹集方面，没有资金的社会统筹机制和个人缴费、共付机制；在服务费用支付方面，按照服务项目付费的机制，基本没有个人分担的需方共付机制，激励了医疗机构和患者过度利用医疗服务，导致了公费和劳保医疗费用大幅增加。同时，缺乏社会互济、封闭运行的制度体系也使得制度的风险分散能力不高，不同单位之间的医疗费用负担畸轻畸重，不利于适应市场经济体制下劳动者的自由流动的需求。[2]因此，对于传统公费和劳保的改革势在必行。就我国传统公费和劳保医疗的改革进程来看，大致又可以划分为两个阶段：

一是1951—1984年的针对需方，实行个人费用分担措施，限制医疗保险范围，逐步完善医保政策的阶段。由于公费和劳保医疗对于参保对象的"普通医疗费"全包，而对于什么是"普通医疗费"在实践操作中又难以界定，造成十分严重的药品浪费现象。因此，1957年6月25日卫生部关于《干部（行政10级与司长级以上）公费医疗报销几项问题的规定》指出了干部公费医疗报销的范围和报销办法以及不予报销的情况。同时，在1959年到1969年国家经济状况急剧恶化的情况下，明确要求为了节约财政开支，对公费和劳保医疗保险范围、转诊就医进行限制，并就职工个人分担费用出台了一系列的指导性规定。各地的分担比例一般在10%～20%。这在一定程度抑制了医疗服务过度需求的趋势，但医疗保险负担加重的根本情况没有解决。

二是1985—1992年以效率为导向的医疗机构市场化改革阶段。"这一阶段财政逐渐从供给方退出，将承包制引入医院形成科室承包责任制，从机制上确立了医疗机构面向市场的逐利行为，筹资市场化产生的后果是医疗费用高涨。"[3]自1986年以来，由于财政采取经费包干、节余分成的体制，以及承包经营责任制的发展，促使医院经营机制发生了更深刻的转变，形成以业务收入补偿为主的格局。由于经济利益的内在冲

---

[1] 吴敬琏.当代中国经济改革[M].上海：上海远东出版社，2004：323.
[2] 郑功成.中国社会保障改革与发展战略[M].北京：人民出版社，2011：2.
[3] 高春亮，毛丰付，余晖.激励机制、财政负担与中国医疗保障制度演变——基于建国后医疗制度相关文件的解读[J].管理世界，2009（4）：66-74.

动，从1986年起医疗费用迅猛增长，居高不下。全民所有制单位职工医疗费用增长率（以上年为100）1986年为25.5%，1987年为21.6%，1988年为35.2%，1989年为20.5%，1985—1989年平均增长率为25.6%。①因此，改革的重点又逐步转向对医院进行控制，加强对医疗服务供方的约束。采取的主要措施包括改革支付方式，将医保经费按照享受人数和定额标准包给医院，节支留用，超支分担，鼓励医院主动控制成本和费用开支。

与此同时，国家依然没有放弃对公费医疗保险制度的修补和完善。1984年4月28日，卫生部和财政部联合发出《关于进一步加强公费医疗管理的通知》，分析了当时各地医疗费用超支的情况和原因。认为公费医疗超支除了干部职工年龄逐渐增长导致疾病增多、医疗技术条件改善导致费用提价等客观因素外，管理方面的问题也很大。而且明确指出了公费医疗制度的问题，认为公费医疗制度也有一些弊端，如经费支出都由国家包下来，超支与浪费并不由享受公费医疗的个人承担任何经济责任。因此，提出要积极慎重地改革公费医疗制度，认为公费医疗制度的改革势在必行，在保证看好病、不浪费的前提下，各种改革办法都可以进行试验，在具体管理办法上，可以考虑与享受单位、医疗单位或个人适当挂钩。②1989年8月9日，由卫生部、财政部联合颁布的《公费医疗管理办法》进一步对公费医疗享受范围、经费开支范围、医疗管理、机构职责、监督检查、考核奖惩等方面做出了明确的规定，在公费医疗开支范围内对具体的13种自费项目进行了说明。③

在劳动医疗保险制度方面，改革的内容主要包括离退休人员医疗费用社会统筹和大病医疗费用统筹。"1985年11月，河北石家庄先后在六个县市开展离退休人员医疗费用社会统筹试点。1987年5月，北京市东城区蔬菜公司首创了'大病医疗统筹'办法，受到了劳动部门的重视，在四川、河北等地推广实施。"④1989年3月，国务院批转国家体改委关于《1989年经济体制改革要点》，决定"在丹东、四平、黄石、株洲进行医疗保险制度改革试点；在深圳、海南进行社会保障制度综合改革试点。成立全国社会保险制度改革的领导机构，负责规划、协调和推动这项重大改革。"⑤"通过改革试点，对劳保医疗普遍实行医疗费用与个人适当挂钩，同时采用多种方式加强劳保医疗管理，改变过去'病人吃药、医院供应、单位不管、财政付款'的医疗经费管理形式，采用多级管理、多方管理的方式，实行责任、权力与利益相结合，经费分配、管理、使用相联系的费用控制机制。"⑥1992年5月4日，国务院发出《国务院办公厅关于进一步做好职工医疗制度改革工作的通知》，成立由国家体改委等八部门组成的医疗体制改革小组，明确

---

① 李卫平.公费、劳保医疗制度的发展及改革方向[J].中国卫生经济，1991（8）：4-7.
② 卫生部、财政部关于进一步加强公费医疗管理的通知[EB/OL].http://www.law-lib.com/law/law_view.asp?id=45944.
③ 公费医疗管理办法[EB/OL].https://wenku.baidu.com/view/e5a4844be518964bcf847c48.html.
④ 舒皋甫.城镇医疗保障体制改革政策工具研究[D].复旦大学硕士学位论文，2009.
⑤ 国务院批转国家体改委关于1989年经济体制改革要点的通知[EB/OL].http://www.cnki.com.cn/Article/CJFDTotal-GWYB198907011.htm.
⑥ 舒皋甫.城镇医疗保障体制改革政策工具研究[D].复旦大学硕士学位论文，2009.

由国家体改委综合管理，卫生部负责研究公费医疗改革方案，劳动部负责劳保医疗改革方案。要求抓紧探索各类医疗制度改革的试点工作。

这一阶段的相关政策文件见表3-1。

表3-1 "公费"和"劳保"制度阶段的医保政策及文件概览

时　间	决策部门	政策文件	政　策　要　点
1951年 2月26日	政务院	《中华人民共和国劳动保险条例》	政策对象为国有企业的职工及其供养的直系亲属，工人与职员供养的直系亲属患病时，得在该企业医疗所、医院、特约医院或特约中西医师处免费诊治，手术费及普通药费，由企业行政方面或资方负担二分之一；贵重药费、就医路费、住院费、住院时的膳费及其他一切费用，均由本人自理
1952年 6月27日	政务院	《关于全国各级人民政府、党派、团体及所属事业单位的国家工作人员实行公费医疗预防的指示》	分期推广，使全国各级人民政府、党派、工青妇等团体、各种工作队以及文化、教育、卫生、经济建设等事业单位的国家工作人员和革命残废军人，得享受公费医疗预防的待遇，随军家属也享受公费医疗
1952年 8月30日	政务院、卫生部	《国家工作人员公费医疗预防实施办法》	规定了享受公费医疗待遇的人群，成立各级政府的公费医疗预防实施管理委员会
1953年 1月23日	卫生部	《卫生部关于公费医疗的几项规定》	扩大公费医疗覆盖范围，包括乡干部（每个乡镇3名）、大学及专科学生。中央直属机关单位在地方者，由地方统一办理
1953年 1月26日	劳动部	《劳动保险条例实施细则》	细化和明确了直系亲属的范围，主要包括父母、祖父母、子女、父母无抚养能力的孙子女等
1954年3月	政务院	《关于各级人民政府工作人员福利费掌管使用办法的通知》	设立工作人员福利预算费，用于职工家属的医疗困难等补助
1955年 5月22日	政务院	《关于国家机关工作人员福利费掌管使用的暂行规定》	规定了各级机关工作人员的福利费用掌管使用和使用范围。对于因家属治病医药费有困难的以及有其他特殊困难的，都应该根据"困难大的多补助，困难小的少补助"的原则，酌予定期或者临时补助
1957年 6月25日	卫生部	《关于干部（行政10级与司长级以上）公费医疗报销几项问题的规定》	规定了干部公费医疗报销的范围和报销办法以及不予报销的情况
1962年 6月5日	国务院	《国务院批转卫生部关于严格限制到外地休养的报告》	节约财政开支，限制国家机关干部到外地住院疗养等情况

(续表)

时间	决策部门	政策文件	政策要点
1962年8月20日	卫生部	《卫生部关于严格控制病人转地治疗的通知》	严格控制外地干部到北京、上海看病，要求各地卫生行政部门和医疗机构对转诊把关
1965年10月27日	卫生部、财政部	《卫生部、财政部关于改进公费医疗管理问题的通知》	公费医疗待遇的人员治病的门诊挂号费和出诊费，改由个人缴纳，对营养滋补药品收费做出了指导和安排
1966年4月15日	劳动部、全国总工会	《关于改进企业职工劳保医疗制度的几个问题的通知》	公费医疗制度应做适当改革，劳保医疗制度的执行也应当适当整顿。企业职工患病和非因工负伤，在指定的医院（包括分设的和独立的门诊部，下同）或本单位附设的医院医疗时，其所需的挂号费和出诊费，均由职工个人负担；享受医疗待遇的职工供养直系亲属患病医疗时，除了手术费和药费仍然执行半费外，挂号费、检查费、化验费等均由个人负担
1977年7月18日	卫生部、财政部	《卫生部、财政部关于检发享受公费医疗人员自费药品范围的通知》	明确规定了公费、劳保医疗中需要自费的药品，对各种补品均实行自费政策
1979年8月2日	财政部、卫生部	《财政部、卫生部关于整顿和加强公费医疗管理工作的通知》	在适当提高公费医疗预算定额（每人每年20.5元提高到30元）的基础上，将公费医疗专款专项管理。认真整顿和切实加强公费医疗管理工作，纠正公费医疗开支的浪费现象
1984年4月28日	卫生部、财政部	《关于进一步加强公费医疗管理的通知》	要积极慎重地改革公费医疗制度，开始了政府对传统公费医疗制度改革新的探索
1989年3月	国务院、国家体改委	《1989年经济体制改革要点》	决定在丹东、四平、黄石、株洲4个城市进行医疗保险制度改革试点，在深圳、海南进行社会保障综合改革试点
1989年8月9日	卫生部、财政部	《公费医疗管理办法》	对公费医疗享受范围、经费开支、医疗管理、机构职责、监督检查、考核奖惩等方面做出了明确的规定，在公费医疗开支范围内对具体的13种自费项目进行了说明
1992年5月4日	国务院	《国务院办公厅关于进一步做好职工医疗制度改革工作的通知》	成立由国家体改委等八部门组成的医疗体制改革小组，明确由国家体改委综合管理，卫生部负责研究公费医疗改革方案，劳动部负责劳保医疗改革方案。要求抓紧探索各类医疗制度改革的试点工作
1992年9月7日	劳动部	《关于试行职工大病医疗费用社会统筹的意见》	为了适当均衡企业医疗费用负担，保证职工的基本医疗，控制医疗费用不合理的增长，要求各地试行职工大病医疗费用社会统筹，对统筹基金管理的原则、范围、机构、来源管理办法做出明确规定

(续表)

时间	决策部门	政策文件	政 策 要 点
1992年9月	国务院	《关于深化卫生医疗体制改革的几点意见》	提出"建设靠国家,吃饭靠自己",要求医院在"以工助医、以副补主"等方面取得新成绩。"吃饭靠自己"要求卫生机构转向自负盈亏的经营模式;"以工助医、以副补主"则为卫生机构创收指明了弥补收入、实现盈利的途径

资料来源:作者根据国家相关政策文件整理而成

从医保费用控制的角度看,伴随着公费医疗和劳保医疗制度的改革,管理形式、支付方式也有较大的变化和探索。针对不同阶段医保费用快速增长的主要原因不同,改革的趋势主要体现为以下四点:

一是从早期的患者基本不承担任何费用到逐步与消费者的个人经济利益挂钩。采取的措施主要是限制消费者,办法是与职工工龄、个人工资收入以及企业经济效益挂钩。

二是与病种挂钩,将一般疾病与重病分开,需要住院的重病由国家、集体单位承担,一般疾病则采用基数封顶和报销比例分担的办法;将与职业有关和非职业相关的疾病分开,与工作有关的疾病由国家全部承担,非职业相关的疾病个人需要承担部分,而对于无法治愈的重大疾病(如癌症),依然由国家和集体承担。

三是与就诊方式挂钩,在单位、企业附属或对口医疗机构就医报销比例从优,到其他医疗机构看病,则需要自付更多比例的医药费用。

四是与行政干预相结合,对于国家重点单位(如军队等)依然采取公费医疗,但通过行政干预的方式实施系统内外有别的报销办法。去系统外就医,需要单位的批准。(详见表3-2)

表3-2 公费与劳保医疗保险费用控制改革方式概览[①]

改革方式	政 策 做 法
与个人经济利益挂钩	(1)与职工工龄挂钩。一般有两种方法:一是将职工工龄分为3个层次,即10年、20年、30年,医疗费用享受比例分别为60%、80%、90%;二是将职工工龄一刀切,凡是满20年以上工龄的医疗费用享受90%(各单位比例不同),其他的按各单位制定的标准而定
	(2)与基本工资挂钩。主要是根据基本工资额来确定医疗费用负担比例。一般将个人基本工资总额的5%~7%作为每月医疗费用报销额
	(3)与企业经济效益挂钩。根据企业经济效益状况,确定医疗费用报销比例

---

① 唐玉兰.公费医疗、劳保医疗制度改革现状分析[J].中国卫生经济,1991(11):44-46.

(续表)

改革方式	政 策 做 法
与病种挂钩	（1）将一般疾病与重病（住院）相区别。重病、住院主要由国家、集体单位承担，约占95%左右。一般疾病个人负担的比例有所不同，一是基数封顶，每月报销医药费3～10元，超过部分自负；二是按医药费的40%～90%报销
	（2）将职业病与非职业病相区别。凡属与工作有关的职业病（含工伤），医药费用全部由国家、集体负担；非职业疾病个人需要承担部分费用
	（3）对世界公认目前又无法根治的疾病（如癌症），医药费用全部由国家、集体承担
与就诊的方式挂钩	（1）凡在本单位卫生科就诊或对口医院就诊的医疗费，其报销比例从优，在80%～90%
	（2）凡在其他医疗单位就诊的医疗费用，报销比例在25%～60%，急诊例外
与行政干预结合	少部分经济效益好或国家重点单位（如军队等）仍然采取医疗费用包干。但一般都以内外有别或行政干预为条件，即凡在本单位医院就诊的费用包干，凡到外单位就诊的必须经领导批准方可实报实销。各单位在管理上都附有行政管理条文加以限制

资料来源：根据唐玉兰《公费、劳保医疗制度改革现状分析》一文总结整理

二、制度缺失下的居民自我保障阶段（1993—2007年）

1993年，党的十四届三中全会通过的《中共中央关于建立社会主义市场经济体制若干问题的决定》明确指出，作为社会保险重要项目的城镇职工医疗保险金由单位和个人共同负担，实行社会统筹和个人账户相结合，最终确立了中国社会保障模式选择的方向。

自1994年的江苏省镇江市和江西省九江市试点开始，我国医疗保险制度开始了由公费、劳保医疗福利型医疗保险制度，向基本医疗保险制度的历史性转变。在这一长达20余年的改革过程中，为了适应社会主义市场经济的发展及其对劳动力自由流动的需求，国家先是对职工医疗保险进行了改革。

1994年国家体改委等四部门印发《关于职工医疗制度改革的试点意见》，决定在江苏省镇江市和江西省九江市进行试点，探索建立"统账结合"的医疗保险制度。文件中对职工供养的直系亲属的医疗保险做出如下规定："职工供养的直系亲属的医疗保险，由于医疗保险费用的大部分进入职工个人医疗账户，原实行劳保医疗的单位，职工供养的直系亲属不实行个人医疗账户，也不实行个人自付一定金额后再报销的办法，凡符合规定的医疗费用的40%，都由社会统筹医疗基金支付。原实行公费医疗的单位，职工供养的直系亲属的医疗费用仍采取个人自理的办法，也可以在职工自愿的前提下，发展多种合作互助的方式。"

在总结"两江试点"改革经验的基础上，1996年国务院批准下发《关于职工医疗保障制度改革扩大试点的意见》，决定在全国范围选择50多个城市进行扩大试点。文件

进一步规定"职工供养的直系亲属暂不纳入职工医疗保障制度改革试点范围，可按现行办法继续执行"。而在1998年正式颁布施行的《关于建立城镇职工基本医疗保险制度的决定》（国发〔1998〕44号）中已经没有任何关于城镇非就业居民医疗保险待遇的规定。自此以后，城镇非就业居民的医疗保险迅速萎缩。

与此同时，自20世纪90年代起，中国的失业下岗和城市贫困问题日益严重。这一时期传统就业人员（城镇职工）数量不断下降，职工人数最低的2003年比最高的1995年减少4 416万人（自2004年起出现小幅上升趋势）。导致城镇职工人数下降的主要因素是经济体制改革和经济结构调整过程中国有企业和集体企业职工数量的锐减。在短短十几年的时间里，国有、集体单位从业人员共计减少7 784万人（职工减少7 534万人），在亚洲经济危机爆发后的1997年和1998年，是中国经济结构和就业结构调整最剧烈的两年。这两年共减少国有、集体从业人员3 239万人（职工减少3 193万人）。[①]

在此期间，为了解决经济转型过程中带来的下岗潮以及亚洲金融危机带来的冲击，国家先后出台了一批完善社会保障体制的政策法规。主要包括1997年9月国务院颁布的《关于在各地建立城市居民最低生活保障制度的通知》、1998年5月中共中央、国务院颁布的《中共中央国务院关于切实做好国有企业下岗职工基本生活保障和再就业工作的通知》（以下简称《通知》）、1999年1月国务院颁布的《失业保险条例》、1999年9月国务院颁布的《城市居民最低生活保障条例》，建立了应急性的"三条保障线"与"两个确保"的社会保障架构。这些制度明确规定，下岗职工进入再就业服务中心托管时，由再就业服务中心负责为其缴纳医疗保险费，下岗职工享受相应的医疗保险待遇。同时，为了解决城市低收入人群的看病就医问题，国家颁布了《关于建立城市医疗救助制度试点工作的意见》，建立了城市医疗救助制度，暂时缓解了由于体制转型带来的下岗人群的社会保障问题。

随着我国经济体制改革的进一步深化和产业结构的调整，以非全日制、临时性和弹性工作等灵活形式就业的人员（以下简称灵活就业人员）逐步增加，这部分人的医疗保障问题日益突出。为解决灵活就业人员的医疗保障问题，进一步扩大城镇居民基本医疗保险覆盖面，完善医疗保险制度，国家又先后出台了《关于城镇职工灵活就业人员参加医疗保险的指导意见》《关于推进混合所有制企业和非公有制经济组织从业人员参加医疗保险的意见》等补充政策。

这一阶段的相关政策文件见表3-3。

总而言之，经过改革开放近20年的快速发展，我国的经济和社会环境发生了巨大变化，计划经济体制下形成的公费和劳保医疗已经基本不存在了。原来依附于公费和劳保制度的"半费"医疗保险也自然瓦解。

这一期间虽然对城镇职工医疗保险制度的改革和完善在不断地推进，然而城市非就

---

① 王延中.不得已的"三条保障线"与"两个确保"[J].中国社会保障，2007（11）：22-23.

表 3-3 居民医保制度缺失阶段的城镇医保改革政策及文件概览

时　间	决策部门	政策文件	政　策　要　点
1993年11月14日	党的十四届三中全会	《关于建立社会主义市场经济体制若干问题的决定》	城镇职工养老和医疗保险金由单位和个人共同负担,实行社会统筹和个人账户相结合
1994年4月14日	国家体改委、卫生部、劳动部、财政部	《关于职工医疗制度改革的试点意见》	选择江苏省镇江市和江西省九江市进行医疗保险制度改革试点。针对江苏省镇江市、江西省九江市的职工医疗制度改革试点的目标原则、主要内容、相关政策和组织领导进行了指导和安排。要求建立与社会主义市场经济体制相符合、有利于减轻企事业单位负担、与经济水平相适应的保障制度。明确国家和企业不能全部包揽医药费用,而应坚持公平与效率原则,与职工个人社会贡献挂钩
1996年5月5日	国家体改委、卫生部、劳动部、财政部	《关于职工医疗保障制度改革扩大试点的意见》	在全国范围选择50多个城市进行扩大试点。根据国务院有关文件确定的改革目标和基本原则,对统账结合方式进行探索。明确职工供养的直系亲属暂不纳入职工医疗保障制度改革试点范围
1997年9月2日	国务院	《关于在各地建立城市居民最低生活保障制度的通知》	要求在1997年年底以前,已建立这项制度的城市要逐步完善;尚未建立这项制度的要抓紧做好准备工作;在1998年年底以前,地级以上城市要建立这项制度;在1999年年底以前,县级市和县政府所在地的镇要建立这项制度。各地要根据当地实际情况,逐步使非农业户口的居民得到最低生活保障
1998年6月9日	中共中央、国务院	《中共中央国务院关于切实做好国有企业下岗职工基本生活保障和再就业工作的通知》	规定再就业服务中心用于保障下岗职工基本生活和缴纳社会保险费用的资金来源,原则上采取"三三制"的办法解决,即财政预算安排三分之一、企业负担三分之一、社会筹集(包括从失业保险基金中调剂)三分之一,具体比例各地可根据情况确定
1998年12月14日	国务院	《国务院关于建立城镇职工基本医疗保险制度的决定》	明确了医疗保险制度改革的目标任务、基本原则和政策框架,要求1999年在全国范围内建立覆盖全体城镇职工的基本医疗保险制度。没有关于城镇非就业居民医疗保险待遇的说明
2000年7月	国务院体改办、劳动保障部、卫生部等	《关于深化城市医疗体制改革试点的指导意见》	要求扩大城市职工基本医疗保险覆盖群体,支持建立儿童大病统筹医疗保险
2000年12月25日	国务院	《国务院关于印发完善城镇社会保障体系试点方案的通知》	进一步落实《国务院关于建立城镇职工基本医疗保险制度的决定》(国发〔1998〕44号),全面推进城镇职工基本医疗保险改革,加快组织实施步伐。基本医疗保险费由用人单位和职工双方共同负担。用人单位缴费一般为职工工资总额的6%左右,个人缴费占本人工资的2%左

(续表)

时 间	决策部门	政策文件	政 策 要 点
2000年 12月25日	国务院	《国务院关于印发完善城镇社会保障体系试点方案的通知》	右。具体缴费比例，由各省（自治区、直辖市）根据当地情况自行规定。基本医疗保险基金实行社会统筹和个人账户相结合。各级政府加大对社会保障的投入力度，逐步将社会保障支出占财政支出的比重调整到15%～20%
2002年 12月11日	中共中央、国务院	《中共中央国务院关于进一步做好下岗失业人员再就业工作的通知》	继续按照"三三制"原则落实下岗职工基本生活保障资金，努力扩大社会保险覆盖范围，加强社会保险费的征缴，进一步巩固"两个确保"，不得发生新的拖欠。加强城市居民最低生活保障工作。将所有符合条件的城市贫困居民纳入保障范围，做到"应保尽保"。对特殊困难群体的最低生活保障情况进行检查，帮助解决他们在生活保障以及医疗、住房、取暖、子女入学、水电煤气等方面遇到的问题
2003年 4月7日	劳动和社会保障部	《关于进一步做好扩大城镇职工基本医疗保险覆盖范围工作的通知》	要求进一步扩大参保覆盖范围。在坚持权利和义务相对应原则的基础上，将城镇符合参保条件的用人单位和职工纳入基本医疗保险范围，大中城市参保率要达到60%以上，其中，直辖市和省会城市要达到70%以上，其他城市也要在去年参保人数的基础上有所突破，统筹地区的参保人数要达到50%以上
2003年 5月26日	劳动和社会保障部	《关于城镇职工灵活就业人员参加医疗保险的指导意见》	要求统一认识，积极将灵活就业人员纳入基本医疗保险制度范围，同时明确政策，规范灵活就业人员参保方式、激励措施和待遇水平。缴费基数可参照当地上一年职工年平均工资核定，明确医疗保险待遇与缴费年限和连续缴费相挂钩的办法
2004年 5月28日	劳动和社会保障部	《关于推进混合所有制企业和非公有制经济组织从业人员参加医疗保险的意见》	为进一步扩大医疗保险覆盖面，完善医疗保险制度，将灵活就业人员、混合所有制企业和非公有制经济组织从业人员以及农村进城务工人员纳入医疗保险范围
2005年 3月14日	国务院办公厅	《关于建立城市医疗救助制度试点工作的意见》	从2005年开始，用2年时间在各省、自治区、直辖市部分县（市、区）进行试点，之后再用2～3年时间在全国建立起管理制度化、操作规范化的城市医疗救助制度。成立由当地政府分管领导任组长，民政、卫生、劳动保障、财政等部门负责同志参加的"城市医疗救助试点工作协调小组"，负责指导和协调本地区城市医疗救助试点工作

资料来源：作者根据相关文献整理而成

业居民的医疗保险处于制度缺失的状态。在城市大量发展起来的民营经济组织从业人员也根本没有医疗保险,因为计划经济体制下的医疗保险和卫生制度几乎没有对私人经济组织从业人员的医疗保险做出制度规定。虽然政府也逐渐意识到这些人群医疗保险问题的严重性,出台了一些应急性的补充政策,但在正式建立针对居民的医疗保障之前,我国城镇医保覆盖人数一直难以实现突破。

从1993年到2006年,我国参加城镇职工医疗保险的人数从最初的290万增加到2006年的1.57亿,但覆盖率依然只有46.5%(见图3-1)。这主要是因为90年代中后期,我国虽然在理论上明确了社会保障制度是社会主义市场经济的一个独立的子体系,实际工作中仍延续以国有企业改革为中心环节的改革路径,把包括医疗保险在内的社会保障制度改革作为国有企业改革的配套措施。政府的注意力主要集中在国有企业职工身上,对城镇其他人员顾及不够,造成城市中不同人群的基本保障待遇不平等。①

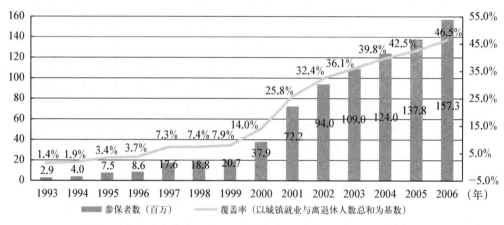

图3-1 我国城市基本医疗保险人数及覆盖率情况(1993—2006年)

三、城镇居民基本医疗保险政策试点和完善阶段(2007年至今)

尽管自中华人民共和国成立以来我国劳保和公费医疗制度就对国有企业职工以及国家工作人员所供养直系亲属的范围做出了明确的界定,实行直系亲属的"半费"医疗保险制度,在很大程度上解决了城镇居民的医疗保障问题(郑功成,2002),但这无疑是特殊政治经济时代的产物。自改革开放尤其是建设社会主义市场经济体制以来,我国的经济社会环境发生了巨变。随着1998年开始的城镇职工的基本医疗保险制度逐渐建立健全,城镇职工的医疗保险问题实现了由"国家-单位"保障制向"国家-社会"保险制的转型。医疗保障改革的不断变迁,传统的家属劳保制度不复存在,原有的公费医疗体制也名存实亡,城镇职工亲属及子女的"半费"医疗制度和大中专学生的公费医疗制度覆盖人群占应覆盖人群的比例很小。

---

① 张苗. "全民医保"是新医改的历史性进步[J]. 中国社会保障, 2009(5): 76-77.

改革后的医疗保障覆盖面有限，覆盖率较低。原卫生部2004年第三次国家卫生服务调查结果显示，大量的城镇居民被排斥在制度保护体系之外。城市享有城镇职工基本医疗保险的人口比例为30.2%。公费医疗占4.0%，劳保医疗占4.6%，购买商业保险占5.6%，没有任何医疗保险占44.8%。国际经验表明，在医疗保险体系中，雇员一旦参保，其没有工作的直系亲属（配偶和孩子）一般可以自动受保。与之相比，这恰恰是我国城镇职工基本医疗保险的最大制度性缺陷。（顾昕，2008）

2003年1月16日，国务院办公厅转发卫生部、财政部、农业部《关于建立新型农村合作医疗制度的意见》（以下简称《意见》），标志着新型农村合作医疗制度的诞生。《意见》规定，新型农村合作医疗制度是由政府组织、引导、支持，农民自愿参加，个人、集体和政府多方筹资，以大病统筹为主的农民医疗互助共济制度。自2003年开展试点工作以来，截至2007年年底，全国已有80%的农民参加新型合作医疗制度。"十五"期间，中国医疗保险制度完成了从公费、劳保医疗福利制度到社会保险制度的艰难转身，取得了制度建设的阶段性成果。但这一成果只是初步、阶段性的。2005年，中国医改遭遇了前所未有的舆论风暴。在舆论风暴剑指医改的同时，医保也背上了"富人俱乐部"的"罪名"。[1]

由于城镇职工医疗保险制度仅限于城镇职工参加而忽视了城镇普通居民，普通城镇居民的医疗保障成为制度空白区。据统计，截至2005年年底，我国共有城镇人口5.62亿，占全国总人口的43%，其中，就业人口2.73亿，非就业人口2.89亿。城镇已参加基本医疗保险的约1.38亿人，仅占全体城镇人口的25%。[2] 显然，这一数据所覆盖的还只是少数城镇居民。实际上，除单位职工外的大部分城镇居民没有任何医疗保障待遇。

由于大部分城镇居民没有任何形式的医疗保障，他们的医疗问题只能主要依靠个人和家庭力量解决。快速增长的医疗费用和极低的医疗保险覆盖率，使群众"小病扛、大病拖""因病致贫、因病返贫"的现象时有发生。患病率偏高是无保障城镇居民的一大特点。他们中除学生群体外都是高患病人群。其中，老人特别是有慢性病的老人患病率高，为在职年龄段人员的3～4倍，住院率为3倍，人均医疗费用支出为3倍以上。许多贫困人员往往是生活贫困与疾病相伴生。据调查，城市贫困人员中仅患有慢性病或遗传病的比例就高达34%～61%，城市低保对象中有30%～40%是因病致贫、因病返贫；学龄前儿童也是发病率高的人群，为在校学生的3倍。

这些城镇居民还有一大特点，就是经济条件较差。他们都是低收入或无收入人群，生活靠子女或父母供给，少数贫困人群完全靠政府救助维持生活。与此同时，2006年我国卫生总费用构成中，政府支出仅占18.1%，社会卫生支出占32.6%，而个人卫生支出达到了49.3%。"看病难、看病贵"问题逐渐成为城镇居民面临的最大民生问题。

---

[1] 刘洪清．"全民医保"的"中国速度"[J]．中国社会保障，2011（1）：19-21．
[2] 胡大洋．构建城镇居民医疗保障制度的探讨[J]．群众，2006（10）：43-45．

从当时的情况看，在城镇职工基本医疗保险和新型农村合作医疗制度快速推进的情况下，城镇居民中未就业人员等游离在医保边缘人群的医疗保障难题，正成为倒逼城镇居民基本医疗保险政策提速的最迫切的需求。

为了实现建立基本覆盖全体城乡居民医疗保障体系的目标，国务院决定从2007年起开展城镇居民基本医疗保险试点。《国务院关于开展城镇居民基本医疗保险试点的指导意见》（国发〔2007〕20号）要求："2007年在有条件的省份选择2至3个城市启动试点，2008年扩大试点，争取2009年试点城市达到80%以上，2010年在全国全面推开，逐步覆盖全体城镇非从业居民。"①此后，国家密集出台了一系列关于城镇居民基本医疗保险政策建设和完善的政策文件。

其中，《关于城镇居民基本医疗保险医疗服务管理的意见》明确了城镇居民基本医疗保险医疗服务管理包括医疗服务的范围、定点管理和医药费用的结算管理。人力资源和社会保障部《关于做好2008年城镇居民基本医疗保险工作的通知》中规定，扩大试点范围的城市要达到50%。"2008年政府对试点城市参保居民的补助标准，由2007年的不低于人均40元提高到不低于80元，其中中央财政对中西部地区按人均40元给予补助，对东部地区参照新型农村合作医疗的补助标准同步提高。"②

2009年3月17日出台的新医改方案决定在医疗保险制度方面实行"全民医保"，在指导思想上突破了过去医疗保险制度改革作为国有企业改革配套措施的局限性。进一步明确提出：政府要在3年内使城镇居民基本医疗保险政策的参保率达到90%以上，并强调在此过程中要以提高住院和门诊大病保障为重点，逐步提高筹资和保障水平，2010年各级财政对城镇居民基本医疗保险的补助标准提高到年人均120元，以有效减轻城镇居民个人医疗费用负担。此外，在全民医保的推进过程中，参保人员除了关心"保障水平高低"以外，也更为关心"就医报销是否更方便"。2009年12月31日，人力资源和社会保障部、财政部印发了《关于基本医疗保险异地就医结算服务的意见》，进一步明确了加强和改进异地就医结算服务的原则和指导思想，规范异地就医结算的业务流程、基金划转及基础管理等工作。

自新医改方案颁布实施以来，我国城镇居民基本医疗保险政策的发展进入了快速发展阶段。2009年7月24日，人力资源和社会保障部、财政部、卫生部发布了《关于开展城镇居民基本医疗保险门诊统筹的指导意见》（人社部发〔2009〕66号），要求进一步将城镇居保的制度覆盖范围扩张到门诊统筹。人力资源和社会保障部《关于做好2010年城镇居民基本医疗保险工作的通知》中要求"各地要在全面建立城镇居民医保制度的基础上，巩固和扩大覆盖面，提高参保率，城镇居民医保参保率要达到80%，有

---

① 国务院关于开展城镇居民基本医疗保险试点的指导意见［EB/OL］.http://www.gov.cn/zwgk/2007—07/24/content_695118.htm.
② 关于做好2008年城镇居民基本医疗保险试点工作的通知［EB/OL］.https://mall.cnki.net/magazine/Article/LDKX200808035.htm.

条件的地方要力争达到90%，并将在校大学生全部纳入城镇居民医保"。①

在明确2012—2015年医药卫生体制改革的阶段目标、改革重点和主要任务的《"十二五"期间深化医药卫生体制改革规划暨实施方案的通知》中，要求到2015年，城镇居民医保政府补助标准提高到每人每年360元以上，个人缴费水平相应提高，探索建立与经济发展水平相适应的筹资机制。政策范围内住院费用支付比例均达到75%左右，明显缩小与实际住院费用支付比例之间的差距；进一步提高最高支付限额。门诊统筹覆盖所有统筹地区，支付比例提高到50%以上。

在2012年的医保工作中，要求城镇居民基本医疗保险参保率稳定在95%。政府对城镇居民医保补助标准提高到每人每年240元。个人缴费水平相应提高，人均筹资达到300元左右。并明确了由财政部、人力资源和社会保障部负责。城镇居民医保政策范围内统筹基金最高支付限额提高到当地居民年人均可支配收入的6倍以上，不低于6万元。政策范围内住院费用支付比例达到70%以上，逐步缩小与实际住院费用支付比例之间的差距，门诊统筹支付比例进一步提高。②

同时还对医保支付方式改革提出了要求，按照"结合基金收支预算管理加强总额控制，并以此为基础，结合门诊统筹的开展探索按人头付费，结合住院、门诊大病的保障探索按病种付费"的改革方向，用两年左右的时间，在所有统筹地区范围内开展总额控制工作。逐步建立以保证质量、控制成本、规范诊疗为核心的医疗服务评价与监管体系，控制医疗费用过快增长，提升基本医疗保险保障绩效，更好地保障人民群众的基本医疗权益，充分发挥基本医疗保险对公立医院改革等工作的支持和促进作用。

这一阶段的相关政策文件见表3-4。

表3-4 城镇居保制度试点和完善阶段的政策进展及文件概览

时 间	决策部门	政策文件	政 策 要 点
2006年10月18日	中共中央	《中共中央关于构建社会主义和谐社会若干重大问题的决定》	明确提出建立以大病统筹为主的城镇居民基本医疗保险
2007年7月10日	国务院	《关于开展城镇居民基本医疗保险试点的指导意见》	要求在城镇建立以大病统筹为主的城镇居民基本医疗保险，"2007年在有条件的省份选择2至3个城市启动试点，2008年扩大试点，争取2009年试点城市达到80%以上，2010年在全国全面推开，逐步覆盖全体城镇非从业居民"

---

① 人力资源和社会保障部关于做好2010年城镇居民基本医疗保险工作的通知［EB/OL］.http://www.chinaacc.com/new/63_73_201101/24ya1675847950.shtml.
② 国务院办公厅关于印发深化医药卫生体制改革2012年主要工作安排的通知［EB/OL］.http://www.gov.cn/zwgk/2012—04/18/content_2115928.htm.

(续表)

时间	决策部门	政策文件	政策要点
2007年10月10日	劳动和社会保障部、国家发改委、财政部、卫生部等	《关于城镇居民基本医疗保险医疗服务管理的意见》	明确城镇居民基本医疗保险医疗服务管理包括医疗服务的范围、定点管理和医药费用的结算管理。城镇居民基本医疗保险坚持从低水平起步。根据医疗保险筹资水平和基金保障能力，考虑城镇居民的经济承受能力，按照重点保障住院和门诊大病、有条件的地区兼顾一般门诊医疗费用的原则，合理确定城镇居民基本医疗保险基金支付的医疗服务范围、水平，以及医疗费用的结算办法及标准
2008年6月10日	人力资源和社会保障部	《关于做好2008年城镇居民基本医疗保险试点工作的通知》	2008年扩大试点城市实施方案由省级人民政府审批后，第二季度启动实施。到年底扩大试点城市的居民参保率力争达到50%左右。在坚持个人（家庭）缴费的基础上，2008年政府对试点城市参保居民的补助标准，由2007年的不低于人均40元提高到不低于80元，其中，中央财政对中西部地区按人均40元给予补助，对东部地区参照新型农村合作医疗的补助标准同步提高
2009年3月17日	中共中央、国务院	《中共中央国务院关于深化医药卫生体制改革的意见》	建立覆盖城乡居民的基本医疗保障体系。城镇居民基本医疗保险覆盖城镇非就业人口。坚持广覆盖、保基本、可持续的原则，从重点保障大病起步，逐步向门诊小病延伸，不断提高保障水平。2009年，全面推开城镇居民基本医疗保险，重视解决老人、残疾人和儿童的基本医疗保险问题。2010年，各级财政对城镇居民基本医疗保险补助标准提高到每人每年120元
2009年3月18日		《医药卫生体制改革近期重点实施方案（2009—2011年）》	2009年，全面推开城镇居民医保制度，将在校大学生全部纳入城镇居民医保范围。三年内，城镇职工基本医疗保险、城镇居民基本医疗保险和新型农村合作医疗覆盖城乡全体居民，参保率均提高到90%以上。用两年左右的时间，将关闭破产企业退休人员和困难企业职工纳入城镇职工医保，确有困难的，经省级人民政府批准后，参加城镇居民医保。逐步提高城镇居民医保和新农合筹资标准和保障水平。城镇居民医保最高支付限额提高到当地居民可支配收入的6倍左右。提高基金统筹层次，2011年，城镇居民医保基本实现市（地）级统筹
2009年4月8日	人力资源和社会保障部、财政部	《关于全面开展城镇居民基本医疗保险工作的通知》	2009年，全国所有城市都要开展城镇居民基本医疗保险工作。当年新开展这项工作的城市，方案由省级人民政府负责审批，并报人力资源和社会保障部备案，原则上第二季度启动实施，参保率力争达到50%以上。2009年前已开展试点的城市，应结合试点工作中出现的问题进一步完善政策、加强管理，参保率力争达到80%以上。在工作推进中，各地区要坚持低水平、广覆盖、保基本、可持续的原则

(续表)

时　间	决策部门	政策文件	政　策　要　点
2009年7月24日	人力资源和社会保障部、财政部、卫生部	《关于开展城镇居民基本医疗保险门诊统筹的指导意见》	开展城镇居民基本医疗保险门诊统筹，要在坚持基本医疗保险政策规定的基础上，充分考虑门诊医疗服务特点和城镇居民对门诊医疗基本保障的迫切需要，进一步完善基本医疗保险的保障范围、筹资、支付等政策和就医、费用结算、业务经办等管理措施，通过统筹共济的方式合理分担参保居民门诊医疗费用。根据城镇居民基本医疗保险基金支付能力，在重点保障参保居民住院和门诊大病医疗支出的基础上，逐步将门诊小病医疗费用纳入基金支付范围。开展门诊统筹应充分利用社区卫生服务中心（站）等基层医疗卫生机构和中医药服务
2009年7月24日	人力资源和社会保障部、财政部	《关于进一步加强基本医疗保险基金管理的指导意见》	各地要按照3年内基本医疗保险参保率达到90%以上的目标，进一步加大城镇职工基本医疗保险和城镇居民基本医疗保险的扩面力度。进一步加大基本医疗保险基金的征缴和稽核力度，确保基本医疗保险基金应收尽收。逐步提高基本医疗保险保障水平，减轻参保人员的个人负担。加强基本医疗保险支付管理。改进费用结算方式。积极探索医疗保险经办机构与医疗机构、药品供应商通过协商谈判，合理确定医药服务的付费方式及标准，发挥医疗保障对医疗服务和药品费用的制约作用。鼓励探索实行按病种付费、总额预付、按人头付费等结算方式，充分调动医疗机构和医生控制医疗服务成本的主动性和积极性
2009年12月31日	人力资源和社会保障部、财政部	《关于基本医疗保险异地就医结算服务工作的意见》	以人为本、突出重点、循序渐进、多措并举，以异地安置退休人员为重点，提高参保地的异地就医结算服务水平和效率，加强就医地的医疗服务监控，大力推进区域统筹和建立异地协作机制，方便必须异地就医参保人员的医疗费用结算，减少个人垫付医疗费，并逐步实现参保人员就地就医、持卡结算
2010年6月1日	人力资源和社会保障部	《关于做好2010年城镇居民基本医疗保险试点工作的通知》	（1）2010年，各地要在全面建立城镇居民医保制度的基础上，巩固和扩大覆盖面，提高参保率，城镇居民医保参保率要达到80%，有条件的地方要力争达到90%，并将在校大学生全部纳入城镇居民医保 （2）2010年，各级财政对城镇居民医保的补助标准提高到每人每年不低于120元，其中，中央财政对中西部地区按人均60元给予补助，对东部地区的补助标准同比例提高。地方财政负担确有困难的，提高补助标准可以分两年到位。提高待遇水平要优先考

（续表）

时间	决策部门	政策文件	政策要点
2010年6月1日	人力资源和社会保障部	《关于做好2010年城镇居民基本医疗保险试点工作的通知》	虑提高基金最高支付限额，减轻大病重病患者的医药费用负担，2010年居民医保基金最高支付限额要提到居民可支配收入的6倍以上。要逐步提高住院医疗费用基金支付比例，原则上参保人员住院政策范围内医疗费用基金支付比例要达到60%，二级（含）以下医疗机构住院政策范围内医疗费用基金支付比例要达到70%。60%的统筹地区建立城镇居民医保门诊统筹
2011年5月24日	人力资源和社会保障部	《关于普遍开展城镇居民基本医疗保险门诊统筹有关问题的意见》	门诊统筹立足保障参保人员的基本医疗需求，主要支付在基层医疗卫生机构发生的符合规定的门诊医疗费用，重点保障群众负担较重的多发病、慢性病。合理确定门诊统筹支付比例、起付标准（额）和最高支付限额。对在基层医疗卫生机构发生的符合规定的医疗费用，支付比例原则上不低于50%；累计门诊医疗费较高的部分，可以适当提高支付比例。对于在非基层医疗机构发生的门诊医疗费用，未经基层医疗机构转诊的，原则上不支付
2011年5月31日	人力资源和社会保障部	《关于进一步推进医疗保险付费方式改革的意见》	结合基金收支预算管理加强总额控制，探索总额预付。在此基础上，结合门诊统筹的开展探索按人头付费，结合住院门诊大病的保障探索按病种付费。建立和完善医疗保险经办机构与医疗机构的谈判协商机制与风险分担机制，逐步形成与基本医疗保险制度发展相适应、激励与约束并重的支付制度
2011年6月2日	人力资源和社会保障部	《关于印发人力资源和社会保障事业发展"十二五"规划纲要的通知》	医疗保险基本覆盖城乡人口。职工基本医疗保险、城镇居民基本医疗保险、新型农村合作医疗三项基本医疗保险参保人数新增6000万人以上，实现全民享有基本医疗保障。财政对城镇居民基本医疗保险和新农合的补助标准逐步提高，政策范围内居民和新农合的住院医疗费用支付比例提高到70%以上，城乡居民普遍开展门诊医疗费用统筹
2012年3月14日	国务院	《关于印发"十二五"期间深化医药卫生体制改革规划暨实施方案的通知》	（1）巩固扩大基本医保覆盖面。城镇居民医保参保率在2010年基础上提高3个百分点 （2）提高基本医疗保障水平。到2015年，城镇居民医保政府补助标准提高到每人每年360元以上，个人缴费水平相应提高，探索建立与经济发展水平相适应的筹资机制 （3）政策范围内住院费用支付比例均达到75%左右，明显缩小与实际住院费用支付比例之间的差距；进一步提高最高支付限额。门诊统筹覆盖所有统筹地区，支付比例提高到50%以上

（续表）

时　间	决策部门	政策文件	政　策　要　点
2012年 4月14日	国务院 办公厅	《深化医药卫生体制改革2012年主要工作安排》	（1）城镇居民基本医疗保险参保率稳定在95%。政府对城镇居民医保补助标准提高到每人每年240元，个人缴费水平相应提高，人均筹资达到300元左右（财政部、人力资源和社会保障部负责） （2）城镇居民医保政策范围内统筹基金最高支付限额提高到当地居民年人均可支配收入的6倍以上，不低于6万元。政策范围内住院费用支付比例达到70%以上，逐步缩小与实际住院费用支付比例之间的差距，门诊统筹支付比例进一步提高 （3）积极推行按人头付费、按病种付费、按床日付费、总额预付等支付方式改革，逐步覆盖统筹区域内医保定点医疗机构。加强付费总额控制，建立医疗保险对统筹区域内医疗费用增长的制约机制，制定医疗保险基金支出总体控制目标并分解到定点医疗机构，与付费标准相挂钩
2012年 12月4日	人力资源和社会保障部、财政部、卫生部	《关于开展基本医疗保险付费总额控制的意见》	按照"结合基金收支预算管理加强总额控制，并以此为基础，结合门诊统筹的开展探索按人头付费，结合住院、门诊大病的保障探索按病种付费"的改革方向，用两年左右的时间，在所有统筹地区范围内开展总额控制工作

资料来源：作者根据国家相关政策文件整理而成

第二节　城镇居民基本医疗保险政策变迁的影响因素

著名制度经济学家威廉姆森认为，"如果不能证明制度是可分析的，制度是重要的"，这一重要的理论命题仍将被忽视。在解释历史中制度对于变迁的作用时，诺思将除了战争、革命、政府这样的"非连续性"制度变革外的大部分重大制度的变迁视作无数次具体且微小的非正式约束的变迁的积累。这些微小的变化在整体上构成了根本性的制度变迁。① 因此，在系统回溯了我国城镇居民基本医疗保险政策的变迁之后，我们应该对其背后的影响因素进行分析。

新制度经济学主要研究的就是制度变迁的原因以及不同制度框架下经济过程的效

---

① 道格拉斯·C.诺思.制度、制度变迁与经济绩效［M］.杭行，译.上海：格致出版社，上海三联书店，上海人民出版社，2008：18.

率，这一学说的发展过程中出现了交易费用的概念，即人与人之间为了实现交易的一切费用。交易费用越低，制度效率越高。在这种研究范式下，新制度经济学的核心观点认为，制度决定着交易费用的高低，人们追求交易费用最小化的必然结果是制度的不断演进。[①]对于我国城镇居民基本医疗保险政策变迁的影响因素而言，交易费用主要包括政府需要为之支付的财政支出以及制度变迁带来的潜在收益两个方面。而决定制度是否发生变动，除了制度交易费用外，政府观念的转变、路径依赖的特征和利益集团的薄弱也是影响制度变迁需要考虑的重要因素。

一、财政约束与政府观念是城镇居民医保政策变迁的首要影响因素

制度变迁学说强调政府财政补贴负担的压力，以政策成本上升来解释政策为什么发生变迁。分析我国从新中国成立初期开始至今有关医疗保障制度的文件，我们可以清晰地发现政府财政收入对于医疗保障制度变迁的约束影响和决定作用。计划经济时代的公费和劳保医疗以及依附于两项制度的家属"半费"保障，几乎使全体居民都得到了不同程度的疾病医疗保障。然而，随着享受公费医疗待遇的对象范围的不断扩大，关于医疗保障的财政压力也开始凸显。

早在1957年，周恩来总理就在中共八届三中全会报告中提出了"劳保医疗和公费医疗实行少量收费，取消一切陋规，节约经费开支"。1957年6月，国务院《关于取消随军家属公费医疗待遇的批复》规定，随军家属如果是国家机关工作人员，享受公费医疗；如果是非国家机关工作人员，则一律由本人负责。同年，卫生部又发布了《关于干部（行政10级及司长级以上）公费医疗报销几项问题的规定》，明确了干部医疗费用报销范围和报销办法。此后，国家又颁布了一系列关于控制医疗保险费用的政策，但是控费效果依然不明显。1960年，国家规定的公费医疗费用平均是每人18元，实际用了24.6元。1964年，国家规定的公费医疗费用平均是每人26元，实际用了34.4元。[②]

1965年，卫生部、财政部发布了《关于改进公费医疗管理问题的通知》；1966年，劳动部、全国总工会发布了《关于改进企业职工劳保医疗制度的几个问题的通知》，进一步细化和明确了公费医疗和劳保医疗中国家财政与个人支付的边界，但是这样的规定在实际操作中依然存在着边界模糊的问题。

劳保医疗与公费医疗制度的小修小补未能改变制度的根本缺陷，公费医疗和劳保医疗经费开始大幅度上升。如表3-5所示，全民所有制单位职工（企、事业单位的在职职工和离退休人员）医疗费用由1978年的人均37.5元，增长为1985年的人均71.9元。医疗费用增长率1979年为12.2%，1980年为10.6%，1981年为2.7%，1982年为9.1%，1983年为10.7%，1984年为11.1%，1985年为11.4%。1978—1985年医疗费用平均增长

[①] Arnott R, Greenwald B, Stiglitz J E. Information and economic efficiency [J]. *Information Economics and Policy*, 1994(1): 77-82.
[②] 郑功成. 中国社会保障制度变迁与政策评估 [M]. 北京：中国人民大学出版社，2002：121.

率是12.8%。"这一阶段的医疗体制具有显著的弱激励机制和高交易成本特征。低激励机制与当时国家分配制度相关，因此在医疗体制内人们有激励改变既有分配方式，高交易成本使得公费医疗体制难以持续。"[①]

表3-5　1978—1985年全民所有制单位免费医疗情况

年　份	医疗费用总额（亿元）	享受免费医疗人数（万人）	人均医疗费用（元/人）	人均医疗费用年增长率（%）
1978	27.30	7 280.8	37.5	—
1979	31.69	7 512.3	42.1	12.2
1980	36.43	7 814.5	46.6	10.6
1981	38.99	8 134.7	47.9	2.7
1982	44.38	8 476.2	52.3	9.1
1983	50.03	8 771.4	57.9	10.7
1984	55.45	8 637.1	64.2	11.1
1985	64.65	8 989.5	71.9	11.4

资料来源：国家统计局社会统计司.中国社会统计资料（1987）[M].北京：中国统计出版社，1987：114

1984—1997年，我国启动了以市场为导向的医疗体制改革，政府财政的退出和个人的进入成为医疗保险领域内激励机制转变的主旋律。一方面，在医疗保险制度方面，各地普遍实行公费医疗费用与个人适当挂钩的做法，在制度中明确了公费和劳保医疗参保人员的自付范围之后，也逐步对医疗经费的筹措进行了改革，探索国家、单位和个人三方共同分担医疗费用，以国家财政为主。有的地方甚至将医疗经费全额包干给个人，结余归己，超支自付。这样的改革违背了医保制度的本意，不利于医保制度改革的顺利推进。另一方面，医疗机构改革引入了城镇企业改革的经验——责任承包制度，期望通过医疗机构的"自收自支"来缓解政府的财政压力。然而，让人始料未及的是，通过承包责任制的确立、合理化医院收费制度，打开了医院谋求收益最大化的闸门。强激励特征的制度设计使得医院通过诱导需求来获得部门收益，医保费用增长的趋势依然未能得到有效控制。1992年5月，国务院成立了由国家体改委、劳动部、卫生部、财政部、全国总工会等多个部委组成的医疗制度改革小组。此后，卫生部和劳动部相继提出了公费医疗和劳保医疗改革方案，国家体改委在卫生部、劳动部方案的基础上起草了《国务院关于职工医疗体制改革的决定》（讨论稿）。1993年，党的十四届三中全会决定建立适

[①] 高春亮，毛丰付，余晖.激励机制、财政负担与中国医疗保障制度演变——基于建国后医疗制度相关文件的解读[J].管理世界，2009（4）：66-74.

应市场经济体制的医疗社会保险制度改革。

新中国成立数十年之间,我国未颁布过系统完整的医疗保险法,传统的医疗保障制度均是由国家行政机关或其职能部门颁布实施的,公费和劳保医疗具有显著的行政主导特征,其服从于政府部门的意愿并取决于政府的财力。而财政因素是决定医疗保障制度是否具备可持续性的关键因素,在传统的"国家-单位"保障体制中,缺乏责任的共担机制,单位保障承担的责任也表现为国家责任的延续。因此,单位不会有创造并扩大社会保障资源的内在动力,个人需要更是无须考虑成本,国家财政成为全国社会保障的财政基础,在社会保障制度所需成本持续猛增的条件下,单纯依赖国家财政的社会保障制度在所有国家的实践中均是不可持续的。政府财政的局限性决定了社会保障财政的单一结构很难真正可靠。①对于公费医疗保险缴费的不堪承受逐渐成为制度变迁的首要动力和因素。

制度在变迁,而相对价格的根本性变化乃是制度变迁最为重要的决定因素。"新制度经济学将制度变迁的主体划分为个人、企业或者政府,按照行动的先后也可以划分为初级行动团体和次级行动团体,但制度变迁发生的条件则是预期收益超过改革成本,否则制度变迁就不会发生。政府主导的强制性制度变迁更是如此,只有当统治者或政府的预期收益高于预期费用,进入统治者效用函数的总效用最大时,才会采取行动消除制度不平衡,实现制度创新。而统治者或政府的政策偏好、官僚政治、集团利益冲突、社会科学知识局限性等因素都会影响其对改革或推进制度变迁的动力。强制性制度变迁需要公共选择和集体行动,需要制定和实施公共政策予以实现政策目标。"②具体到公共政策的制定,许多人都把注意力集中在决策过程本身,容易忽略一个非常关键的问题:为什么有些政策问题被提上公共政策的议事日程,而另一些却没能获得关注?现实社会中政府面临着各种各样的问题,但应付挑战的资源却是有限的。政府可以使用的资源包括"财政资源、人力资源、信息资源、时间资源,也包括注意力资源。换句话说,在具体决策之前,政府不得不做出抉择,对处理哪些挑战有所取舍"。③

对于公共政策议程的设置模式,王绍光(2006)按照议程提出者的不同,总结了我国公共政策议程设置的6种典型模式。赵德余则认为政府的主流观念是决定政策议程设置的关键因素。他将"政府主流观念界定为政府决策层绝大部分成员赞成或共享的价值观、效率认知以及相应的思想理论模式,政府的政策理念决定了政策的具体或实际的安排。由于各个时期不同的政策目标的相对重要程度不仅是变化的,而且又是难以定量描述的,所以,对政策目标优先序的排列不是唯一的。但是,这并不妨碍这样的排序有助于整体把握政府决策层评价政策目标的价值倾向。"④

---

① 郑功成.中国社会保障制度变迁与政策评估[M].北京:中国人民大学出版社,2002:21.
② 黄庆杰.城乡统筹的农村社会养老保障:制度选择与政府责任[D].中国社会科学院博士学位论文,2009:31.
③ 王绍光.中国公共政策议程设置的模式[J].中国社会科学,2006(5):86-99.
④ 赵德余.解释粮食政策变迁的观念逻辑:政治经济学的视野[J].中国农村经济,2010(4):20-29.

从医疗保障的政策理念来看，经历了计划经济时代的"一大二公"、平均主义之后，低水平、低效率的医疗保障制度的缺陷逐渐引起了人们的反思，福利制度的公平分配不再被肯定，而是认为只能在效率优先的前提下兼顾公平。社会保障的价值取向逐渐与经济政策的价值取向混为一体。然而，在改革的主流观念方面，由于不像市场经济体制有完整的国际经验可借鉴，我国的医疗保障制度改革只能是摸着石头过河的改革，其改革理念也经历了几个阶段的摸索和变迁。从制度回溯和分析的视角来看，早期的改革只是为了与国有企业改革相配套，之后则是为了适应社会主义市场经济的建立。我国的医疗保障乃至整个社会保障制度的变迁长期未能找到准确的定位。直到1998年以后才逐渐明确建立独立于企事业单位之外的社会保障体系，将社会保障制度作为一项独立的基本社会制度来建设的理念才逐步确立起来。随着改革的价值理念逐渐明晰和细化，医疗保险制度设计和政策改革才被逐步提上议事日程。在这一阶段，政府面临的最大问题是制度设计应该如何进行，在不同的政策目标之间应该如何排序。

对于医疗保险制度改革的政策而言，政府的主流观念最集中地体现为对医疗体制改革政策目标的确立，既包括政策目标集合选择空间的界定，也包括对不同政策目标优先序的排列。随着时间的推移和宏观经济环境的改变以及医保、卫生、财政等具体事务承担部门自身的改革与发展，中国政府伴随着主流观念的变化，医疗保险体制改革的政策目标组合情况也在变化。但是其中关于价值导向的目标（价值目标）与效率导向的目标（效率目标）的问题一直是医保改革政策决策中的两难，也是决定制度变迁发生先后的主要因素。我国医疗保险制度体系构建的政策目标顺序折射了政府主流观念变迁的影响。

在医保制度改革初期，虽然采取了责任共担、基本保障和疾病风险的社会化保障，但是在覆盖人口方面却采取了明显的收缩态势。城市中非就业人员被剔除出医疗保障的范围，许多在城市工作的私营企业人员、进城务工人员以及个体劳动者也没有被纳入制度范围。医疗保险的改革主要是作为国有企业改革配套措施而进行的。例如，《劳动部关于试行职工大病医疗费用社会统筹的意见的通知》（劳险字〔1992〕25号）就清楚地提出改革的目的是"为了适当均衡企业医疗费用负担，保证职工的基本医疗，控制医疗费用不合理的增长"。《关于职工医疗制度改革的试点意见》中明确建立职工医疗保险的目的是"适应建立社会主义市场经济体制的要求，使城镇全体劳动者都能获得基本医疗保障，有利于整个社会保障制度改革的推进，有利于减轻企业、事业单位的社会负担，有利于转换国有企业经营机制，建立现代企业制度"。因此，率先建立起城镇职工的医疗保险是政府在效率优先理念下的最优选择。

当然，财政约束也对政府在决定医疗保险制度改革政策目标排序方面有着十分重要的影响。北京大学顾昕教授依据2003年的数据就我国医保改革的医疗总开支进行了匡算，认为我国的公费医疗体制是不可行的。当年政府财政卫生支出总额为1 116.9亿元，当年政府财政支出总额为24 650亿元，卫生支出占财政支出的比重为4.53%。在建立全民医保的过程中,政府为了满足民众现有的医疗服务需求,如果要实现全民"公费医疗",当年城乡医疗需要的总开支是4 308.8亿元,为实际支出的3.86倍,卫生支出则需要占当年财政收入的17.5%。即使设定30%的高自付率,公费医疗的开支仍然需要3 016.2亿元,为当年政府财政卫生支出总额的2.7倍,大约是当年财政收入的八分之一。而且这还没有考虑由于参加医保,医疗服务需求释放而带来的费用增长所需要的花费。因此,在当时要实现全民"公费医疗"是不可行的。

2003年,城市人口为5.23亿,其中,城市从业人员2.56亿人,非从业人员2.2亿人(其中享受城市低保人员2 247万)。除此之外,还有0.45亿离退休人员以及部分现役军人。城市年人均医疗保健消费约为656.8元。假设自付率为10%,如果国家财政只考虑将低保人群纳入医疗救助制度,支持这部分人群参保,则只需132.8亿元,在制度上是可行的。如果要负担全部城市人口的医疗保障,则需要多支付非就业人群的医疗保障费用约1 300亿元,也即将当年政府财政卫生支出总额增加约1.2倍。因此,在当时要建立覆盖全体城市非从业人员的城镇居民基本医疗保险制度无疑具有相当大的财政压力。

再看农村医疗保险的情况。2003年农村居民约为7.7亿人,其中,约有2 900万人为贫困线以下人口。农村居民人均医疗消费约为116元。假设自付率为20%,人均年筹资水平则为92.8元/人。如果国家财政只考虑将低保人群纳入医疗救助制度,支持这部分人群参保,则只需27.8亿元,在制度上是可行的。如果农村居民人均年缴费40元,政府年人均补贴52.8元,覆盖全体7.7亿人,需要增加医疗保障费用406.6亿元,加上支出低保人员参保的27.8亿元,共计434.4亿元[①],占当年政府财政支出总额的1.7%左右,在制度上也是可行的。因此,我国在2003年开始全面推行新型农村合作医疗制度的改革。

截至2007年年底,我国城镇人口为5.94亿,其中,从业人员2.94亿,非从业人员约3亿。城市年人均医疗保健消费约为844.5元。假设自付率为10%,人均年筹资水平为760元。如果要将5.94亿城镇人口全部纳入保险,则需要支出4 514.5亿元,依然需要大幅增加政府财政的卫生支出,约为当年政府卫生财政支出的2倍。如果按照2007年年底城镇已参加基本医疗保险的约2.21亿人(其中,参加城镇居民基本医疗保险的有4 068万人,占全体城镇人口的37%,比上年增加6 319万人),财政只需要支付1 679.6亿元,在财政上是可支持的。按照2007年城镇居保政策在89个城市试点的预期参保人数4 068万,政府只需要为城镇居保政策试点额外支出约309亿元,政府财政完全可以承担。因此,在2007年开始推行我国城镇居民基本医疗保险政策的试点,也是符合财政约束和政府意愿的。在笔者看来,中国社会型医疗保险体制的制度变迁是为了在财政资金缺乏的条件下优先保障在职职工尤其是国有大中型企业员工的医疗,以便推动经济社

---

① 顾昕.诊断与处方:直面中国医疗体制改革[M].北京:社会科学文献出版社,2006:48-55.

会稳定快速发展的优先战略目标。作为一项具有帕累托改进性质的渐进性改革，城镇居民基本医疗保险政策的建立则是随着政府财政能力的不断增强和建立覆盖全民的医疗保障体系的意愿相结合的政策结果。

2003年、2007年我国城乡医疗总开支的匡算比较见表3-6。

表3-6　2003年、2007年我国城乡医疗总开支的匡算比较　　（单位：亿元）

项　　目	2003年	2007年
城市医疗总开支	3 415.6	5 016.5
农村医疗总开支	893.2	1 528.5
城乡医疗总开支	4 308.8	6 545.0
假定30%的自付率下政府支出	3 016.2	4 581.5
当年政府财政卫生支出总额	1 116.9	2 297.1
当年政府财政支出总额	24 650.0	49 565.4
卫生支出占财政支出的比重	4.53%	4.63%
假定政府全民"公费医疗"下卫生支出占当年财政收入的比重	17.5%	13.2%

资料来源：《中国统计年鉴》《中国卫生统计年鉴》《中国劳动统计年鉴》

二、传统制度发展的路径依赖与利益集团的薄弱间接影响了城镇居保的出台

路径依赖概念最早由美国经济史学家大卫（David）提出[1]，后来经过亚瑟（Arthur）[2]和诺思[3]等学者的发展，被广泛运用于政治学、社会学、经济学、管理学等学科，成为理解社会经济系统演化的重要概念。[4]美国经济学家诺思率先把路径依赖概念引入制度变迁分析中，把关于技术演变过程中的自我强化现象的论证推广到制度变迁方面，并且建立了分析制度变迁路径及其绩效的一般理论框架。在《制度、制度变迁与经济绩效》一书中，他认为，路径依赖是指制度创新的过程中所选择的路径对现存制度安排在一定程度上的依赖关系。[5]在制度变迁的过程中，同样存在着报酬递增和自我强化的机制。这种机制使得制度变迁一旦走上了某一条路径，它的既定方向会在以后的发展

---

[1] David P A. Clio and the economics of QWERTY [J]. *American Economic Review*, 1985, 75(2): 332-337.
[2] Arthur W B. Competing technologies, increasing returns, and lock in by historical events [J]. *Economic Journal*, 1989, 99(3): 11-131.
[3] North D. *Institutions, Institutional Change and Economic Performance* [M]. Cambridge: Cambridge University Press, 1990.
[4] 尹贻梅，刘志高，刘卫东.路径依赖理论研究进展评析 [J].外国经济与管理，2011（8）：1-7.
[5] 道格拉斯·C.诺思.制度、制度变迁与经济绩效 [M].杭行，译.上海：格致出版社，上海三联书店，上海人民出版社，2008，11-13，127.

中得到自我强化。皮尔逊（Pierson）[①]和马奥尼（Mahoney）[②]将路径依赖视作解释制度是否出现、是否可持续和是否发生变迁的重要因素。一般而言，路径依赖具有以下3个特征：（1）是一个非遍历性的（non-ergodic）随机动态过程；（2）初始条件的偶然性和自我增强机制是路径依赖过程产生的条件；（3）在没有外生冲击的情况下，路径依赖过程将被"锁定"。[③]

我国正在经历一个伟大的改革时代。改革或者说从计划经济向市场经济的转轨是一个重大的制度变迁过程。相应的领域均会发生许多制度的转变，这种过程中具有的路径依赖特征是不言而喻的。[④]一方面，初始的制度选择会提供强化现存制度的激励和惯性，沿着原有的政策既定方向走，或者在原有政策体系的基础上进行细微的调整，总比进行前人未曾尝试和探索的制度创新要来得容易；另一方面，一种制度形成并长期的实施将会形成现行制度下庞大的既得利益集团，他们力求巩固现有制度，并强化已经拥有的利益。因此，改革是一个艰难的过程，现存的机构和既得利益集团反对改革，而且他们拥有资源，这使得他们成为改革的严重障碍。

从我国医疗保险制度变迁的路径演化过程来看，计划经济时代的"公费"、"劳保"医疗以及农村合作医疗的主体制度为我国医疗保险制度体系改革"预设"了路径。国际经验表明，对于就业人员的保险往往是医疗保险制度优先考虑的目标，我国医疗保险制度发展的历史也证实了这一规律。在20世纪90年代以前，我国进行的国有企业承包制改革未能触动企业的劳动人事体制，更没有催生出劳动力市场及其市场化的配置规则，因此，也不会产生建立独立于国有企业和单位的医疗保险制度的动力。医疗保险体制改革是在面临传统公费和劳保制度下医疗费用迅猛增长而导致制度难以维持的背景下开始的。为此，我国在城市开始了城镇职工医疗保险的政策试点，并于1998年起在全国范围内实施推广。如果按照国际一般经验，全民医疗保险覆盖的推广一般先在城市进行，而后扩展到农村地区；一般先在大城市实现，而后扩展到边缘地区。按照这样的制度演进路径，我国医疗保险制度体系改革的下一目标应该是针对城市中未被覆盖的非就业居民群体。

然而，所有的制度变迁并非均能按照预设的改革路径发展。路径依赖理论揭示了偶然因素的重要性，颠覆了传统经济学的决定论假设。"路径依赖理论强调不同的历史事件及其发展秩序不会产生唯一的均衡结果；初始条件差异决定发展路径和发展绩效差异。"[⑤]2003年，我国暴发了影响深远的"非典"事件。在一场迅速波及全国乃至全世

[①] Pierson P. Increasing returns, path dependence, and the study of politics [J]. *American Political Science Review*, 2000, 94(2): 251-267.
[②] Mahoney J. Path dependence in historical sociology [J]. *Theory and Society*, 2000, 29(4): 507-548.
[③] 李宏伟, 屈锡华. 路径演化：超越路径依赖与路径创造 [J]. 四川大学学报（哲学社会科学版）, 2012（2）: 108-114.
[④] 吴敬琏. 路径依赖与中国改革——对诺斯教授演讲的评论 [J]. 改革, 1995（3）: 57-59.
[⑤] 尹贻梅, 刘志高, 刘卫东. 路径依赖理论研究进展评述 [J]. 外国经济与管理, 2011（8）: 1-7.

界的突发传染性疾病疫情面前，拥有7亿多人口的农村居民没有任何医疗保险，直接暴露在风险面前。虽然疾病的疫情首先发生在大城市，并在政府强大的行政管制下得以平息，但是，与之相比并不具备公共预防能力或者说在非常薄弱的农村公共卫生体系下，如果发生类似事件，后果将更不堪设想。在当时的政策背景下，先期进行农村医疗保险制度的改革具备了报酬递增和自我强化的机制，这与当时政府主要决策者的主流观念、国家财政的承受能力也是相容的。因此，在农村先期进行医疗保险制度改革成为当时的最优政策选择。结合和总结在传统计划经济时期曾经覆盖广大农村的合作医疗保险制度的历史经验和教训，我国在农村迅速开展了新型合作医疗保障制度建设。从2003年开始试点工作以来，我国新型农村合作医疗的推进速度很快。根据国家统计局公布的数据，截至2007年年底，全国2 448个县（市、区）开展了新农合工作，参合农民达7.3亿。（国家统计局，2008）可以认为，在为部分农民提供最基本的医疗保障方面，新农合已经取得了初步成效。[1]

与此同时，城镇居民基本医疗保险制度缺失的状态依然在持续。在制度变迁的原因阐释方面，公共选择学派认为利益集团的影响是十分关键的。城市居民期望建立医疗保险制度的呼声和相关的政府部门（如卫生部、人力资源和社会保障部）对部门利益的考虑和争取都是制度变迁可能发生的重要始因。在城镇居民基本医疗保险政策变迁过程中，政府、医疗服务供方和参保居民都可以视作追求个人利益最大化的理性经济人，在医保制度具体的激励机制引导下为谋求部门或个人利益的最大化而做出相应的行为选择。但对于城镇居民基本医疗保险政策改革中政府、医疗服务提供者和居民3个主要利益群体而言，其利益博弈能力存在较大的差别。

在城镇居民基本医疗保险政策的建立过程中，"按照公共选择理论，政府也是'理性的经济人'，具有内在的不断膨胀的冲动。政府部门也是如此，他们常常追求规模的最大化，以得到更多的财政支持，获得更多的部门利益。"[2]在城镇居民基本医疗保险制度建立的过程中，归属于人力资源和社会保障部还是卫生部来进行，也曾经在业界进行了激烈的讨论和交锋。

对于医疗供给方而言，在缺乏财政资源而又要实现医疗事业发展的前提下，向消费者收费成为必然。卫生部门也可通过放权、分利谋求部门利益，而随着放权进程，市场规制责任也难以为继。至此，在扭曲的激励机制安排下，医疗机构可利用医疗市场的特殊性，通过信息垄断的天然优势，可以不断地谋求部门利益，微观主体不愿改变现有状态，因而医疗制度改革路径依赖中激励机制扭曲的特征表露无遗。[3]同时，卫生行政当

---

[1] 申曙光，周坚.新型农村合作医疗的制度性缺陷与改进[J].中山大学学报（社会科学版），2008（3）：198-203.
[2] 詹姆斯·M.布坎南.自由、市场和国家[M].吴良健，桑伍，曾获，译.北京：北京经济学院出版社，1988：65.
[3] 高春亮，毛丰付，余晖.激励机制、财政负担与中国医疗保障制度演变——基于建国后医疗制度相关文件的解读[J].管理世界，2009（4）：66-74.

局行政权力主导更加剧了这种垄断优势。因而，如果没有相应的机制或抗衡的力量打破这种信息优势，制度的演进路径将指向有利于行政权力利益的垄断，有损行政权力利益的改革措施都将难以推行。如果说对于是否将居民纳入保险制度中，卫生部门及服务提供者最为关注的是是否由卫生部门来主导或者是否将居民医保定点在其所在单位，在制度成立后希望通过制度将分散的居民集中起来，增强居民的支付谈判能力和监督能力则无疑会受到医疗服务提供部门的抵制。

对于未参保的居民而言，随着城市医疗费用的不断增长，居民对于"看病贵、看病难"问题的呼声也越来越强烈，成为关乎城市居民生活质量和水平的第一号民生问题。然而，奥尔森教授认为集团越是大，就越不可能增进它的共同利益。由于受到自身经济条件、掌握资源程度、信息收集能力的限制以及松散的组织影响，身为多数的城镇居民利益集团在影响医疗保险制度决策的利益博弈过程中存在"数量悖论"。我国在进行社会主义市场经济体制改革的过程中虽然从理论上将社会保障制度定义为一个相对独立的体系，但在制度的实际建立过程中却一直遵循着以经济建设为中心的原则。在社会保障制度试点和建立的过程中也秉承着为经济建设服务的原则，把包括医疗保险在内的社会保障制度改革作为国有企业改革的配套措施。这就不难解释为什么政府在医疗保险制度变迁过程中会始终将城镇职工和国家单位工作人员放在第一位而相对忽视对非从业居民的待遇保障，客观上造成了城市中不同类别的居民享受不平等的医疗保障待遇。"在研究医疗保险制度改革时，企业职工家属的问题都放到下一步考虑，城镇居民的医疗保险更难提上议事日程了。"①在未能得到主流政策决策集团的优先支持下，由于其力量的薄弱，城镇居民基本医疗保险政策的出台时间被推迟，成为被制度暂时"遗忘"的集团。

三、制度缺欠与新医改政策议题的扩散成为决定城镇居保制度变迁的契机

理论上，医疗保障制度应该覆盖所有国民。但是由于各国国情和经济发展水平的不同，除了瑞典、瑞士、英国等少数几个高福利国家外，多数国家尤其是发展中国家远未达到全民保障的程度。因此，各国在改革中都把扩大保障范围作为政策的重点，将扩大参保人群作为核心政策目标来努力实现。但是，扩大保障范围是一个漫长而艰巨的过程，在政策上既要积极努力，也要量力而行。②"从欧美发达国家社会福利观念与制度演变过程角度看，由慈善福利观念向公民权利福利观念的转变，是不可逆转的总体性历史变迁趋势。"③"由剩余性福利观念向制度性福利概念的转变，由针对特定人群的福利观念向满足所有人需要的福利观念的转变，由最低标准的福利观念向最适度福利观念的

---

① 宋晓梧.建国60年我国医疗保障体系的回顾与展望［J］.中国卫生政策研究，2009（10）：6-14.
② 刘岚.医疗保障制度模式与改革方向［M］.北京：中国社会出版社，2007：61.
③ Marshall T H, Bottomore T. *Citizenship and Social Class*［M］. London: Pluto Press, 1992: 15.

转变等发展趋势，都从不同侧面验证这一普世性发展规律。"①

从我国医疗保障制度变迁的进程来看，随着城镇职工医疗保险和新型农村合作医疗制度的建立和不断完善，医疗保险制度的覆盖面有了很大的进展。如表3-7所示，截至2007年年底，城镇职工参保人数为1.8亿，其中，农民工参保人数2 453万，覆盖率为51.8%；新型农村合作医疗参保人数7.3亿，覆盖率为82.7%。影响城市医疗保险覆盖率的主要原因在于制度设计的先天性缺陷，即医保制度改革的碎片化和不公平性。一是城镇医疗保险的覆盖面狭窄，我国传统的公费医疗和劳保制度只保障了国家机关和事业单位的工作人员、国有企业及部分集体企业的职工。改革后的城镇职工基本医疗保险范围进一步缩小，到2005年也仅覆盖25.3%的城市居民人口；而其他在非公有制企业、私营企业、部分外商投资企业和在个体经济组织中工作的城市劳动者大多处于基本医疗保障缺失的状态。二是城镇非就业居民保障缺失，在劳保和公费医疗制度瓦解后非就业的居民未被任何医疗保障制度覆盖，造成了城镇居民有医疗保险和无医疗保险者之间的巨大差距。许多城镇居民的医疗风险全部由个体或家庭承担，造成了医疗保险制度之间的严重不平等。在医疗服务费用快速上涨和医保制度缺失的现实面前，城镇居民因病致贫的现象时有发生。

表3-7　2003—2007年我国医疗保险体系的覆盖率　　（单位：亿、%）

年　份	城镇职工参保人数	城镇人口	城镇基本医疗保险覆盖率	新农合参保人数	农村人口	新农合覆盖率
2003	1.09	5.4	22.9	—	—	—
2004	1.24	5.6	24.5	0.8	8.8	9.1
2005	1.38	5.8	27.3	1.8	9.0	20.0
2006	1.56	5.9	37.6	4.1	8.8	46.0
2007	1.80	6.1	52.2	7.3	8.8	82.7

资料来源：作者根据2009年《中国卫生统计年鉴》整理而成

党的十七大提出了科学发展观以及全面建设小康社会的核心目标。在社会保障方面，建立覆盖城乡的社会保障制度，使得人人享有基本生活保障。要求加快建立覆盖城乡居民的医疗保障体系，全面推进城镇职工、城镇居民新型农村合作医疗保险制度的建设，使人人享有基本医疗卫生服务。由此，针对城镇非就业居民的医疗保险制度才开始进入政策决策和制度建设的范畴。

从改革的动力方面来看，城镇居保制度缺失带来的公平问题不断凸显。城镇职工医疗保险制度和新型农村合作医疗保险制度的发展进一步拉大了不同人群的医疗保险的政

---

① Romanyshyn J M. *Social Welfare: Charity to Justice* [M]. New York: Random House, 1971: 34.

策差距，从而成为倒逼医保制度完善的改革动力。而传统非公有制经济组织中的就业人员缺乏医疗保险也逐渐成为经济发展的障碍。城镇居民基本医疗保险在触动经济发展大局，成为经济进一步发展所面临的瓶颈问题时才得以凸显其政策"价值"和潜在风险，从而成为主流的政策议题被提上政策议事日程。

首先，人口老龄化的不断增长、疾病谱的不断发展和变化、医疗新技术的使用以及慢性病的流行程度，均给医疗保健成本的不断增加带来不可逆转的影响。其次，随着社会的不断发展，人们愿意花更多的钱来保护健康。这种花费增加意味着使用更多、更贵的保健和治疗服务，也即期望值的不断增加。再次，政治民主化进程的推进也会增加改革的动力。在一个高度集权的国家，民众通常会接受政府依据财政计划所提供的卫生保健服务。而政治公开的时候，活跃、自利的公民很少会满意这样的安排。而且，政治领袖在竞选或者就职之时往往会被期望和要求就这些公众关心的问题做出反应和承诺，通过改革来满足公众的需求。[①]因此，在党中央和国务院的高度重视下，城镇居民基本医疗保险制度试点和探索成为完善医疗保险制度改革的重中之重。增强国家竞争能力，也需要地方政府抛弃社会保障制度建设中的工具理性和短视行为，大力发展社会保障，以促进劳动者的人力资本投资。新社会风险的出现，需要地方政府关注并重视居民的社会保障服务需求，创新社会保障的政策范式[②]，逐步将城镇居民也纳入制度保障的范围之中。

如何解释城镇居保政策的制度变迁发生以及政策方案的制定过程，议程设置理论为我们提供了一个良好的理论工具与视角。伊肯伯里（Ikenberry）把制度主义分析的基本前提确定为：第一，制度结构制约着个人或集体的取向及影响力。其中，制度结构包括组织的特征、决策者行为及界定决策者之间相互关系的规则和规范。第二，制度变化不是持续性地、部分地发生，而是非间断地（episodic）发生。制度结构一经形成，即使原先的环境条件发生了很大的变化，也不大容易发生变化。导致这种制度的持续性原因有很多，也许是因为在原先的制度结构下受益的集团不愿意放弃特权，也许是因为人们对已经习惯了的规范或价值体系不太愿意改变的心理原因所致。当这种制度持续性遇到某种危机情况的时候，就很有可能发生变化。所谓危机情况，就是用原先的制度框架无法解决所遇到的问题的情况。如果遇到原先的制度无法承受的某种重大危机，政府就不得不去寻求新的制度。第三，为了理解制度的形成，就必须去考虑历史脉络。过去是如何做出政治和政策上的选择，就决定其后形成具有何种特征的制度。不管哪一个国家，制约其决策的制度结构均源于各自的历史经验。[③]

在众多的公共问题中，什么样的问题成为公共政策问题并设定为政策议题，是所

[①] Marc J. Roberts, William Hsiao, Peter Berman, Michael R. Reich.通向正确的卫生改革之路——提高卫生改革绩效和公平性的指南[M].任明辉，主译.北京：北京大学医学出版社，2010：13-21.
[②] 彭宅文.社会保障与社会公平：地方政府治理的视角[J].中国人民大学学报，2009（2）：12-17.
[③] 吴锡泓，金荣枰.政策学的主要理论[M].上海：复旦大学出版社，2005：61.

有研究公共政策和政策制定决策者应该重点关注的问题。金登的"政策之窗"理论为我们系统地理解在政策过程中政策议题的设定提供了一个成熟的分析框架。他认为政策决策过程中存在3条不同的政策溪流，即问题流、政治流和政策流。公共政策议题的设立和出台正是这3条主线相互作用、相互交织的结果。当3条源流汇合时，"政策之窗"便可能形成。其中，因政治主线而打开"政策之窗"的情况最多。政权交替、议会中政党议席的变化、价值观念的转变以及国民舆论的变化均可能使得处于政策核心的人们注意到新的问题而打开"政策之窗"。在美国，关于国家医疗保险的政策方案在政策议程中心已经经历了近半个世纪，对此的讨论和基础材料非常丰富。但这些项目是在新政府和国民情绪的变化等而打开"政策之窗"时，才能成为政府议题。[①]这对于研究我国医疗保险制度改革的政策设置乃至整个新医改的政策进程均具有十分重要的理论价值。

作为政策过程第一个阶段的政策议题的选定，是指政府在众多的社会问题中优先选择某一个问题为政策问题（政策议题）的过程。科布（Cobb）和埃尔德（Eldar）的政策议题选定理论为我们进一步了解政策议题选定提供了深入的分析框架。在《美国政策参与者：议题选题的动态过程》一书中，他们主张扩大在政策议题选定中的大众参与。认为在民主国家，对决策参与不应该仅停留在单纯的选拔出政策精英，还应该扩大到政府选定和决定政策议题的过程。[②]他们考察了既有政治体制在政策议题选定过程中的特征，总结出4条规律：一是在社会各阶层中，对政治体制的影响力和通道没有得到公平的分配，因而，政治体制偏向特定阶层而运行；二是政治体制所要考虑的问题和决策方案的范围具有局限性；三是存在于政治体制中的惰性使原来占统治地位的问题和方案难以得到更换；四是之前决策的状况和过程在政治体制的议题选定和方案选择方面发挥决定性的影响。

根据对既有政治体制在政策议题选择过程中的作用，科布和埃尔德提出了一般大众和弱小集团的要求如何能够成为决策者感兴趣的对象的方法，让一般大众和弱势集团的问题成为合法性政治争论的议题。他们认为解决问题的关键在于两种类型的政治议题，即体制议题和制度议题。

体制议题是指政治共同体的大部分成员都关心并希望由政府解决的社会问题或议题。衡量一项政策议题是否成为体制议题的标准有3个方面：一是多数人认识到这一问题；二是多数人之间形成关于政府为这一问题有必要采取某种措施的认同；三是多数人认为解决这一问题是属于合法政府之权限范围内的。这种体制议题可以称为公共议题。

制度议题是指有决策权的决策者明确表示积极而慎重的要解决的项目，区别于那

---

① 吴锡泓，金荣枰.政策学的主要理论［M］.上海：复旦大学出版社，2005：340.
② 吴锡泓，金荣枰.政策学的主要理论［M］.上海：复旦大学出版社，2005：330-334.

些决策者表面上承认要解决但目的在于蒙混有关当事者的意见,而不是真正解决问题的所谓议事议题项目。值得注意的是,制度议题并不一定会转化为解决问题的方案,即使某一问题已经成为制度议题之后,也有不少延缓数年才采取措施的情况。因此,体制议题和制度议题之间最大的区别就在于:体制议题所包括的只是那些在认清问题层次上的一般性项目,而制度议题则更为具体,且在项目数量上非常有限。一般群体或弱势群体要将自己的问题转化为制度议题的最好办法就是采取扩散议题的战略,因为科布和埃尔德确信,一般公众和弱小阶层的议题只有在它扩展到更广泛的公众那里的时候,才有可能成为体制议题。这种战略包括议题界定、议题象征和大众媒体的功能。

首先,一个议题能否成为体制议题,该议题的界定方式起着至关重要的作用,需要较好地把握议题冲突的范围、强度和可见度3个方面的要素特征。为了尽可能地扩散议题的冲突范围和提高议题冲突的可见度,应竭力把议题界定为内容模糊、很严重的社会问题、会产生深远的影响、非技术性的、不存在明确的先例等。

其次,使用的语言和象征对政策议题的形成也有非常重要的影响。因为语言和象征决定了这一议题的争论范围以及所吸引的公众规模。通过象征转化为带有感情色彩的议题速度越快,议题的可见度也就越高。

再次,大众媒体可以提高某种议题的显示性,并引发大众对这些议题的注意。尤其是在大众媒体追踪报道特定议题的情况下,关心该议题的公众规模将会急速扩大。现代社会,随着民主意识的不断传播和深入人心,对特定议题持续关心的公众将成为决策者无法回避的压力。因此,如果能够深入地发现并总结某项政策的演进路径及其变化规律,就可以很好地理解为什么一项政策被纳入议事日程并最终实现了制度突破和政策出台。

扩散议题战略见图3-2。

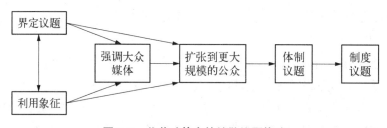

图3-2 公共政策中的扩散议题战略

就城镇居民基本医疗保险政策的政策改革而言,首先面对的就是建立独立的政策还是继续保持原有政策体系的问题,位于官僚制体系顶层的官员有没有完善城镇居民基本医疗保险政策的意愿是决定是否进行改革的关键因素。在此过程中,关于新医改的讨论和新医改的意见征求和方案制度无疑发挥了关键的作用。

在我国"医疗体制改革基本上是失败"的结论和"看病难、看病贵"问题成为社会公众热议的话题之时，医疗保险制度的缺失也逐渐成为各方关注的焦点和造成当前改革失败和困境的主要象征。在媒体对于新医改的广泛报道和解读下，对于是否建立全民医疗保障以及采取什么方式建立医疗保障的讨论逐步扩展到更大规模的公众讨论范围。

由于没有完善的医疗保险制度，因此，居民直接置身于疾病风险之下。医疗保险制度的碎片化的不公平性，导致不同社会群体之间承担医疗风险的能力相差悬殊。由于城镇居民基本医疗保险政策的缺失，包括城镇非就业人员、非公有制经济组织就业人员以及在校学生等弱势群体的疾病风险承受能力更为薄弱。关于建立城镇居民基本医疗保险的政策议题逐渐细化为如何完善医疗保险的制度议题，并最终引起了政府决策层的注意和重视。

第三节　城镇居民基本医疗保险制度变迁的总体特征

多年来，在我国医疗保险制度改革和发展的历程中，政府在医疗保障中的角色经历了一个先退出后又进入的过程。在城镇职工医疗保险改革以后的很长时间，大多数城乡居民失去了传统的单位或集体提供的医疗保障，而社会化的医疗保险的政策安排又没有及时到位，直到近年来随着科学发展观与建设和谐社会目标的提出，政府又重新进入了为国民提供医疗保障的角色。

在回顾了我国医疗保险制度变迁的历史进程和阐释了城镇居民基本医疗保险政策变迁的原因之后，我们不难发现，城镇居民基本医疗保险政策改革具有我国许多领域政策改革的共同特征。笔者认为，我国城镇居民基本医疗保险政策是一场渐进式的改革，具有自上而下与自下而上结合、强制性与诱致性变迁相结合、从应急性到系统性的改革特征。

一、渐进式的城镇居保改革特征

林毅夫（1994）将中国的改革方式和所走的道路总结为渐进式的或进化式的，其特征包括做大蛋糕、增量改革、实验推广和非激进改革。[1] 笔者认为，这种对中国改革模式的解释框架适用于大多数领域的中国改革，是我国进行各项事业改革的一般经验和根本逻辑。对于我国城镇居民基本医疗保险政策乃至整个医疗保险制度的改革而言，最为

---

[1] 林毅夫，蔡昉，李周.中国的奇迹：发展战略与经济改革［M］.上海：上海人民出版社，2009：265-271.

显著的特征也显示为渐进改革。

首先,我国医疗保险制度的变革从一开始就是作为国企体制改革的配套机制而建立的,率先建立的城镇职工医疗保险不仅肩负着为城镇职工的健康保驾护航的制度作用,其背后的核心目标更在于通过成功的国有企业转型来实现经济的稳定增长和政府财政收入的增加。只有做大了政府财政的"蛋糕",政府主导的全民医疗保险才有可能真正实现。而将城镇居民纳入医疗保险制度中,扩大覆盖面,也成为制度建设的重要目标,其背后的逻辑主要是基于医疗保险的"大数法则",期望通过扩大城镇居保的覆盖面来进行筹资,做大城镇居保风险分担的"基金库"与"风险池"。

其次,城镇居民基本医疗保险政策的建立是一项具有显著帕累托改进的增量改革。在我国先后完成了城镇职工和新型农村合作医疗制度的建设之后,城镇居民的医疗保险成为我国社会医疗保险的短板。通过制度将城镇非从业居民、老人、儿童以及大中专院校学生的医疗保险覆盖起来,不仅能够为社会和谐稳定创造更好的环境和条件,为经济发展奠定社会基础,而且可以补充我国社会经济发展所需要的人力资源,缓解由于被动应对人口老龄化所带来的医疗压力和政策风险。

再次,我国的城镇居民基本医疗保险采用典型的政策试点的方式来改革。在全国范围内全面推行某项新政策之前,可以先考虑在少数城市或地区进行试验,以发现政策执行上的难点以及政策在逻辑上的缺陷。①从政策试点的范围来看,从2007年在部分城市小范围试点,到2008年扩展到300多个城市,再到2009年起在全国范围内推开。从政策改革的内容来看,城镇居保先从住院和大病保障为主,通过各地进行城镇居保门诊统筹的试点,再逐步扩大门诊统筹。先进行大病医疗保险的探索,再将大病保险纳入保障范围。在医保支付方式改革方面,先要求部分医保先进地区进行探索,再通过人力资源和社会保障部的指导性文件加以引导。这是一种先在小范围内进行探索,在各地取得成果进行总结的基础上加以推广,由点及面不断总结和观察,最终不断地完善和发展改革的路径。

这种改革方式的最大优点在于尽可能地减少了改革的政策风险。由于任何一项政策改革在执行之前都可能遇到信息不足的问题,因而执行的结果也会有很大的不确定性,对于医疗保险领域而言,尤为如此。虽然我国已经在构建城镇职工和新型农村合作医疗制度的过程中积累了部分经验,但城镇居民医保制度还存在一些与两项制度不尽相同的特征。因此,以局部实验性的方式来进行改革可以把试错的成本分散化,这和我国城镇职工制度构建之前的"两江"试点、新型农村合作医疗在部分省市先期探索具有异曲同工之处。总而言之,城镇居民基本医疗保险政策的建立、完善和平稳发展,其中的一个重要保障是采取了一条代价小、风险小、能及时带来收益的渐进改革之路。

---

① Marc J. Roberts, William Hsiao, Peter Berman, Michael R. Reich.通向正确的卫生改革之路——提高卫生改革绩效和公平性的指南[M].任明辉,主译.北京:北京大学医学出版社,2010:37-38.

二、自上而下与自下而上结合的城镇居保改革特征

在公共政策执行研究理论发展的过程中,逐渐形成了自上而下、自下而上以及将两者综合的研究和分析范式。其中,自上而下的政策执行模式将政策执行过程理解为政策的"输入"过程,政策被看作从决策层导入社会或被执行的。一方面,政策目标对于共同体而言是共同理解和认可的;另一方面,政策如何转换为政策执行的环节和制度规则也是非常清楚和严格的。这一分析范式体现了政治与行政的二分原则,将既定的政策目标作为研究的出发点,关注政策目标的实现程度,突出中央政府在政策执行中的地位和作用。在自上而下的政策模式中,中央政府在政策制定过程中的作用以及对政策执行机构施加控制的力度,很大程度地决定了政策执行的成败。

在自下而上的政策执行模式中,既定的政策目标和最终的政策结果之间并不存在必然的因果联系。基层的政策执行主体在目标模糊或者不存在的前提下进行政策的实验和探索,具有很强的自由裁量权和实证性经验,对政策执行过程及其结果能够发挥实质性的影响。因此,政策执行和政策制定不能截然分开,而被视作一种政策重新制定的过程。在自下而上的政策执行过程中,对基层政策执行主体和目标群体的动机及其行为的互动关系分析,能够更好地理解政策执行过程和提供解决政策问题的策略。

无论是自上而下的分析模式还是自下而上的分析模式,两种途径均存在着不可避免的缺陷。著名公共政策学家赫杰恩(Hjern)、萨巴蒂尔、施罗德(Schroeder)均对两种研究范式做出了批评。以上两种分析模式的优缺点使得将两者研究结合的综合分析范式成为晚近政策执行分析研究的主流。自上而下与自下而上相结合的政策研究途径采取了较为全面的分析视角来看待政策执行过程,将政策制定和政策执行过程融合在一起进行系统分析,从而避免了单一模式存在的明显缺陷,既考虑了上层决策者对于政策执行过程的重要影响,也分析了基层政策执行者所拥有的自由裁量权及其相互行为关系对政策结果的影响。[①]

两种政策执行模式的比较见表3-8。

表3-8 自上而下与自下而上政策执行模式的比较

	自上而下模式	自下而上模式
政策性质	输入	输出
政策规则框架	严格	灵活
回应性	从属于立法过程	适应顾客/委托人/被管制者的需要

---

① 丁煌,定明捷.国外政策执行理论前沿评述[J].公共行政评论,2010(2):119-148.

（续表）

	自上而下模式	自下而上模式
政策目标	共同理解和认可的目标	不明确或者不存在
政策制定与政策执行关系	两者明确分开或二分法	政策执行过程是政策重新制定的过程，两者难以分开
政策执行的焦点	环境、资源与执行结构及控制	以行动为中心的关系互动
政策执行效果	以政策目标的实现程度作为标准评价执行的效果	缺乏明确的执行效果评价标准
以因果关系为基础的理论	明确的	很少暗示或不存在
研究方法	规范性强	经验实证性强

资料来源：根据赵德余《公共政策：共同体、过程与工具》一书整理而成

结合公共政策执行的有关理论，我们不难发现，我国城镇居民基本医疗保险政策具有自上而下和自下而上相结合的特征。一方面，最初的政策试点是由中央政府颁布政策指导文件而启动的。国务院《关于开展城镇居民基本医疗保险试点的指导意见》（国发〔2007〕20号）标志着自上而下政策执行的开始。在该指导意见中，中央政府对于城镇居保政策试点的目标和原则、参保的范围和筹资水平、组织管理和服务提供、政策的配套措施和相关改革均进行了规范。各地方政府需要按照中央的指导意见进行政策的试点并达到既定的政策目标。

另一方面，在改革的试点文件中，对于各地的试点，中央政府又留下了很大的自由裁量空间。除了对最低的人均补助标准和中央政府自身承担的补助标准明确界定之外，对于筹资水平、医保费用的支付、组织管理的部门等均没有明确的标准，鼓励各地结合当地的政策环境和条件自下而上地进行灵活的政策实验和探索，并及时地将试点过程中的新情况、新问题和解决办法的新经验向中央相关职能部委汇报。

此外，在对国内的政策执行逻辑的研究中，周雪光等（2010）提出了国家逻辑、科层制逻辑等多重制度变迁逻辑，认为在自上而下的立法和实施过程中，中央政府是一个重要的驱动力量。在制度变迁的政策过程中，中央政府或相关职能部委通过发布政策方案和文件的方式来设置和确定改革的基本目标和内容框架。各级地方政府根据中央和部委的政策方案和指令制定相应的试点配套政策，细化政策执行步骤并加以实施。在财政分权的体制下，中央和各级地方政府的关系体现为有着多重目标和不同利益。改革的过程是各级政府、各部门间多种利益间的平衡、妥协和达成一致的过程，更多地体现为渐进改革的特征。

"因此，国家政策的决定和推行是在各个部门间的相互作用和制约下实现的。在科层制逻辑下，国家政策是通过各级政府的科层组织体系加以贯彻落实的。虽然这些政府

行为各异，但它们背后遵循着稳定存在的科层制逻辑。地方官员面临着由自上而下的多方政策和行政指令所构成的任务环境，必须在日常工作中加以执行和应对。科层制的逻辑致使基层官员极力完成上级交代的任务，以期有利于自己职业生涯的晋升或者不被淘汰。"①在我国城镇居民基本医疗保险政策变迁的过程中，这种国家逻辑和科层制逻辑演化的路径也是十分清晰的。在国家逻辑下，中央政府在发布建立制度的指导意见后，只是成了一个由人力资源和社会保障部、卫生部、财政部等相关部委组成的部际联席会议领导小组，来主导政策的试点，各个部门在配合试点的政策过程中无疑具有各自的部门利益和诉求。而在科层制的管理模式下，省级人民政府被要求根据中央的指导意见"规定的试点目标和任务、基本政策和工作步骤，统筹规划，积极稳妥地推进本行政区域的试点工作。试点城市要在充分调研、周密测算、多方论证的基础上，制订试点实施方案并精心组织实施。已经先行开展基本医疗保险工作的城市，要及时总结经验，完善制度，进一步探索更加符合实际的基本医疗保险的体制和机制"。②可见，各级政府在改革中承担了一定的职能和责任，下级政府所需要做的只是执行上级下达的试点任务。

三、强制性与诱致性变迁相结合的城镇居保改革特征

关于制度变迁的理论分类，林毅夫（1989）"运用经典的'需求-供给'理论框架，将其分为诱致性变迁和强制性变迁两种。前者是指一群人在响应由于制度不均衡引致的机会时所进行的自发性变迁；后者是由政府法令引致的变迁"。③杨瑞龙也认为："制度变迁大致上可区分为需求诱致型与供给主导型两种方式。我国目前所选择的是一种政府供给主导型制度变迁方式。"④黄少安则强调了制度变迁主体的重要性。认为制度的设定和变迁不可能发生在单一主体的社会里，社会中不同利益主体都会参与制度变迁的，只是他们对制度变迁的支持程度不同。根据支持程度的不同，可区分出"主角"和"配角"。但是，这些主体在制度变迁中也会发生角色的转换，而且角色转换是可逆的。在此基础上，他提出了制度变迁主体角色转换假说来阐释中国的经济体制变迁。⑤

从理论分析来看，在制度变迁的过程中，由于靠自发的诱致性制度变迁存在较高的交易费用，且存在"搭便车"问题，导致提供的新制度安排的供给大大少于最佳供给，因此，就需要政府采取行动来弥补制度供给不足，从而产生强制性制度变迁。但由于受到多种因素的影响，如意识形态刚性、集团利益冲突以及社会科学知识的局限性等，政府又不一定能够建立起最有效的制度安排。因此，两种制度变迁方式应并存

---

① 周雪光，艾云.多重逻辑下的制度变迁：一个分析框架［J］.中国社会科学，2010（2）：138-150.
② 关于开展城镇居民基本医疗保险试点的指导意见［EB/OL］.http://www.gov.cn/zwgk/2007-07/24/content_695118.htm.
③ R.科斯，A.阿尔钦，D.诺斯，等.财产权利与制度变迁——产权学派与新制度经济学派译文集［M］.上海：上海人民出版社，2005：18-38.
④ 杨瑞龙.论我国制度变迁方式与制度选择目标的冲突及其协调［J］.经济研究，1994（5）：40-49.
⑤ 黄少安.制度变迁主体角色转换假说及其对中国制度变革的解释［J］.经济研究，1999（1）：70.

互补。①我国城镇居民基本医疗保险政策变迁具有显著的强制性与诱致性变迁相结合的特征。

从强制性变迁的视角来看，在制度建设之初，中央政府承担了政策变迁的主要推动者的角色。作为制度的主要供给主体，其责任主要体现在政府根据财政收入与政治支持最大化原则决定制度供给：（1）根据既定目标和约束条件，同时在可能的限度内考虑非政府主体对制度创新的需求，规划体制改革，包括确定改革的方向、原则、形式、步骤、突破等；（2）根据总体改革方案，制定参加医疗保险的规则或条件，建立一套新的行为约束机制；（3）在制度供给不足的条件下，对制度创新的需求方实行进入许可制，即政府给予若干有代表性的单位某些特殊的政策，进行改革试点，取得经验后再加以推广，以保持改革过程的可控性；（4）统一观念，即建立一套可为大多数人接受的意识形态，减小新规则实施中的阻力，以降低交易费用。②在城镇居保制度建立的过程中，中央政府除了明确改革的方向、原则、形式和步骤之外，还以通过提供财政补贴的方式对居民参保进行激励。将制度人群定位为城镇非就业人群，对城镇居民的医保需求进行回应，并要求有条件的省份选择2～3个城市进行试点，2007年国家共选择79个首批试点城市进行试点。从诱致性制度变迁的视角来看，主要体现在对于参保对象参保条件没有做强制性规定，只是规定符合政策的城镇居民均可自愿参加城镇居民基本医疗保险。

四、从应急性到系统性改革的特征

由于我国的社会转型具有后发现代化特点，它在体制转型过程中又遇到了全球化，因此，我国社会转型所遇到的压力是巨大的。由于时间的压缩，西方国家在长时间中遇到的问题集中地摆在我们面前，这就使得我们要对那些突如其来的问题做应急性应对。③当前，一些应对突发事件的社会政策制定呈现"突发事件爆发—公共舆论广泛关注—政府及时回应—社会政策快速制定出台"的路径。④这是政府为了适应外部环境变化，提高突发事件应对的有效性而做出的必然选择。例如，2003年突如其来的"非典"直接催生了《突发公共卫生事件应急条例》和新型农村合作医疗保险制度的快速出台。

应对突发事件的社会政策制定对我国当前社会政策制定实践有积极影响。一方面，可以迅速应对和解决当前急迫的社会问题，并在政府快速回应和解决问题的过程中提升政府的形象与合法性；另一方面，可以运用突发性事件带来的政策契机，启动社会政策"窗口"，进行政策制定和创新。但是从公共政策科学的视角来看，政策的制定是一个具

---

① 史晋川，沈国兵.论制度变迁理论与制度变迁方式划分标准［J］.经济学家，2002（1）：41-46.
② 杨瑞龙.论制度供给［J］.经济研究，1993（8）：45-52.
③ 王思斌.改革中弱势群体的政策支持［J］.北京大学学报（哲学社会科学版），2003（11）：83-90.
④ 韩丽丽.应对突发事件的社会政策制定及其优化［J］.中州学刊，2010（3）：127-131.

有严格规范的问题论证及方案选择的过程，出于应付紧急事态而仓促做出的政策决定很可能具有局限性。一是由于政策出台的时间紧迫，可能导致政策出台的形式和环节存在缺陷，从而影响其合法性；二是由于政策调研的时间不充分而造成政策只能解燃眉之急，治标却不治本，政策的时效性较短；三是政策的科学性和系统性无法保障，从而可能造成政策的后期执行困难。因此，社会政策的制定和出台需要在已有政策的经验和教训的基础上，尽量把握好政策制定的空间和出台的时机，做到从应急性政策向系统性政策的转变。

城镇居民基本医疗保险政策的制定较好地体现了从应急性政策向系统性政策转型的特征。一方面，政策的出台不是应急性地将制度覆盖"一步到位"，而是选择了渐进的方式，制度的指导意见明确用3年的时间，通过部分城市试点、扩大试点范围再到全面推广"三步走"。此外，由于涉及福利的社会保障政策均具有福利刚性，我国城镇居民基本医疗保险在制度出台之初就明确了坚持低水平起步的原则，要求各地根据经济发展水平与各方面的承受能力，合理确定筹资水平和保障标准。另一方面，对于政策保障的范围也突出了重点保障城镇非从业居民的大病医疗需求，逐步提高保障水平的原则，先保障大病、重病，再逐步扩展到门诊统筹。①在参保对象方面，没有强制性地要求所有符合制度的对象均参保，而是采取自愿参保的方式。从系统性的角度来看，城镇居民基本医疗保险政策的改革注重了与医药卫生服务体制其他方面相配套的改革协调的问题，如与加快城市社区卫生服务体系的建设联动、探索实行参保居民分级医疗等。在确定居民医疗保险服务范围时，结合国家基本药物目录制度的改革来进行。城镇居民基本医疗保险用药范围在国家和省（区、市）《基本医疗保险和工伤保险药品目录》的基础上，进行适当调整、合理确定。

从宏观角度来看，我国医疗保障制度尤其是城镇居民基本医疗保险政策的建设和发展在改革策略上也存在着初期被动、后期又过急的失误。例如，在医疗保障制度改革的第一阶段，中央政府虽然也颁布了一些关于城镇职工、下岗企业职工医保等法规性文件，但整体而言，依然是企业、地方政府、行业自行对传统保障制度进行修补的渐进改革，不同地方、不同行业乃至不同企业的做法差异极大，显示了国家在医疗保障改革中处于被动地位。

进入第二阶段后，中央政府大力介入医疗保障领域的改革，其主要表现是中央政府陆续制定了有关城镇职工、新型农村合作医疗以及城镇居民基本医疗保险三大主体制度为基础的基本医疗保险体系，并直接出面主持部分地区的医疗保险试点改革，自上而下地推进改革。但是，就城镇居民基本医疗保险政策的扩面而言，又采取了急于求成的改革推进方式。例如，在关于城镇居保制度覆盖率的问题上，为了实现新医改的"全民

---

① 国务院关于开展城镇居民基本医疗保险试点的指导意见［EB/OL］.http://www.gov.cn/zwgk/2007-07/24/content_695118.htm.

医保"目标，对城镇居保的覆盖率目标要求在3年内扩展到全国所有城市并达到95%的参保率。在城镇居民基本医疗筹资的政府补助上，中央政府要求从2007年的人均40元，猛增到2012年的人均240元，使得地方政府尤其是落后地区的政府承担了较大的财政压力。此外，在改革策略上，医疗保险制度改革单兵推进，在公立医院改革滞后以及合理的医疗服务体系、医药流通体制未能理顺的情况下，医保制度改革的效果大打折扣，出现了医保费用投入增长而群众的看病负担依然未能有效缓解的局面。

进入第三阶段后，在改革的权责上存在着模糊的失误。中央政府和地方政府在城镇居保改革中的关系不够明确。在具体的改革中，一方面，中央政府统一管理着改革的进程，但又要求各地方政府探索符合本地经济社会发展与实际情况的城镇居保制度。在责任划分不清的情况下，中央政府虽然在"新医改"期间开始就医疗保险尤其是城镇居民基本医疗保险的财政补助资金有所明确，但地方政府财政补助这一部分由于各地的财政承受能力不一，在补助标准迅速增长的情况下很可能造成欠发达地区地方政府补助资金不能真正到位。而主管部门对于地方政府就城镇居保资金的出资、管理和监督也很乏力。另一方面，地方政府并没有主动建立城镇居民基本医疗改革的强烈意愿。尤其是在那些财政薄弱的地区，大量的地方政府财政配套补助让地方政府在感受到压力的同时，又未能将城镇居保制度的建设纳入政绩考核的标准。除了少数被中央重点关注的试点城市以外，其他地方政府实质上缺少对于改革的动力。此外，在城镇居民基本医疗改革中，政府和居民各自承担着怎样的责任和边界也不是很清晰。现实中，政府不是包揽过多（对于筹资部分政府补助过多），就是限制过紧（如在社区卫生服务发展不够完善的地区强制社区首诊、定点就医）。这些问题都是在完善城镇居民基本医疗保险制度中需要进一步克服和避免的问题。

第四章

我国城镇居民基本医疗保险政策的政策运行分析

我国城镇居民基本医疗保险政策自2007年开始试点与实施以来，得到了国内外学者的高度关注，许多学者通过理论分析、试点城市调查、数据统计分析、干预性社会试验等方式对城镇居民基本医疗保险的制度模式、筹资机制、保障水平、管理体制等方面进行了探索性的研究。研究领域主要集中在城镇居民基本医疗保险政策的重要性与必要性、筹资水平与保障水平、对居民就医行为以及医疗负担的影响、制度的逆向选择与道德风险、制度的缺陷与完善对策、制度相关配套机制等方面。但从公共政策理论分析视角而言，目前多数研究存在重视城镇居民基本医疗保险的制度形式，而忽视制度目标实现的问题。

目前，学界虽然对城镇居保制度的运行状况进行了一些相关方面的考察和分析，但针对我国居民医疗保险制度目标实现程度的研究却相对匮乏。各地在政策实践中，对制度筹资水平和保障水平往往是随机决策，都不同程度地存在着一定的政策执行偏差和走样等问题。上述问题的根源在于缺乏对我国城镇居民基本医疗保险政策核心目标的系统性及其在政策执行中的细化、运行和困境等针对性研究。本书认为，围绕我国城镇居民基本医疗保险政策的三大目标，从实践操作的角度分析，理论界和政府部门迫切需要研究以下三大核心问题：（1）我国城镇居民基本医疗保险政策的核心政策目标是什么？（2）城镇居民基本医疗保险试点城市的政策运行情况如何？制度目标在各地的政策实验中是如何被细化、分解和执行的？在多大程度上实现了城镇居保的政策目标？（3）城镇居民基本医疗保险政策试点城市中存在的典型问题有哪些？试点城市城镇居保制度面临哪些政策困境？这三个方面的问题是直接关系我国城镇居民基本医疗保险政策能否存续的关键因素。因此，迫切需要对制度目标及其运行现状进行系统研究，总结出政策试点中存在的问题，以期为完善我国城镇居民基本医疗保险政策找到政策方向和决策证据。

第一节 我国城镇居民基本医疗保险政策的核心政策目标与执行情况

自从2007年国务院发布《关于开展城镇居民基本医疗保险试点的指导意见》，宣布正式启动城镇居民基本医疗保险政策起，关于全面建立城镇居民基本医疗保险政策的目标就已经明确了："2007年在有条件的省份选择2至3个城市启动试点，2008年扩大试点，争取2009年试点城市达到80%以上，2010年在全国全面推开，逐步覆盖全体城镇非从业居民。要通过试点，探索和完善城镇居民基本医疗保险的政策体系，形成合理的筹资机制、健全的管理体制和规范的运行机制，逐步建立以大病统筹为主的城镇居民基本医疗保险制度。"[①]

一、我国城镇居民基本医疗保险政策的政策目标

在新医改背景下，国家对于实现"全民医保"高度重视。在各级政府的共同努力下，城镇居民基本医疗保险制度进展非常迅速。根据政策试点的进展情况，城镇居保制度的目标在发布后5年内发生了一些变化。在合理性的研究方法中，政策目标被理解为既定的，也就是说，政策是合理地追求一定目标的行为。但斯通（Stone）认为，在政策过程中的目标往往带有模糊性并具有多种功能，如公平性、效率性、安全性、可持续性等。这些都只不过是在政策过程中不断地重新解释并重新构建成的概念而已。所以，这些政策目标的概念在政策问题上并不是起到唯一提供标准答案的作用，而是履行着为具体的矛盾和冲突提供讨论平台的功能。[②]因此，只有在深入地分析每一次政策文本的变化过程，在制度本身界定的政策期望中，才可以更清晰地发现政策目标的转变及其从模糊到清晰的过程。

就城镇居民基本医疗保险政策的政策目标而言，政策试点的经验探索本质上也期望在实现城镇居保的公平性、有效性和可持续性之间找一个合适的均衡点。因而，不同时期的政策着力点有所不同，但政策的核心目标基本上是逐渐清晰和稳定的。从总体上看，城镇居民基本医疗保险政策的核心政策目标可概括为：（1）保障居民的疾病风险，实现居民"疾病风险共担"；（2）提高城镇居保制度的公平性，解决居民"因病致贫、因病返贫"问题；（3）提高居民医保资金的使用效率，引导居民进行合理医疗。

具体来看，首先需要解决的是城镇居民基本医疗保险政策目标对象的问题。按照公共政策过程理论的逻辑，"制定任何一项社会福利政策，尤其是社会救助，首先必须

---

① 国务院关于开展城镇居民基本医疗保险试点的指导意见［EB/OL］.http://www.gov.cn/zwgk/2007-07/24/content_695118.htm.
② 吴锡泓，金荣枰.政策学的主要理论［M］.上海：复旦大学出版社，2005：49.

解决一个基本问题：谁将获得这种福利？这就是社会政策中所谓的'目标定位'，即受益者资格认定的问题"。[①]"目标定位工作的重要性在于它能够使有限的社会救助资源真正流向那些需要救助的人群之中。"[②] 从国家层面关于城镇居保政策的推进来看，制度的目标人群在逐渐扩大，且每年均重点解决了部分特定人群的参保问题。例如，最初城镇居保参保对象一般以户籍为标准，是针对城市中非就业人群来界定的，非城市户籍人口不能参加城镇居保。2008年重点将大学生也纳入参保人群范围。2010年明确规定不能以户籍为障碍，限制符合条件的灵活就业人员、农民工等流动就业人员参保，并且将2012年制度扩面的工作放在农民工、非公经济就业人员以及学生等群体。由此可见，政策目标群体的发展经过了从局限到放开的过程。

其次，需要解决的是政策目标的界定和细化问题。城镇居保试点的政策目标定位主要包括制度的覆盖面、筹资水平、保障内容、保障水平等方面。从制度的覆盖面来看，试点采取渐进推广的方式，先在各省选择1～2个城市参与。基于各试点地区推进比较顺利的情况，原定于2010年全面推进的目标于2009年已提前实现。关于城镇居保覆盖率的规定也由模糊到清晰，从2008年起便有明确的指标规定，试点城市覆盖率达到50%左右的标准，到2012年要求达到并稳定在95%。

从筹资标准来看，中央政府给予了地方政府更多的自由裁量权。除了要求各试点城市根据当地经济发展水平与不同人群的基本医疗需求制订外，基本没有对各地方就居民参保自我筹资部分做强制性的规定。中央政府对于各级政府就城镇居保的财政补贴规定则明确得多。从制度试点之初人均每人每年不得低于40元的标准，增加到2012年的人均每人每年240元，增长了5倍之多。中央政府除了明确自身对于中西部地区以及低保、残疾人等困难群体的补助标准之外，也考虑了各地财政不均衡的状况。允许财政困难的城市将补助提高的部分分两年到位，并要求各省级财政切实负起责任，加大对贫困县市的转移支付力度。

从保障内容和保障水平来看，城镇居保保障内容最初定位于保障居民的住院和大病门诊，在此基础上逐渐探索和扩展到门诊统筹。2009年开始明确要求各地开展门诊统筹，并将生育医疗费用纳入城镇居保。在保障水平方面，城镇居保坚持低水平起步的原则，试点初期要求各地根据"低水平、广覆盖、保基本、可持续"的标准来设定保障项目、范围和基金支付比例。之后由于目标可操作性存在一定的模糊和问题，而逐步细化成可操作和考核的指标，例如，各地城镇居保基金支付限额应达到城镇居民可支配收入的6倍以上，并要求不低于6万元；对于住院所产生的医保政策范围内的费用报销比例也要达到规定比例。

最后，需要解决的是城镇居保政策的支付方式以及基金管理的问题。在城镇居保支

[①] 尼尔·吉尔伯特.社会福利的目标定位——全球发展趋势与展望[M].郑秉文，等译.北京：中国劳动社会保障出版社，2004：171.

[②] 顾昕，高梦滔.中国社会救助体系中的目标定位问题[J].学习与实践，2007(4)：5-11.

付方式方面，除了明确要求各地积极推行按病种、按人头、按总额预付等多种支付方式的改革之外，还明确要求医保管理机构要充分发挥医疗服务集中购买者的职能，探索和医疗机构、药厂就医疗费用、医药费用进行大户协商谈判，实现医保经办机构对医疗服务和药品费用的制约作用。并结合支付方式的改革探索减轻城镇居保参保个体的负担，加强对医疗机构乃至对医务人员服务行为的监管。在基金管理方面，试点之初着重对医保基金以收定支、收支平衡的管控。之后又针对城镇居保基金结余的问题要求各地结合重点探索提高城镇居保医疗支付保障水平的方法，并就严格控制医保基金支付范围、加强医保基金监督管理提出了要求。

从总体上看，中央层面对于城镇居保制度试点的目标是系统而渐进的（见表4-1）。对于制度试点各个方面的内容要求逐步由模糊到清晰，由加强控制到放松管制，由实现单一职能到追求综合目标。这体现了我国社会保障制度渐进变迁中自上而下与自下而上政策结合、从强制性变迁到诱致性变迁、从应急性政策到系统性制度发展的特征。

表4-1 我国城镇居民基本医疗保险政策的政策目标演进情况

	2007年	2008年	2009年	2010年	2011年	2012年
参保范围	中小学阶段的学生、少年儿童和其他非从业城镇居民	将大学生纳入试点范围	同上年	符合条件的灵活就业人员、农民工等流动就业人员可以选择参加，不得以户籍限制参保	做好流动人员、新入学学生、新生儿等人群参保登记工作	重点做好农民工、非公有制经济组织从业人员、灵活就业人员以及学生、学龄前儿童和新生儿参保管理工作
覆盖面	有条件省份选择2至3个城市	扩大试点城市，居民参保率力争达到50%	80%以上（注：2009年提前全面推开）新试点城市参保率力争50%以上，之前试点城市力争达到80%。三年内达到90%	全面建立城镇居保制度，城镇居保参保率达到80%，部分地区争取达到90%，大学生全部纳入城镇居保	城镇医疗保险参保率达到90%，努力做到城镇居民应保尽保	参保率达到并稳定在95%
筹资标准	根据试点当地经济水平与不同人群的基本医疗需求制订	同上年	同上年	根据经济发展、城镇居民可支配收入等情况，适当提高个人缴费水平	各统筹地区人均缴费不低于每人50元	个人缴费水平相应提高，人均筹资300元左右

（续表）

	2007年	2008年	2009年	2010年	2011年	2012年
政府补贴	试点城市不低于人均40元，中西部人均20元，低保、学生、重度残疾、低收入且满60岁以上困难人群等不低于人均60元	试点城市不低于人均80元。已试点城市财政困难的，提高补助可分为两年到位	同上年	各级财政对城镇居保补助不低于每人每年120元，中央对中西部按人均60元补助。省财政切实负责，加大对贫困县市补助	各级财政补贴不低于200元	政府对城镇居保补助提高到每人每年240元
保障内容	住院和门诊大病，有条件地区试行门诊统筹	在重点保障门诊和大病的基础上，探索普通门诊费用统筹	开展基本医疗门诊统筹，居民生育医疗费用纳入基金支付	重点解决大病重病患者群体，缩小地区间、制度间差距，体现制度公平。门诊统筹地区达到60%	同上年	加大医疗救助力度，探索建立大病保障机制
保障程度	低水平起步	坚持低水平起步原则，科学设计费用支出的项目、范围和基金支付比例	坚持低水平、广覆盖、保基本、可持续原则。服务居民，让居民受益	提高基金支付限额到居民可支配收入的6倍以上，住院政策范围内费用报销60%，二级以下医院报销70%	支付限额同上年，且不低于5万元，探索医保缴费与待遇挂钩机制	支付限额同上年，且不低于6万元。住院政策范围内费用报销达到70%，继续提高门诊统筹支付比例
支付方式	积极推行医疗费用按病种付费、按总额预付等结算方式，探索协议确定医疗费用标准	积极探索和推广按病种付费、按人头付费及总额预付等结算方式	积极探索与医疗机构、药品供应商通过协商谈判，发挥对医疗服务和药品费用的制约作用	80%以上统筹地区医保经办机构与定点医疗机构和药店直接结算	进行支付方式改革	结合支付方式改革探索对个人负担的控制办法。加强医保对医疗服务行为的监管
基金管理	以收定支、收支平衡、略有结余	探索实行城镇居保地级统筹，部分地区先行探索城乡医疗保障一体化	坚持基金收支平衡，略有结余，但应避免结余过多	严格掌握基金支付范围，强化基金监管	加强居民医保基金管理，加强医疗服务管理，提高保障绩效	坚持当年收支平衡原则，结余过多的结合实际重点，提高高额医疗费用支付水平

资料来源：根据国家新医改有关文件以及人力资源和社会保障部等相关职能部门针对城镇居保的政策文件整理

二、国家层面城镇居民基本医疗保险政策执行情况

在2007年国务院下发《关于开展城镇居民基本医疗保险政策试点的指导意见》之后，各级地方政府根据当地的实际情况进行了积极的探索。从国家层面来看，城镇居民基本医疗保险政策的进展非常迅速。自2007年下半年开始在79个城市进行政策试点，2008年试点城市扩展到317个，2009年起提前开始在所有的城市实施。城镇居民基本医疗保险的参保人数快速增长，由2007年的4 291万增加到2011年的2亿2 116万，增长了约4倍。城镇居民基本医疗保险参保率由2007年的1.64%迅猛增长到2011年的66.7%。城镇基本医保的覆盖率也由2007年的37.6%增长到2011年的68.5%。（见表4-2）

表4-2　2007—2011年城镇基本医疗保险参保情况　　　　（单位：万）

年　份	居民医保	职工医保	城镇人口数	城镇非就业人口数	城镇居保参保率	城镇基本医保覆盖率
2007年	4 291	18 020	59 379	30 029	1.64%	37.6%
2008年	11 826	19 996	60 667	30 457	38.8%	52.5%
2009年	18 210	21 937	62 186	31 066	58.6%	64.6%
2010年	19 528	23 735	66 558	—	—	65.0%
2011年	22 116	25 227	69 079	33 165	66.7%	68.5%

数据来源：人力资源和社会保障部发布的《2007—2011年度人力资源和社会保障事业发展统计公报》

此后，城镇居民医疗保险参保人员持续增加。自2016年1月12日国务院发布《国务院关于整合城乡居民基本医疗保险制度的意见》（国发〔2016〕3号）文后，全国范围内的城乡居民基本医疗保险统筹力度逐步加大，各统筹地区按照文件要求，对整合城乡居民医保工作做出了规划和部署，明确了时间表、路线图，健全工作推进和考核评价机制，严格落实责任制，确保各项政策措施落实到位。2019年，参加全国城乡居民基本医疗保险（以下简称居民医保）10亿2 483万人。其中，成年人、中小学生儿童、大学生分别为7亿6 942万人、2亿3 519万人、2 022万人，分别比上年增长16.1%、10.1%、-2.9%，分别占参保总人数的75.1%、22.9%、2.0%。[①]

如表4-3所示，从城镇居保的基金收支及其管理情况来看，基金收入由2007年的43亿元增长到2011年的594亿元，5年间增长了约13倍。基金支出由2007年的10.1亿元增长到2011年的413亿元，5年间增长了约40倍。城镇居保基金的结余率从制度试点之初的高达76.5%下降到2011年的30.5%。累计结余金额达到了497亿元的较大规

---

① 国家医疗保障局：《2019年全国医疗保障事业发展统计公报》。

模。此后,基金收支规模不断扩大。如图4-1所示,2018年,居民医保基金收入6 971亿元,支出6 277亿元,分别比上年增长23.3%、26.7%。①居民医保基金当期结存694.6亿元,累计结存4 372.3亿元。2019年,全国居民医保基金收入8 575亿元,支出8 191亿元,分别比上年增长9.3%、15.1%。2019年,居民医保基金当期结存384亿元,累计结存5 143亿元。2018年,居民医保人均筹资693元,比上年增加88元,增长14.5%;人均财政补助497元,比上年增加58元,增长13.2%。2019年,居民医保人均筹资781元,比上年增加88元,增长12.7%;人均财政补助546元,比上年增加49元,增长9.9%。②2019年城乡居民收支增速均趋缓,但由于该年度医保目录扩大、城乡居民医保整合、医保待遇提高、医保扶贫力度加大、异地就医更便捷、部分地区医保统筹层次提升等因素,导致基金支出增长相对较快。

表4-3 2007—2011年全国城镇居民基本医疗保险基金收支情况

年 份	基金收入 (亿元)	基金支出 (亿元)	当年结余率	累计结余金额 (亿元)	待遇支付享受 人次(万)
2007年	43.0	10.1	76.5%	32.9	181
2008年	155.0	64.0	58.7%	123.9	3 035
2009年	252.0	167.0	33.7%	221.0	7 383
2010年	354.0	267.0	24.6%	306.0	—
2011年	594.0	413.0	30.5%	497.0	1.4亿

资料来源:人力资源和社会保障部公布的2007—2011年度全国社会保险情况

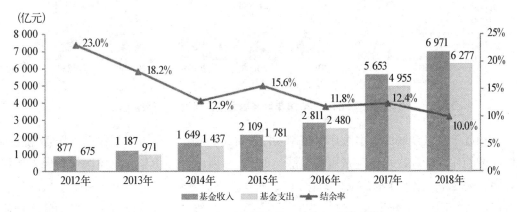

图4-1 2012—2018年城乡居民医疗保险收支情况

---

① 收支增幅较大的主要原因是新型农村合作医疗制度与城乡居民医保制度整合。
② 国家医疗保障局:《2019年全国医疗保障事业发展统计公报》。

从城镇居保的待遇情况来看，2007年，181万参保居民开始享受基本医疗保险待遇。2008年，1 115万参保城镇居民3 035万人次享受到基本医疗保险待遇。2009年，7 383万人次的城镇居保参保人员享受到基本医疗保险待遇。2010年，由城镇居民基本医疗保险基金支付的门诊大病和住院达1 214万人次，在住院医疗费用中，基金次均支付2 611元，比上年增长19.5%。城镇居民基本医疗保险享受医疗服务总人次达1.4亿。在2011年住院医疗费用中，基金次均支付2 891元，比上年增长10.7%。审计署2012年第34号公告对全国社会保障资金的审计结果显示：城镇居民基本医疗保险政策范围内的报销比例逐年提高，到2011年达到了62%。基本医疗保险的实际报销比例近年来也稳步上升。城镇居民医保和城乡居民医保实际报销比例分别由2005年的45%和23.78%，提高到2011年的52.28%和44.87%，分别增长了16.18%和88.69%。[①] 此后，城乡居民医疗保险享受待遇人次和医疗费用持续增加。如图4-2所示，2018年，居民医保参加人员共享受待遇16.2亿人次，比上年增长8.4%。居民医保人均享受门诊待遇1.7次，与上年基本持平。2018年，居民医保医疗费用10 613亿元，比上年增长20.5%；人均医疗费用1 183元，比上年增长17.2%。2019年，居民医保参加人员共享受待遇21.7亿人次，比上年增长34.0%。居民医保人均享受门诊待遇1.95次，比上年增加0.25次。2019年，居民医保医疗费用14 406亿元，比上年增长35.7%；人均医疗费用1 406元，比上年增长18.8%。[②] 在我国现有的医疗保险主体制度中，城镇居保的实际待遇居于中上水平。

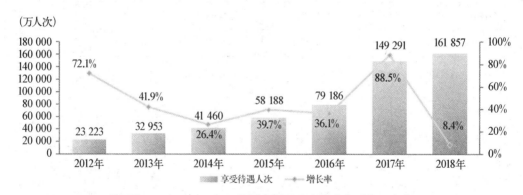

图4-2 2012—2018年城乡居民医疗保险享受待遇人次

从近年来城乡居民基本医疗保险制度的实际运行情况看，城乡居民基本医疗保险参保人员的住院率和次均住院费用均上涨。如图4-3所示，2018年，居民医保参保人员住院率为15.2%，比上年提高1.1个百分点；次均住院天数9.3天，与上年持平；次均住院费用6 577元，比上年增长7.8%，其中，在三级、二级、一级及以下医疗机构的次均住院费用分别为11 369元、5 877元、3 145元，分别比上年增长11.3%、6.1%、0.9%。

---

① 审计署发布新农合医疗和城镇居民基本医疗保险基金审计情况［EB/OL］.http://finance.people.com.cn/n/2012/0802/c153180-18654980.html.
② 国家医疗保障局：《2019年全国医疗保障事业发展统计公报》。

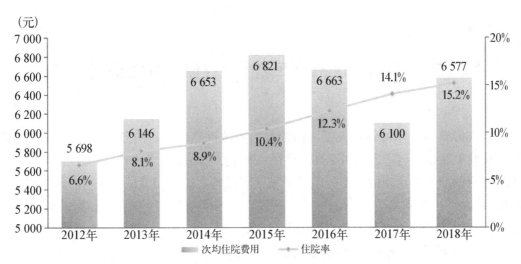

图4-3　2012—2018年城乡居民医疗保险次均住院费用和住院率

城乡居民基本医保基金实际支付比例略有上升。如表4-4所示，2018年，居民医保政策范围内住院费用基金支付65.6%；实际住院费用基金支付56.1%，比上年提高0.1个百分点；个人负担比例为43.9%，比上年降低0.1个百分点。按医疗机构等级分，2018年政策范围内住院费用基金支付分别为：三级59.3%、二级69.1%、一级及以下医疗机构76.2%，其中，二级及以下医疗机构政策范围内基金支付71.0%，比三级医疗机构支付比例高出11.7个百分点。

表4-4　2018年城乡居民基本医疗保险各级医疗机构支付比例情况　　（单位：%）

级别 \ 比例	政策范围内基金支付比例	政策范围内统筹基金支付比例	实际住院费用基金支付比例	实际住院费用统筹基金支付比例
全　国	65.6	64.7	56.1	55.3
三　级	59.3	58.5	49.0	48.3
二　级	69.1	68.0	60.6	59.7
一级及以下	76.2	75.0	68.0	66.9

2019年，医保基金实际支付比例上升。居民医保政策范围内住院费用基金支付68.8%，比上年提高3.2个百分点；实际住院费用基金支付59.7%，比上年提高3.6个百分点；个人负担比例为40.3%，比上年降低3.6个百分点。按医疗机构等级分，政策范围内住院费用基金支付分别为：三级63.6%、二级72.1%、一级及以下医疗机构77.5%，其中，二级及以下医疗机构政策范围内基金支付73.5%，比三级医疗机构支付比例高出9.9个百分点。[①]

---

① 国家医疗保障局：《2019年全国医疗保障事业发展统计公报》。

第二节 试点城市城镇居民基本医疗保险的政策运行情况

自2007年下半年城镇居民基本医疗保险政策试点以来,国务院对试点城市的城镇居保政策制定和运行进展情况高度重视,组织了由北京大学中国医药经济中心与中国医疗保险研究会承担的"国务院关于城镇居民基本医疗保险试点评估的入户调查"(URBMIS)。考虑到抽样调查的代表性和可信度,该调查通过对首批城镇居民基本医疗保险试点的79个城市进行的人均国民生产总值、全市年末人口数、人均筹资额度、上一年度人均城镇职工基本医疗保险统筹基金支出、人口密度、人均床位数、人均医生数共7个指标进行系统性、聚类分析后,选取了浙江省绍兴市、福建省厦门市、山东省淄博市、吉林省吉林市、内蒙古自治区包头市、湖南省常德市、四川省成都市、青海省西宁市、新疆维吾尔自治区乌鲁木齐市9个试点城市作为调查城市。① 本节将就9个试点城市的城镇居民基本医疗保险政策运行情况进行初步分析。第一批城镇居民基本医疗保险试点城市既包括位于东部沿海的经济发达地区的城市,又涵盖处于中部以及西部的经济欠发达和不发达地区的城市;既包括人口众多的大城市,也涵盖人口规模较小的中小城市。因此,从制度剖析和制度比较的视角,就9个试点城市的政策目标及特征、参保情况、筹资情况、医保待遇、就医管理、基金管理以及医保监管等方面进行归纳比较,可以了解我国城镇居民基本医疗保险政策的实际运行情况,为完善其他地区的城镇居保制度提供借鉴。

一、城镇居民基本医疗保险政策特征

在国务院研究和部署城镇居民基本医疗保险试点工作后,首批试点城市便陆续启动了城镇居民基本医疗保险工作。从9个试点城市城镇居保政策的出台和运行情况来看,各试点城市均根据《国务院关于开展城镇居民基本医疗保险试点的指导意见》(国发〔2007〕20号)精神,结合本省和本市的情况制定了相应的政策试行方案。

除了先于国家试点探索的厦门在2006年之外,其他城市的试行政策出台时间均集中于2007年下半年。在政策目的方面,各地秉承的是与中央一致的建立健全多层次的医疗保障体系,保障城镇居民就医需求,实现"人人享有基本医疗"的目标。部分城市(如西宁市、吉林市)还明确提出了加强社会公平和正义的政策价值理念。

政策原则主要包括3个方面:对于城镇居保基金建立的原则大多强调低水平、广覆

---

① 刘国恩,等.国务院城镇居民基本医疗保险试点调查报告[R].国务院城镇基本医疗保险试点评估专家组,北京大学光华管理学院,2008(1).

盖、可持续的原则，注重医保基金的收支平衡，强调"以收定支、收支平衡、略有结余"的管理。对于参保居民强调权利与义务对等，自愿参保，以居民缴费为主，政府适当给予补助。此外，部分城市还注重与其他医疗保险以及医疗救助制度的衔接。在统筹层次方面，部分城市明确提出了属地管理，市级统筹。但是，由于城市内部经济与社会发展程度不一，许多城市也采取了过渡式的市级统筹与县级统筹并存的方式。典型的如成都市规定："中小学生、婴幼儿参加城镇居民基本医疗保险，实行全市统筹。其他城镇居民参加城镇居民基本医疗保险，锦江区、青羊区、金牛区、武侯区、成华区及成都高新区（以下统称五城区）实行市级统筹，统一管理，统一支付；其他区（市）县实行全市统一政策、统一制度，分别管理，分别运作，逐步过渡到全市统筹。过渡期内，市上建立风险调剂储备金，采取市、区（市）县两级共同分担的办法，弥补个别区（市）县的统筹基金缺口。"也有些城市未明确基金统筹范围，不利于城镇居民基本医疗保险在更大范围内统筹和分担风险。

从保障范围来看，大多数试点城市在试点初期均只覆盖住院和大病门诊。只有部分经济水平较好的城市（如厦门市）保障范围包括普通门诊和住院。其他城市虽然会涵盖一些大病的门诊，但都以定额为主，且金额较低。从管理部门来看，大部分城市的居民医疗保险均由劳动保障部门来主管和经办，9个试点城市中唯一例外的西宁市由卫生部门主管，并与新农合的经办机构合署办公。为了顺利地将城镇居民基本医疗保险政策推行下去，对于试点过程中各个相关部门的职责，所有城市均有明确规定。

详见表4-5。

二、城镇居民基本医疗保险的政策对象及其特征

从城镇居保的政策对象来看，各个城市对于城镇居民的理解并不一致，其涵盖的范围也有大有小。所有试点城市城镇居保政策的共同特征是强调户籍，覆盖范围均限于当地的城镇户籍。除了绍兴市规定征地农民可自愿选择参加城镇居保之外，其他城市农业户籍和外地户籍的城镇人口均被排除在参保对象之外。而且经济发展水平越高，对于户籍政策的限制更为严格。例如，绍兴市明确提出异地迁入户籍未满5年不能参保，厦门市则对异地迁入不满5年的户籍人口不予财政补助，城镇居保财政补助部分须由参保者自行负担，待满5年后再享受统一政策。

在参保对象中，学龄前儿童、中小学生、老年人以及城市低保、残疾等困难人群是政策覆盖的重点对象，试点城市对于这些人群的门槛限制较少。许多城市虽然对户籍要求比较严格，但由于这部分人是城市中最为弱势的人群，其经济承受能力较差，医疗需求却较多，城镇居保政策满足了这部分人的保险需求。试点城市中绍兴市和厦门市还专门制定了未成年人医疗保障办法，来保障少年儿童的医疗需求。

值得注意的是，有些城市将非就业成年人排除在制度之外，例如，包头市未能将劳动就业年龄段的人群纳入参保范围，违背了城镇居保扩大城镇基本医疗覆盖面的制度设

表4-5 试点城市城镇居民基本医疗保险政策的特征（2007年）

城市	制订时间	政策目的	政策原则	统筹层次	保障范围	管理部门	部门职责
包头	2007年11月21日	健全医疗保险体系，保障城镇居民基本医疗需求	低水平，广覆盖；权利与义务相对应；以个人缴费为主，政府给予适当补助；以收定支，收支平衡，略有结余	属地管理，市级统筹	基本医疗保险和大病保险单列，仅保障住院大病。仅在校学生无责任意外伤害事故涵盖门急诊	劳动保障部门	明确
西宁	2007年7月18日	实现人人享有基本医疗和公共卫生服务的健康目标，提高居民健康水平，促进社会公平	自愿参加，多方对应，权利与义务平等，以收定支，收支平衡，保障适度，民主监督，注重促进社区卫生事业发展和其他形式的医保救助制度相结合	部分城区市级统筹，市、区两级管理和核算。部分地区县级统筹、县级核算	住院统筹和门诊统筹，以补助住院费用为主，适当补助门诊费用	卫生部门主管，与新农合合署办公	明确
乌鲁木齐	2007年9月26日	健全医疗保险体系，保障城镇居民基本医疗需求	基本同上	属地管理，市级统筹	门诊、大病统筹	劳动保障部门	明确
吉林	2007年4月13日	坚持以人为本，体现公平正义，建立以大病统筹为主的城镇居民基本医疗保险政策	基本同上	市级统筹	重点保障城镇居民住院大病医疗，兼顾门诊医疗需求	同上	未明确
常德	2007年10月1日	基本同上	基本同上	未明确	住院统筹，不合门诊	同上	明确
成都	2007年9月28日	完善城乡统筹医疗保险制度，实现人人享有基本医疗保障	基本同上	属地管理，市级统筹，但部分地区逐步过渡到全市统筹	以大病统筹为主，不建个人账户，实行住院和特殊疾病门诊医疗费用社会统筹	同上	明确
绍兴	2007年1月26日	基本同上	基本同上	未明确	坚持广覆盖，重点保障大病。未成年人保障住院	同上	明确
厦门	2006年11月16日	基本同上	基本同上	未明确	门诊和住院	同上	明确
淄博	2007年9月26日	基本同上	基本同上	市级统筹，分级管理、计划控制，定额调剂	主要保障住院大病医疗，适当兼顾普通门诊医疗和急诊医疗	同上	明确

计初衷；乌鲁木齐市虽然允许非从业居民自愿参保，也只规定劳动年龄内有劳动能力的城镇居民并以多种就业方式就业的，应参加城镇职工基本医疗保险和灵活就业人员基本医疗保险。笔者认为，城镇非就业人员应该是城镇居民制度的主体人群，不应该被排除在制度之外。

此外，大、中专学生参加城镇居民基本医疗保险是发展的趋势。各个城市试点之初只将中专、职高等学生纳入城镇居保范畴，均不包含大学生。但是随着城镇居保试点政策的进一步完善，国务院办公厅于2008年发布了《关于将大学生纳入城镇居民基本医疗保险试点范围的指导意见》（国办发〔2008〕119号），决定将大学生纳入城镇居保制度中。范围包括各类全日制普通高等学校（包括民办高校）、科研院所（以下统称高校）中接受普通高等学历教育的全日制本专科生、全日制研究生。由于大学生的年龄集中于18～35岁，生命各项指标均处于较好的阶段，因此，大学生人群的加入有利于城镇居民医保制度的"风险池"建设，能够增强城镇居保的风险分担能力。由于之前大学生或研究生大多享受的是公费医疗，将大学生纳入城镇居保制度在学界引起了一定的争议。大学生参加城镇居保后实质上是降低了其医保待遇，也有可能带来一定的问题，因此，需要鼓励大学生在参加基本医疗保险的基础上，按自愿原则，通过参加商业医疗保险等多种途径，提高医疗保障水平。

详见表4-6。

表4-6 试点城市城镇居民基本医疗保险的参保范围

城市	学龄前儿童	中小学生	大、中专学生	非从业成年人	老年人	农业户籍	外地户籍	备注
包头	√	√	√	×	√	×	×	包含中专、职高等，但不包含大学生，要求以家庭为单位参保
西宁	√	√	√	√	√	×	×	要求以户为单位参保
乌鲁木齐	√	√	√	√	√	×	×	包含中专、职高等，不包含大学生，要求以家庭为单位参保
吉林	√	√	×	√	√	×	×	不包含大学生，包括困难企业职工
常德	√	√	√	√	√	×	×	不包含大学生
成都	√	√	√	√	√	×	×	不包含大学生
绍兴	√	√	×	√	√	×	×	要求以户为单位参保，征地农民自行选择参保，异地迁入非农户籍须满5年方可参保

（续表）

城市	学龄前儿童	中小学生	大、中专学生	非从业成年人	老年人	农业户籍	外地户籍	备注
厦门	√	×	×	√	√	×	×	异地迁入非农户籍不满5年可参保，但财政补助部分应自付，满5年后，享受财政补助
淄博	√	√	√	√	√	×	×	包含中专、职高，但不包含大学生

三、城镇居民基本医疗保险的基金筹集

从城镇居民基本医疗保险的筹资水平来看，《国务院关于开展城镇居民基本医疗保险试点的意见》规定：试点城市应根据当地的经济发展水平以及成年人和未成年人等不同人群的基本医疗消费需求，并考虑当地居民家庭和财政的负担能力，恰当确定筹资水平；探索建立筹资水平、缴费年限和待遇水平相挂钩的机制。参保人员筹资以个人缴费为主，政府给予适当补贴。[①]从试点城市的城镇居保筹资标准来看，各地筹资标准总体上是与当地的经济发展水平相一致的，中西部地区的城市筹资水平相对较低，绍兴、厦门等城市相对较高。各地对于筹资标准的界定较为复杂，有些城市将学生、一般居民、低保、残疾等困难人群的筹资标准分别界定，如包头、乌鲁木齐、吉林、成都等城市，也有些城市筹资标准一致，如西宁市。在筹资标准的界定方面，大多数城市采用固定金额筹资的办法，也有一些城市采取与当地城镇居民家庭可支配收入以及全市城镇职工平均工资的一定比例等办法。这两种办法各有优劣，固定筹资的办法操作方式比较简单，但需要经常调整；后一种办法具有灵活性，筹资水平能够随着经济社会的发展有所增长，但操作起来比较复杂。淄博市还鼓励有条件的用人单位对职工家庭中城镇居民个人缴费部分给予补助。城镇职工基本医疗保险参保人员个人账户资金的结余部分，可用于缴纳家庭成员的基本医疗保险费。这对于城镇居民参保费用的筹集及其稳定性具有一定的作用，值得各地借鉴。

在参保费用的个人支付方面，大多数城市体现了照顾学生、老年人、低保、残疾等困难人群的原则，这些人群的个人支付一般都远低于普通居民支付的水平。按照中央的政策，试点城市的参保居民得到政府每年不低于人均40元的补助。其中，中央财政从2007年起每年通过专项转移支付给予中西部地区参保居民人均20元补助。在此基础上，对属于低保对象的或重度残疾的学生和儿童参保所需的家庭缴费部分，政府原则上每年再按不低于人均10元给予补助，其中，中央财政对中西部地区按人均5元给予补助；对

---

① 国务院关于开展城镇居民基本医疗保险试点的指导意见［EB/OL］.http://www.gov.cn/zwgk/2007-07/24/content_695118.htm.

其他低保对象、丧失劳动能力的重度残疾人、低收入家庭60周岁以上的老年人等困难居民参保所需家庭缴费部分，政府每年再按不低于人均60元给予补助，其中，中央财政对中西部地区按人均30元给予补助。[①]中央财政的投入在很大程度上解决了困难群体参保的经济压力，许多试点城市的困难居民基本上可以做到免费参保。

在系统比较和分析各个城市的筹资标准和方法之后，我们可以发现，不同城市的筹资标准和执行办法均呈现出严重的碎片化特征。人群划分和支付标准均十分复杂。不同层级的政府财政补助在有些地区规定得较为明确，有些地区则没有进行严格的规定。考虑到城镇居民基本医疗保险政策的不断发展和筹资水平的不断提高，各级政府在财政补助方面的比例势必需要不断调整。这样的制度设计不仅使得制度的操作十分复杂，而且使得参保对象对于自身缴费以及周围人群的缴费产生多重疑问，而且很有可能成为未来制度统筹和衔接过程中的障碍。因此，各地在完善城镇居保制度的过程中，应该在适当考虑不同人群缴费能力的基础上，逐步将人群的缴费标准进行归并和统一。

详见表4-7。

四、城镇居民基本医疗保险的政策待遇

城镇居民基本医疗保险的政策待遇直接关切到制度执行的效果和评价。从理论上看，医保支付制度的设计是决定不同参保对象保障水平的系统标准，其制定和实施需要经过复杂的人口学和保险学精算来确定。医疗保险支付制度的设计包含一些基本的概念和参数。从医疗服务门诊来看，主要包括支付封顶线、家庭医疗账户、个人医疗账户、起付线、共付比例等参数。从住院来看，起付线、基金补偿比例和封顶线是住院补偿方案的三大基本参数，其中，封顶线包括医保支付封顶线和个人自负封顶线。根据保障目标和支付方案的设计原则，适当选取一定参数并且合理设置这些参数是医保制度补偿方案调整能否成功的关键。[②]

从试点城市居民基本医疗保障的总体待遇来看，待遇水平与各地的经济发展水平以及筹资水平是密切相关的。经济发展水平较高的城市（如厦门市、绍兴市）的医疗保障待遇水平较高，覆盖面也较广。具体来看，各试点城市城镇居保待遇具有以下3个特征：

一是试点城市均制定了居民医疗保险待遇的起付线。起付线又称免赔额，是指居民参加医疗保险并进行治疗后所产生的医疗费用，需要先自付一部分费用，在超过一定额度的医疗费用之后才由医保基金来共同承担并支付。起付线在医保中的设置主要基于减少低费用段的补偿，集中有限的医保资金来确保重大疾病的风险分担能力；防止由于信息不对称造成的"道德风险"，抑制参保人员的过度医疗；减少医疗保险机构就小额

---

① 国务院关于开展城镇居民基本医疗保险试点的指导意见［EB/OL］.http://www.gov.cn/zwgk/2007-07/24/content_695118.htm.
② 曹俊山.上海城镇居民基本医疗保险制度评价与完善研究［D］.复旦大学博士学位论文，2011：95.

表 4-7 试点城市城镇居民基本医疗保险政策筹资标准和方法

城市	筹资标准		个人支付			财政补助		
	学生	居民	学生	居民	低保、残疾困难人群	学生	居民	低保、残疾困难人群
包头	120+20元	240+50元	50+20元	170+50元	低保残疾学生34元；低保三无人员55元；重病、残疾75元；60岁以上老人95元	中央、省、市、县分别为20、10、20、20元	中央、省、市、县分别为20、10、20、20元	分类补贴，较复杂
西宁		160元	80元	110元，老人60元	民政部门代缴个人部分	80元	省35元，市、县各7.5元，共50元；老人省70元，市县各15元，共计100元	按照一致标准补贴
乌鲁木齐	80元	180元	正常20元，低保、残疾儿童10元	120元	60元	正常60元，低保、残疾70元	60元	120元
吉林	50元	200元	40元	200元，60岁以上老人100元	40元	省5元，责市属中小学5元，区属2.5元，责区属10元	60岁以上老人省、市、县分别为30、20元，共计100元	市、区分别补助128、32元，共计160元
常德	80元	200元	40元	160元	自付100元，其子女自付30元	40元	40元，年满60岁缴费满10年，个人缴费每年递减10%，由财政补助	补助100元，其子女补助50元

（续表）

城市	筹资标准		个人支付			财政补助		
	学生	居民	学生	居民	低保、残疾困难人群	学生	居民	低保、残疾困难人群
成都	80元	上年市城镇居民家庭人均可支配收入的2.5%（2007年为320元）	35元，低保全额家庭补助	除政府补助以外部分	缴费标准的30%	中央、省、市、县分别补助20元、7元、18元，共计45元	家庭人均年收入在城市最低生活保障标准以上、3倍以下60周岁以上人员，每人每年由市民政部门给予不低于60元的参保补助，其中中央财政补助30元	其子女为中小学生、婴幼儿再由中央、民政、残联补助5元、30元，共计35元。政府按每人每年不低于当年缴费标准70%的比例给予补助
绍兴	400元		60岁以上老人300元，其他居民	60岁以上老人200元	由财政部门解决	60岁以上老人补助200元，其他居民补贴100元		
厦门		上年度全市职工平均工资的2.5%（320元）	上年度全市职工平均工资的0.7%（178元）		免缴	全市职工平均工资的1.8%予以补缴，低保免缴，由市、区财政各承担50%，残疾人由残疾人保障基金全额补缴	补助资金由市、区两级财政各承担50%，残疾人免缴	
淄博	80元	220元	40元	老人120元，居民160元	低保学生20元，低保老人40元	40元	老人补助100元，居民补助60元	低保学生、儿童60元，低保老人180元

费用的经办工作压力，降低医保机构运行成本等作用来考虑的。起付线的设置方法主要有年度起付线法和单次起付线法。从试点城市城镇居保起付线的设置来看，各地均按照不同医疗机构的等级设置了阶梯式的起付线。参保人员就诊的医院级别越高，起付线越高。一级以及社区医院的起付线普遍较低，体现了城镇居保鼓励居民到定点的基层医疗机构就医的政策导向。部分城市针对特殊群体（如中小学生、婴幼儿、低保人员）的定点就医，还免设起付线。在起付线的设置方法上，两种方法均有应用。

二是试点城市的医保基金补偿比例不一，且差距较大。基金共付比例是指超过起付线、低于封顶线区间的医保费用，由医保基金按照一定的比例来分担。共付比例的界定方式主要有固定式比例以及随医疗保险多段递增、递减或凸起式比例补偿两种。前者无论医疗经费多少，均以固定比例分担，优点在于简单易行。试点城市中西宁、乌鲁木齐、常德、淄博采用了这种方法，后者主要根据医疗费用，由低到高分成不同的费用段，再根据制度设计的不同思路和目标进行补偿比例的调整，突出不同费用段的补偿比例。试点城市中包头、吉林、成都、绍兴、厦门采用了这种方式。例如，为了达到保障大病的政策目标，包头市、吉林市、成都市针对参保对象中的学生待遇设置了随着医疗费用递增而递增的共付比例。为了实现补偿的有效性同时考虑到基金的承受能力，绍兴市降低了费用中间段的比例，而提高了低段和高段费用段的共付比例。厦门市则突出和提高了住院费用中间段的共付比例。为了引导参保居民到基层医疗机构就医，合理利用医疗资源，将低等级的医疗机构的共付比例设置较高，而高等级医疗机构的共付比例较低。如包头市、淄博市依次按照医疗机构等级由低到高，共付比例降低5%，西宁市、乌鲁木齐市、吉林市、厦门市降低10%。在门诊待遇方面，不同人群的待遇差别比较大，吉林、成都等城市针对学生给予了更优厚的待遇。吉林市的学生门诊基金补偿为80%，成都市为学生单列设置了较高的共付比例。

三是城市的医保封顶线水平相差较大，最高支付限额由于人群和待遇内容的不同有所不同。在人群方面，学生以及居民子女的医保费用的最高支付限额相对较高，例如，吉林市居民门诊仅为家庭账户为限，为当年个人缴费标准的20%。而学生门诊的封顶线为5 000元。学生住院的封顶线为6万元，而居民为4.5万元；常德市居民子女的封顶线为5万元，居民为3万元；成都市中小学生、婴幼儿封顶线为8万元，居民为上年度家庭人均可支配收入的4倍（约5.1万元）。同时，部分城市尤其是中西部地区的城市的封顶线较低，西宁市、乌鲁木齐市、常德市、淄博市为3万元。而厦门、绍兴等经济较为发达的城市的封顶线较高，绍兴市为8万元，厦门市与当地城镇职工医疗保险封顶线相同（约10万元），且对超过最高支付限额以上的医疗费用，由市劳动保障行政部门会同财政部门另行制订补充医疗保险办法解决。成都市也做出了类似的规定，超过统筹基金最高支付限额的医疗费用，通过补充医疗保险、住院医疗补助、城市医疗救助等途径解决。因此，大城市在城镇居保待遇方面的封顶线以上部分医疗费用，还有另行的制度进行补充和救助，其封顶线实质上是不严格的。

为了有效地避免城镇居民基本医疗保险中居民的道德风险和逆向选择，有些城市还对参保居民设置了时间长短不等的等待期，如包头市、乌鲁木齐市为3个月，绍兴市为6个月。为了鼓励居民参保，成都市规定2009年之前参保的等待期为1个月，之后的为6个月，如果中断重新参保，则为12个月。也有些城市未设置参保等待期，参保之后即可立即享受待遇。为了鼓励居民参保，并保证参保的连续性，中央政策层面要求探索建立筹资水平、缴费年限和待遇水平相挂钩的机制。从试点城市的政策执行状况来看，部分城市设置了按缴费年限增长而提高参保待遇的措施。如包头市规定缴费满3年支付比例增加2%，最高不超过10%。常德市规定缴费满3年，第4年起每年提高2%，最多不超过10%。淄博市对连续缴费的报销比例做相应提高。为了鼓励居民节约医疗费用，并考虑到居民对于城镇居保享受的比较心理，常德市规定家庭缴费满3年未使用过的，第4年起每年提高3%，最多不超过15%，享受后奖励待遇自行终止。厦门市规定年度内未发生费用的，下年度可到定点医疗机构免费体检一次。淄博市则在下年度的封顶线做相应提高。这些办法较好地体现了中央城镇居保政策的精神以及参保对象对城镇居保制度的实际期待，值得其他城市借鉴和推广。

详见表4-8。

五、城镇居民基本医疗保险的监督管理

城镇居民基本医疗保险的管理包括组织管理、基金管理、服务管理以及医保监管等方面的内容。加强管理和服务是不断完善城镇居民基本医疗保险政策的必然要求。在就医管理方面，试点城市均要求参保人员定点就医，逐级转诊。西宁、乌鲁木齐、吉林、常德等城市明确要求试行社区首诊制。淄博市鼓励城镇居民在定点社区卫生服务机构就医，试行社区首诊及双向转诊制度、家庭医生联系人制度、家庭病床制度。

在医保基金的管理方面，各地按照中央的要求，均明确将医保基金纳入社保财政专户统一管理，单独列账，专款专用，封闭管理。有些城市明确提出了医保经办机构办公经费由财政覆盖，不得从基金中开支。如包头市明确由财政部门每年根据实际参保居民人数，对各级劳动和社会保障经办部门核拨业务经费。常德市规定市财政局负责保障经办机构工作经费并列入财政预算。成都市规定医保经办机构用于医疗保险业务的工作经费由同级财政预算解决，不得从医疗保险基金中提取。西宁市规定医保经办人员经费和办公经费列入同级财政预算全额拨付，不得从城镇居民基本医疗保险基金中支取。各级经办机构工作经费按参保人数每人1.5元的标准安排，由区（县）财政按参保人数人均1元列入财政预算；市级财政按参保人数人均0.5元标准列入预算。吉林市则明确了城镇居保机构人员编制的来源，规定在街道（乡镇）社区劳动保障工作机构和社区卫生服务机构增加医疗保险管理职能，配备专（兼）职工作人员。专职工作人员的招聘及其待遇支付可从社区公益性岗位解决。部分城市在城镇居保基金管理中明确了收支平衡、略有结余的原则，一些城市则探索建立健全基金的风险防范和调剂机制，通过提取统筹基

表 4-8 试点城市城镇居民基本医疗保险政策待遇

城市	起付线	基金共付补偿比例	封顶线	等待期	参保时间、待遇挂钩机制
包头	市外700元；市内三级500元；二级500元；一级100元；社区100元	社区住院，起付线至5 000元，5 001元至10 000元，10 001元至封顶线，依次为60%、65%、70%；市内一级、二级、三级封顶外依次降低5%；超过基本医疗基金封顶线且符合政策的由大额医疗保险支付，社区为90%，一级、二级、三级、市外依次降低10%	基本医疗3万元，大额医疗8万元	3个月	缴满3年支付比例增加2%，最高不超过10%
西宁	门诊无起付线，住院省、市、县（社区）分别为450、350、250元	门诊30%，住院省级医疗机构（含部队医院）40%，市级医疗机构50%，社区卫生服务中心（县、区医疗机构）60%	门诊80元，住院3万元	无	无
乌鲁木齐	三级、二级、一级医疗机构分别为200、300、600元	三级、二级、一级医疗机构分别为40%、50%、60%	门诊，每人每年30元；统筹，住院2.5万元	3个月	无
吉林	省级及以上、市级、县级及以下分别为900、600、300元	省级及以上机构5 000元以下30%、5 000元以上40%；市（区）级机构5 000元以下40%、5 000元以上50%；县（区）级及以下机构5 000元以下50%、5 000元以上60%；转诊外地均降低5%；学生：门诊补偿80%；住院1 000元以下，50%；1 000到5 000元，60%；5 000～1万元，70%；1万～3万元，80%；3万～6万元，90%	学生门诊5 000元。居民门诊以家庭账户为限。居民住院4.5万元，学生6万元	无	无
常德	三级、二级、一级医疗机构分别为600、300、100元	三级、二级、一级分别为65%、55%和40%；居民子女门诊50%，居民6类重大疾病门诊2 000元以下年度内一次性报销60%	居民子女5万元，居民3万元	无	缴费满3年提高2%，家庭每年未使用过提高10%，最多不超过3年；缴费满3年提高3%，最多不超过15%，享受奖励待遇后受止

100

（续表）

城市	起付线	基金共付补偿比例	封顶线	等待期	参保时间、待遇挂钩机制
成都	中小学生、婴幼儿无起付线。居民按城镇职工保险起付标准，在社区降50%，年度内多次住院二级及以上住院按次数逐次降100元，不低于100元。由低级向高级定点转诊只补缴差额部分	学生：1 000元（含1 000元）以下的部分65%；1 000元以上至5 000元（含5 000元）的部分70%；5 000元以上至1万元（含1万元）的部分80%；1万元以上的部分90%。其他居民：三级、二级、一级和社区分别不低于50%、55%、60%、65%	中小学生、婴幼儿8万元。居民不超过上年度居民家庭人均可支配收入的4倍（2006年为12 798元）	2009年前参保1个月，2009年后6个月。中断的12个月	无
绍兴	三级、二级、一级分别为1 000、700、500元。年度内多次住院，第二次起付线按50%计算，3次及以上不再计算	起付线以上至1万元（含1万元）部分，三级、二级、一级分别为50%、55%、60%；1万元以上至5万元（含5万元）部分，分别为45%、50%、55%；5万元以上至8万元（含8万元）部分，分别为55%。核定转外就医按省内和上海特约医院5%、省内其他医院10%、省外其他医院15%、特殊病和门诊费，累计600元以上封顶线以内部分，支付50%	8万元	6个月	无
厦门	门诊：起付线5 000元；住院：三级、二级、一级医院分别为上年度全市职工平均工资的5%、3%和1%。二次及以上住院为首次基础上降低1%，但不低于职工平均工资的1%	门诊：5 000～1万元，50%；1万元以上，30%。住院：1万元以下，在三级、二级和一级医疗机构就医的，分别为55%、65%和75%；1万～2万元，三级、二级和一级分别为60%、70%、80%；2万元以上，三级、二级、一级分别承担35%、25%和15%；家庭病床三级、二级、一级分别为65%、75%和85%	与城镇职工保险一致（上年度城镇职工平均工资的4倍）。2006年厦门市城镇在岗职工平均工资为25 544元	无	年度内未发生费用的，下年度封顶线做定点医疗机构免费体检一次
淄博	三级、二级、一级分别为700、500、300元，二次住院减半。三次及以上取消起付线。门诊大病起付线参照职工医保险。低保无起付线	三级、二级和一级分别为50%、55%和60%，起付线以上的门诊医疗费，定点社区机构支付50%；其他定点机构基金支付40%	3万元	无	年度内未发生费用的，下年度封顶线做相应提高。连续缴费的报销比例做相应提高

资料来源：作者根据试点城市城镇居民基本医疗保险政策方案整理而成

金中的部分收入,建立风险储备基金和调剂金的办法来确保基金安全。如吉林市建立城镇居民基本医疗保险风险储备基金,每年按照当年统筹基金收入2%～5%的比例提取,风险储备基金保持在统筹基金年收入的15%,达到规模后不再继续提取。

从试点城市的医保结算方式来看,部分城市未直接在城镇居保方案中明确医保经办机构与定点医疗机构、居民与医疗机构的结算方式。通常情况下,参保居民与医疗机构的结算按照居民现金支付自付部分,医疗机构垫付共付部分再向医保机构申请结算。部分城市明确了医保经办机构与定点医疗机构的结算方式,例如,乌鲁木齐市按照"总量预算、定额控制、弹性决算"为主的复合方式结算,常德市对医疗费用实行总额预算管理等。按照中央的政策精神,未来城镇居民基本医疗保险制度应该在支付方式方面进行进一步的改革探索,积极推行医疗费用多种支付方式相结合的混合式结算方法。

在对医保相关主体的监督管理方面,部分城市对参保人员的权利和义务以及居民参保过程中的行为、定点医疗机构的行为以及医保经办机构及其工作人员的行为都进行了详细的规定。包头、西宁、乌鲁木齐、常德、成都等城市均规定,参保居民弄虚作假,采取隐瞒、欺诈等手段骗取基本医疗保险基金的,医疗保险经办机构不予支付;已经支付的予以追回,暂停其医疗保险待遇;构成犯罪的,依法追究刑事责任。定点医疗机构及工作人员违反居民医保管理规定的,市劳动和社会保障部门会同监察、卫生、药监、物价、审计部门视情节轻重分别给予批评、警告、追回违规金额直至取消医疗保险定点资格,情节严重的,移交司法机关处理。劳动保障部门、医疗保险经办机构及其工作人员滥用职权、玩忽职守,损害参保人员合法权益,或者造成居民医保基金流失的,依法给予行政处分;构成犯罪的,依法追究刑事责任。也有部分城市未能在城镇居保制度中就医保监督做明确的规定,这无疑给城镇居保制度的运行留下了较大的制度漏洞,需要在未来的政策改革中进行完善。

详见表4-9。

表4-9 试点城市城镇居民基本医疗保险的管理

城 市	就医管理	基金管理	结算方式	医保监管		
				参保人员	医疗机构	医保经办机构
包头	要求定点或批准转外就医,否则不予支付	收支两条线纳入财政专户管理,单独核算、专账管理、专款专用	未明确	√	√	√
西宁	实行社区卫生服务首诊,逐级就诊、双向转诊制度	设立专用基金账户,实行专款专用,封闭运行	个人支付自付部分,其余实行定点医疗机构垫付制,再向经办机构申请结算,方法未明确	√	√	√

（续表）

城 市	就医管理	基金管理	结算方式	医保监管 参保人员	医保监管 医疗机构	医保监管 医保经办机构
乌鲁木齐	要求定点或批准转外就医，否则不予支付。实行定点社区卫生服务中心（站）首诊，逐级就诊、双向转诊制度	同上	个人支付自付部分，其余由经办机构与定点医疗机构按照"总量预算、定额控制、弹性决算"为主的复合式方式	√	√	√
吉林	实行定点医疗管理办法，建立社区首诊制和双向转诊的医疗管理制度	建立家庭账户、住院统筹基金和季报风险储备基金，专款专用	未明确	×	参照城镇职保	×
常德	实行首诊及转诊登记制度，要求定点或批准转外就医，否则不予支付	坚持"以收定支、收支平衡、略有节余"的原则，实现收支两条线管理。逐年提取3%统筹基金建立调剂金	对年度医疗费用实行总额预算管理	√	√	√
成都	转外就医须批准，否则不予支付	建立专户，统一管理。医保经办机构经费由同级财政解决，不得从基金提取	个人现金支付自付部分，其余由经办机构与定点机构结算	√	√	√
绍兴	转外就医须批准，否则不予支付	实行财政专户管理，专款专用	未明确	×	×	×
厦门	定点医疗机构就医，转外就医须批准，否则不予支付	财政专户、专款专用、收支两条线管理，任何单位和个人不得挤占、挪用	未明确	×	√	×
淄博	基本同上	基本同上	未明确	×	×	√

资料来源：作者根据试点城市城镇居民基本医疗保险政策方案整理而成

第三节　试点城市居民基本医疗保险政策的入户调查情况

一、调查对象及基本情况

本数据来源于国务院城镇居民基本医疗保险入户调查的数据。该调查于2007—

2011年每年调查一次,由中国医疗保险研究会与北京大学中国医药经济中心联合实施,共调查全国9个试点城市。为确保数据的随机性,采用多阶段、概率与规模成比例抽样(PPS)方法,2007年在每个样本城市抽取16个居委会以及每个居委会抽取90户家庭作为调查对象。[①]2007年成功入户11 674户,访问32 698位居民。2008—2011年的调查对象也依此进行,以保障数据的连续性。成功访问的人数分别为32 989人、31 646人、30 496人和23 569人。其中,2007—2011年抽查到的参加城镇居民基本医疗保险的人数分别为4 413人、7 790人、9 161人、9 646人和11 355人。(见表4-10)以下对于样本数据的分析如果不做特别说明,均以参加城镇居民基本医疗保险的人群为统计口径。

表4-10　2007—2011年试点城市城镇居民基本医疗保险调查样本分布情况（单位：人）

城　市	2007年	2008年	2009年	2010年	2011年
包　头	—	385	443	282	528
常　德	533	1 269	1 521	1 607	2 193
成　都	434	232	505	927	1 048
吉　林	966	1 301	1 440	1 690	2 244
绍　兴	552	778	585	611	606
乌鲁木齐	—	371	609	616	547
西　宁	1 348	1 367	1 507	1 452	1 573
厦　门	330	1 013	1 240	1 122	1 212
淄　博	250	1 074	1 311	1 339	1 404
共　计	4 413	7 790	9 161	9 646	11 355

从抽样调查到的样本情况来看,城镇居保参保人员的户籍大多为非农业户口,历年均占到90%以上。(见表4-11)农业户口参保居民人数很少,但也在逐步增加当中,体现了中央对于扩大城镇居保覆盖面的政策强调,以及在此政策背景下各地城镇居保对于户籍要求的逐步放松。

如表4-12所示,从参保人员年龄分布的情况来看,婴幼儿和中小学生人数的参保比例比较稳定,平均在20%左右。劳动适龄人口中非就业的参保人是城镇居保政策涵盖的主流人群,历年的参保人数均达到60%左右,并呈现出一定的上升趋势,由2007年的59.84%增长到2011年的64.83%。从理论上讲,劳动适龄人口在身体各项指标方面处于较好的水平,这一群体参保人数的增加意味着城镇居保政策的分担风险能力有所

[①] 薛新东,刘国恩.城镇居民基本医疗保险的参与意愿及影响因素[J].西北人口,2009(1):62-66.

表4-11 2007—2011年试点城市城镇居民基本医疗保险参保人员户籍特征 （单位：%）

户　籍	2007年	2008年	2009年	2010年	2011年
农业户口	2.07	6.94	8.86	9.13	6.68
非农业户口	97.93	93.06	91.14	90.87	93.32

表4-12 2007—2011年试点城市城镇居民基本医疗保险参保人员年龄特征 （单位：%）

年龄段	2007年	2008年	2009年	2010年	2011年
0～14岁	19.53	17.28	19.92	21.70	19.78
15～64岁	59.84	62.68	62.16	61.65	64.83
65岁及以上	20.63	20.04	17.92	16.65	15.39

提高。与之相对应的是参加城镇居保的老年人数有所减少，由2007年的20.63%减少到2011年的15.39%。

如表4-13所示，从抽样调查到的城镇居保参保人员受教育情况来看，大部分城镇居保参保居民的学历集中在高中或中专以下，仅有5%左右的人具有大学专科及以上学历，而小学以下、小学、初中或高中均在20%左右。这也体现了城镇居民基本医疗保险的参保对象除了中小学生之外，其他城镇非就业的居民受教育程度也比较有限。根据舒尔茨的人力资本理论，一般而言，受教育程度和年限会影响到居民的就业状况和收入水平。因而，城镇居保政策对象无论在就业能力还是在医疗保险方面，均可能处于弱势地位。

表4-13 2007—2011年试点城市城镇居民基本医疗保险参保人员受教育情况（单位：%）

学　历	2007年	2008年	2009年	2010年	2011年
小学以下	20.32	17.83	17.77	16.76	13.39
小　学	26.09	25.79	24.17	22.33	20.91
初　中	26.75	28.17	29.49	29.93	29.72
高中或中专	21.81	22.11	22.07	23.18	26.45
大学专科	3.41	3.82	4.21	5.00	5.93
大学本科	1.58	2.18	2.21	2.71	3.53
硕士及以上	0.05	0.10	0.08	0.07	0.07

城镇居保的主要政策对象为城镇非从业居民和学生，逐步扩展到临时工、钟点工以及自由职业者等。如表4-14所示，从抽样调查到的样本情况来看，城镇居民基本医疗保险参保人员的从业情况主要为无业或者学生，两者占据了参保对象的50%～60%，此外，还包含一些临时工、钟点工、个体及自由职业者以及离退休人员。城镇居保对象中正式员工的比例较小但在逐年增长，非就业人员则在逐年减少，临时工、钟点工、个体及自由职业者也有所增长。参保对象的职业结构与政策目标定位的人群特征相吻合。

表4-14 2007—2011年试点城市城镇居民基本医疗保险参保人员从业情况 （单位：%）

	2007年	2008年	2009年	2010年	2011年
正式员工	1.40	3.22	5.11	4.44	6.18
临时工	8.78	9.27	8.94	9.92	12.18
钟点工	0.23	0.89	0.26	0.24	0.48
个体及自由职业者	5.93	9.12	9.36	10.29	10.64
离退休人员	9.03	9.30	8.79	10.20	12.84
学　生	28.86	25.95	27.48	28.23	25.50
学龄儿童	9.48	6.52	7.07	7.03	5.49
无业人员	33.53	34.89	31.15	28.74	26.31
其　他	2.78	0.85	1.84	0.91	0.37

二、参保居民的健康状况

居民的健康状况不仅影响当前居民的医疗支出，还影响未来的参保意愿、筹资意愿、医疗服务需求、医疗负担以及对医疗制度的评价，因此，有必要详细了解居民的个人健康状况。为了了解居民当前的健康状况，问卷设计了居民健康状况的视觉模拟标尺来测量被调查者当天的健康状况。标尺的刻度由被调查者根据自己认为的当天的健康状况，由坏到好以0～100分来表示。从被调查者当天的健康自评状况来看，大部分被调查者的健康状况处于较好的状态，且自我评价的分数在逐年递增，表明被调查者的身体素质在逐渐提升。其中，城镇居民基本医疗保险的健康状况自评分历年均略低于其他人员，表明城镇居保参保人员的健康状况总体是比较差的，这可能和制度的参保人群本身有关。（见表4-15）

当问及"与过去一年相比，您认为自己的健康状况有什么变化"时，城镇居保参保对象回答"没变化"和"变好了"的占绝对多数，且随着时间的推移逐步上升，如2007年两项加总占全人群的78.12%，2011年为87.75%。而认为自我健康状况与过去一

表4-15 被调查者当天的健康自评状况

	2008年	2009年	2010年	2011年
自评分（城镇居保）	74.36	77.55	78.06	80.12
自评分（全部人群）	77.65	79.92	80.95	81.70

年相比变坏了的比例由2007年的20.65%下降到2011年的10.58%，这表明参保居民的整体健康状况得到了维持或者有所提升，在一定程度上体现了制度的成效。（见表4-16）

表4-16 城镇居保对象与过去一年相比的健康状况变化自评情况　　（单位：人/%）

	2007年		2008年		2009年		2010年		2011年	
没变化	3 099	69.95	5 529	71.03	7 058	77.10	7 399	76.75	8 722	76.89
变好了	362	8.17	708	9.10	648	7.08	836	8.67	1 232	10.86
变坏了	915	20.65	1 372	17.63	1 199	13.10	1 239	12.85	1 200	10.58
不太好说	54	1.22	175	2.25	249	2.72	167	1.73	189	1.67
合　计	4 430	100	7 784	100	9 154	100	9 641	100	11 343	100

慢性病是长期影响居民身体健康的主要原因。随着人口老龄化进程的加快以及疾病模式的转变，目前慢性病已经成为医疗费用快速增长的一个重要原因。因此，居民患慢性病的情况是影响城镇居保费用支出的一个重要因素。从调查样本的回答情况来看，城镇居民患有慢性病的比例在15%～30%，并随着时间的推移有所降低。城镇居保参保人员的慢性病患病率从2007年的26.75%下降到2011年的15.92%，下降幅度快于其他参保以及未参保人员，这可能与城镇居保人群结构包括年龄较小的婴幼儿以及学生群体有关。（见表4-17）

表4-17 城镇居民慢性病患病比例　　（单位：%）

	2007年		2008年		2009年		2010年		2011年	
	其他	城镇居保	其他	城镇居保	其他	城镇居保	其他	城镇居保	其他	城镇居保
是	26.59	26.75	25.21	26.13	21.94	20.07	22.07	19.01	20.50	15.92
否	72.26	72.19	73.70	73.15	76.41	78.41	77.05	80.24	78.12	82.82
不清楚	1.14	1.06	0.92	0.72	1.49	1.52	0.75	0.75	1.21	1.26

从城镇居保参保居民患慢性病的结构来看，大部分患病居民只患有1～2种慢性病，其中，患有1种慢性病的居民在60%～70%，患有2种慢性病的人群占25%左右。患有3种及以上慢性病的人群相对较少，占总患病人数的15%左右。人均患慢性病种类数随着城镇居保制度的不断扩展有所降低，从2008年的1.68种下降到2011年的1.43种。患3种及以上慢性病的人数比例从2008年的17.06%下降到2011年的9.65%。（见表4-18）

表4-18 城镇居民慢性病患病情况 （单位：%）

慢性病种类数	2008年	2009年	2010年	2011年
1	56.42	60.31	65.55	67.72
2	26.51	25.42	23.4	22.63
3	11.51	10.61	9.29	8.76
4	4.23	2.79	1.20	0.61
5+	1.32	0.87	0.54	0.28
平均值	1.68	1.59	1.48	1.43

三、参保居民对制度的认知度

制度知晓率是衡量居民对于城镇居民基本医疗保险政策认知的起点，也是反映制度推广成效的核心指标，是实现城镇居保核心政策目标之中关于广覆盖和可持续的基础。从调查样本的回答情况来看，调查对象对于居民医疗保险的制度知晓率增长比较迅速。无论是参保居民还是其他不参保居民，均对制度的知晓有较大提升，参保居民的制度知晓率从2007年的78.74%提升到2011年的90.99%，其他未参保居民对于城镇居保的知晓率也由2007年的64.51%提升到2011年的87.31%。（见表4-19）由此可见，随着城镇居民基本医疗保险政策的不断发展，城镇居民基本医疗保险政策在居民中的认知度也不断提升。

表4-19 城镇居民基本医疗保险参保居民的制度知晓率 （单位：%）

	2007年		2008年		2009年		2010年		2011年	
	其他	城镇居保	其他	城镇居保	其他	城镇居保	其他	城镇居保	其他	城镇居保
知道	64.51	78.74	72.87	83.80	76.59	86.56	83.31	88.98	87.31	90.99
不知道	35.49	21.26	27.13	16.20	23.41	13.44	16.69	11.02	12.69	9.01

如表4-20所示,具体到试点城市的情况来看,2007年,除了包头和乌鲁木齐两个城市(调查时两城市城镇居保尚未实施),各城市居民对于城镇居民基本医疗保险政策的知晓率情况不一。最低的成都市为19.35%,最高的吉林市为94.93%,这很可能是由于调查数据本身的信度造成的;其他城市城镇居保知晓率均在60%以上。值得注意的是,由于回答该问题的调查对象均是城镇居民基本医疗保险的参保人员,各个城市均没有达到100%,从理论上来看也就意味着有些参保居民在不知晓城镇居民基本医疗保险为何的情况下就已经参保。这很可能是在中央政府大力发展城镇居保、实现广覆盖的目标要求下,一些地方政府为了达到上级要求的考核目标而导致的"运动式"参保。少数参保人员在对制度不知情或者不了解的情况下"被参保",可能导致今后参保人群的不稳定。

表4-20 试点城市城镇居民基本医疗保险知晓率　　　　　　　　　　（单位：人）

	包头	常德	成都	吉林	绍兴	乌鲁木齐	西宁	厦门	淄博	共计
2007年										
知道	—	496	84	917	388	—	1 150	205	220	3 481
（%）	—	93.06	19.35	94.93	70.29	—	86.08	63.08	88.00	78.74
不知道	—	37	350	49	164	—	186	120	30	940
（%）	—	6.94	80.65	5.07	29.71	—	13.92	36.92	12.00	21.26
共计	—	533	434	966	552	—	1 336	325	250	4 396
2008年										
知道	272	1 156	81	1 229	565	253	1 171	812	979	6 518
（%）	70.65	91.10	35.06	94.47	72.72	68.19	85.66	80.88	91.24	83.80
不知道	113	113	150	72	212	118	196	192	94	1 260
（%）	29.35	8.90	64.94	5.53	27.28	31.81	14.34	19.12	8.76	16.20
共计	385	1 269	231	1 301	777	371	1 367	1 004	1 073	7 778
2009年										
知道	322	1 408	363	1 379	474	501	1 416	771	1 133	7 767
（%）	73.02	92.69	71.88	95.76	81.16	82.27	93.96	72.94	86.42	86.56
不知道	119	111	142	61	110	108	91	286	178	1 206
（%）	26.98	7.31	28.12	4.24	18.84	17.73	6.04	27.06	13.58	13.44
共计	441	1 519	505	1 440	584	609	1 507	1 057	1 311	8 973

(续表)

	包头	常德	成都	吉林	绍兴	乌鲁木齐	西宁	厦门	淄博	共计
2010年										
知道	241	1 497	745	1 617	474	501	1 383	905	1 193	8 556
（%）	86.07	93.21	80.37	95.68	77.58	81.33	95.31	82.57	89.10	88.98
不知道	39	109	182	73	137	115	68	191	146	1 060
（%）	13.93	6.79	19.63	4.32	22.42	18.67	4.69	17.43	10.90	11.02
共计	280	1 606	927	1 690	611	616	1 451	1 096	1 339	9 616
2011年										
知道	414	2 112	875	2 198	475	405	1 507	997	1 343	10 326
（%）	78.56	96.48	83.49	97.95	78.38	74.18	95.80	82.33	95.66	90.99
不知道	113	77	173	46	131	141	66	214	61	1 022
（%）	21.44	3.52	16.51	2.05	21.62	25.82	4.20	17.67	4.34	9.01
共计	527	2 189	1 048	2 244	606	546	1 573	1 211	1 404	11 348

如表4-21所示，从已参保居民对于制度了解的途径来看，通过社区劳动保障工作站了解制度的人群最多，从2007年制度推行以来，均占到40%左右。其次是电视和报纸，两个渠道在历年城镇居保知晓率的贡献上均达到10%以上，且每年均有所增长。通过宣传单知晓政策的比例在政策推行之初比较高，2007年为19.25%，此后开始逐年下降，2011年已经下降到5.93%。通过学校渠道对制度知晓的主要是参保人群中的学生群体。此外，通过互联网、广播、亲戚朋友、单位以及其他途径各占较小的比例，并且除了互联网渠道的知晓率有略微增长外，其他途径的知晓率均呈下降趋势。由此可见，今后要实现制度知晓率的提升，为城镇居保参保打好基础。对于制度的宣传以及政策执行的重点，还是应该放在社区劳保保障站点，以及通过电视、报纸等居民日常接触较多的传播媒介来介绍和推广制度。

表4-21 试点城市城镇居民基本医疗保险参保知晓途径　　　　　　（单位：人）

	2007年	2008年	2009年	2010年	2011年
电视	755	1 749	2 386	2 326	3 482
	13.84%	18.14%	19.50%	18.39%	22.74%

（续表）

	2007年	2008年	2009年	2010年	2011年
报纸	581	1 154	1 570	1 536	2 130
	10.65%	11.97%	12.83%	12.14%	13.91%
互联网	53	151	211	226	343
	0.97%	1.57%	1.72%	1.79%	2.24%
广播	90	254	255	203	357
	1.65%	2.63%	2.08%	1.60%	2.33%
社区劳动保障工作站	2 455	4 202	4 795	5 769	6 264
	45.01%	43.58%	39.20%	45.61%	40.91%
宣传单	1 050	1 361	1 392	927	908
	19.25%	14.12%	11.38%	7.33%	5.93%
亲戚朋友	344	539	603	549	550
	6.31%	5.59%	4.93%	4.34%	3.59%
学校	—	—	821	877	889
	—	—	6.71%	6.93%	5.81%
单位	—	—	175	185	353
	—	—	1.43%	1.46%	2.31%
其他	126	231	25	50	36
	2.31%	2.40%	0.20%	0.40%	0.24%
共计		5 454	9 641	12 233	12 648	15 312

四、参保居民对制度便捷性的评价

制度便捷性是影响居民参保意愿以及满意度的重要因素。从医保经办的程序来看，制度的便捷性包括参保手续的便捷、报销程序的便捷以及查询程序的便捷。从参保手续的便捷性评价来看，大多数参保居民认为参保手续是便捷的。如表4-22所示，回答"非常方便"和"比较方便"占到参保居民的大多数，其中，回答"比较方便"的人数历年均在50%左右。值得注意的是，随着年份的推移，回答"非常方便"的人数比例开始下滑，由2007年的40.71%减少到2011年的30.50%。而觉得"一般"的人群在增加，从2007年的4.67%增加到2011年的13.66%。主要原因可能有两个：一是随着城镇居保制度进入常态化运行,以往对于制度参保便捷的重视程度逐渐减弱,需要居民自行到参保机构去参保;二是居民对于城镇居保参保手续的优化以及便捷程度的要求在提高。

表4-22 试点城市城镇居民基本医疗保险参保手续便捷性评价 （单位：人/%）

	2007年		2008年		2009年		2010年		2011年	
非常方便	1 622	40.71	2 128	27.61	2 509	27.84	3 192	33.32	3 458	30.50
比较方便	1 887	47.36	4 103	53.23	4 770	52.94	5 031	52.51	5 832	51.45
一般	186	4.67	782	10.15	1 105	12.26	903	9.42	1 549	13.66
不太方便	70	1.76	224	2.91	199	2.21	141	1.47	96	0.85
非常不方便	19	0.48	68	0.88	55	0.61	26	0.27	26	0.23
不清楚	200	5.02	403	5.23	373	4.14	288	3.01	375	3.31
共计	3 984	100	7 708	100	9 011	100	9 581	100	11 336	100

从医疗保险报销环节的评价来看,参保居民普遍认为城镇居保是比较方便的。如表4-23所示,认为制度报销"非常方便"的历年在25%左右。认为"比较方便"的占40%～50%,其中,2010年和2011年分别为53.09%和51.34%,均超过了半数。认为制度"不太方便"以及"非常不方便"的人数也有所减少。但是认为报销程序"一般"的也由2007年的9.27%增加到2011年的19.89%,增加了10个百分点。参保居民反映最多的异地就医的结算可能是造成报销评价"一般"的主要原因。

如表4-24所示,从城镇居民基本医疗保险的查询方便程度来看,30%左右的参保居民认为医保查询"非常方便",近一半人群认为"比较方便"。认为制度查询"不太方

表4-23 试点城市城镇居民基本医疗保险报销便捷性评价 （单位：人/%）

	2007年		2008年		2009年		2010年		2011年	
非常方便	72	23.84	274	25.87	364	23.13	535	29.53	397	23.16
比较方便	122	40.40	443	41.83	729	46.32	962	53.09	880	51.34
一般	28	9.27	143	13.50	222	14.10	195	10.76	341	19.89
不太方便	11	3.64	94	8.88	157	9.97	62	3.42	37	2.16
非常不方便	30	9.93	39	3.68	38	2.41	17	0.94	12	0.70
不清楚	39	12.91	66	6.23	64	4.07	41	2.26	47	2.74
共计	302	100	1 059	100	1 574	100	1 812	100	1 714	100

表4-24　试点城市城镇居民基本医疗保险查询便捷性评价　　　　（单位：人/%）

	2007年		2008年		2009年		2010年		2011年	
非常方便	220	32.31	295	22.98	389	23.29	587	33.56	472	26.11
比较方便	326	47.87	635	49.45	849	50.84	844	48.26	931	51.49
一　般	74	10.87	204	15.89	295	17.66	244	13.95	351	19.41
不太方便	32	4.70	50	3.89	64	3.83	28	1.60	16	0.88
非常不方便	2	0.29	14	1.09	25	1.50	2	0.11	1	0.06
不清楚	27	3.96	86	6.70	48	2.87	44	2.52	37	2.05
共　计	681	100	1 284	100	1 670	100	1 749	100	1 808	100

便"或"非常不方便"的人群比较少，并且比例大幅下降。2011年仅有0.88%和0.06%的人认为查询不方便。但是认为制度便捷性"一般"的人群也有所上升，从2007年的10.87%增长到2011年的19.41%。由医保3个环节的制度便捷性的总体情况可见，参保居民对于整个城镇居保制度的便捷性评价是比较高的，认为制度"非常方便"或者"比较方便"的人数占80%左右。但是，对于制度评价"一般"的人群在3个环节中均有上升的趋势，表明参保居民对于城镇居保制度便捷性要求在提高。

五、参保居民的制度满意度评价

参保居民对于制度是否满意是评价制度成效的一个最为重要的指标，也是决定今后城镇居保制度走向的关键问题。虽然对于城镇居保满意度的调查只是一项主观的制度评价，但是居民对于参保以后医疗负担的感知和评价、城镇居保制度的满意度评估以及现行城镇居保制度的问题和要求，无疑是今后完善城镇居民基本医疗保险政策的一些方向性指标。

如表4-25所示，当问及"与参加城镇居民基本医疗保险前相比，您认为您家看病的医疗费用负担减轻了还是加重了"时，表示"减轻很多"的参保者从2007年的5.09%增长到2011年的11.98%。这一部分人群很可能是在参保后发生过大病住院，并且在医疗费用比较高的情况下通过城镇居保制度得到了一定程度的分担，因而对于制度的感知比较明显。表示"减轻一些"的参保居民比例增长比较迅速，从2007年的29.87%增长到2011年49.77%。由此可见，城镇居民基本医疗保险政策的推广对于居民医疗负担的减轻起到了明显的作用。但是，认为参保前后医疗负担"没明显变化"的人群也占据了比较大的比重，从2007年的25.86%增加到2008年的42.34%，之后几年虽有所回落，但依然保持在较高的水平，平均有超过四分之一的参保人员对于制度的效果感觉不明显。究其原因，可能是城镇居保制度在推行之初不覆盖门诊，有些参保人员由于没有生大病

表 4-25　试点城市城镇居保参保前后的医疗负担评价　　　　　（单位：人/%）

	2007 年		2008 年		2009 年		2010 年		2011 年	
减轻很多	203	5.09	278	3.83	620	6.89	824	8.59	1 356	11.98
减轻一些	1 191	29.87	2 378	32.75	3 704	41.14	3 853	40.18	5 632	49.77
没明显变化	1 031	25.86	3 075	42.34	3 338	37.08	3 584	37.37	2 934	25.93
加重一些	53	1.33	167	2.30	114	1.27	141	1.47	494	4.37
加重很多	5	0.13	64	0.88	23	0.26	72	0.75	119	1.05
不清楚	1 504	37.72	1 300	17.90	1 204	13.37	1 116	11.64	781	6.90
共　计	3 987	100	7 262	100	9 003	100	9 590	100	11 316	100

住院而未能享受到制度的保障，也有可能是由于制度保障水平较低而导致费用减轻的情况不明显。值得注意的是，还有少量参保居民认为参保以后医疗费用负担"加重一些"，或者"加重很多"（比例在2%~5%）。这部分人群可能是因为出现大病、重病，虽然有城镇居保制度的分担，但由于医疗费用过高而依然造成了较大的负担，甚至出现因病致贫的情况。因此，在今后城镇居保制度的政策完善过程中，需要考虑提高封顶线，或者参照一些城市通过其他补充保险以及医疗救助的方式，来分担封顶线以上部分的医疗费用。

从参保居民对于城镇居民基本医疗保险政策的满意度评价来看，各个试点城市对于城镇居保制度的满意度评价不一。如表4-26所示，表示"非常满意"的比例较高的城市有常德、吉林、绍兴、淄博等，在20%~30%。其他城市表示"非常满意"的人群较少，在10%以下。表示"比较满意"的人群各个城市所占比例最大，在30%~50%。其中，较高的城市如成都、西宁、绍兴、厦门、淄博2011年对制度比较满意的比例均在50%以上。对制度评价"一般"的比例占比较高的城市有包头、吉林、乌鲁木齐等。但各个城市对制度评价"一般"的比例均有明显的上升，这表明随着制度运行时间的推移，参保居民对于制度的评价标准逐渐在提高。各个城市参保居民对于制度的评价"不太满意"和"很不满意"的比例逐年降低，表明居民对制度总体上是比较满意的。另外，除了少数西部地区的城市（如包头市、乌鲁木齐市）外，参保居民对于制度的满意度表示"不清楚"的比例也均在下降，表明参保居民对于城镇居保制度的认知和评价在逐步清晰。

表 4-26　试点城市城镇居民基本医疗保险满意度评价　　　　　（单位：%）

		2007 年	2008 年	2009 年	2010 年	2011 年
包　头	非常满意	—	11.43	8.14	5.45	7.05
	比较满意	—	41.56	44.88	32.00	34.67

（续表）

		2007年	2008年	2009年	2010年	2011年
包头	一般	—	20.78	38.14	47.27	42.86
	不太满意	—	4.16	2.56	4.36	3.81
	很不满意	—	1.04	0.23	1.09	1.14
	不清楚	—	21.04	6.05	9.82	10.48
	共计	—	100	100	100	100
常德	非常满意	37.38	17.89	21.43	30.20	21.33
	比较满意	42.20	39.35	46.09	48.07	49.93
	一般	8.86	25.20	23.93	15.94	24.62
	不太满意	2.12	7.87	5.92	4.36	2.56
	很不满意	0.58	2.46	0.92	0.19	0.64
	不清楚	8.86	7.23	1.71	1.25	0.91
	共计	100	100	100	100	100
成都	非常满意	13.69	6.64	8.42	8.80	10.70
	比较满意	49.40	34.60	51.50	46.74	59.21
	一般	14.58	31.75	27.05	28.26	18.71
	不太满意	2.98	5.21	5.61	8.04	5.88
	很不满意	1.19	1.90	0.20	2.07	1.16
	不清楚	18.15	19.91	7.21	6.09	4.34
	共计	100	100	100	100	100
吉林	非常满意	24.90	23.14	14.47	20.47	23.62
	比较满意	37.35	38.05	33.41	42.25	41.27
	一般	15.23	19.22	36.54	25.31	32.09
	不太满意	3.71	7.15	5.00	5.51	2.32
	很不满意	2.25	2.61	1.04	1.20	0.40
	不清楚	16.56	9.84	9.55	5.27	0.31
	共计	100	100	100	100	100

（续表）

		2007年	2008年	2009年	2010年	2011年
绍兴	非常满意	20.04	12.79	24.96	21.29	10.95
	比较满意	45.63	42.53	51.83	54.13	58.21
	一般	17.86	30.96	17.28	15.02	25.04
	不太满意	3.57	5.38	1.57	0.83	1.82
	很不满意	0.40	0.00	0.00	0.66	0.50
	不清楚	12.5	8.34	4.36	8.09	3.48
	共计	100	100	100	100	100
乌鲁木齐	非常满意	—	8.38	5.25	6.17	6.22
	比较满意	—	36.22	42.36	45.13	34.55
	一般	—	27.30	36.78	29.87	39.67
	不太满意	—	9.19	3.45	3.25	4.39
	很不满意	—	2.97	0.16	0.16	0.91
	不清楚	—	15.95	11.99	15.42	14.26
	共计	—	100	100	100	100
西宁	非常满意	25.02	15.96	17.45	15.91	9.06
	比较满意	40.52	33.97	54.61	52.42	63.46
	一般	14.00	33.09	20.37	23.79	23.98
	不太满意	4.33	6.37	1.66	1.11	0.32
	很不满意	0.94	2.27	0.27	0.62	0.00
	不清楚	15.18	8.35	5.64	6.15	3.19
	共计	100	100	100	100	100
厦门	非常满意	11.62	9.68	7.90	15.31	8.28
	比较满意	42.20	69.46	45.27	59.44	53.43
	一般	20.80	16.77	39.42	16.56	30.69
	不太满意	6.73	0.90	2.55	0.54	1.09
	很不满意	2.45	0.20	0.91	0.00	0.08
	不清楚	16.21	2.99	3.95	8.15	6.44

(续表)

		2007年	2008年	2009年	2010年	2011年
厦门	共 计	100	100	100	100	100
淄博	非常满意	36.40	27.65	14.73	13.44	11.92
	比较满意	40.00	42.36	44.58	56.61	52.25
	一 般	12.00	17.32	30.00	23.67	32.69
	不太满意	1.20	1.86	5.34	2.61	1.86
	很不满意	0.00	1.86	0.84	0.45	0.36
	不清楚	10.40	8.94	4.50	3.21	0.93
	共 计	100	100	100	100	100

如表4-27所示，从参保居民对于现行城镇居民基本医疗保险政策问题的主观评价来看，当问及"您认为城镇居民基本医疗保险存在的主要问题是什么"时，"保障范围太窄"是居民反映最多的问题，历年均维持在26%左右的高位。参保居民对保障范围的不满主要源于试点之初城镇居保制度定位于以大病为主，不涵盖门诊统筹。从2009年开始，国家虽然要求有条件的地区试点门诊统筹，逐步将门诊纳入城镇居保报销范围，但总体上来看，各地门诊部分的报销水平普遍较低。其次，参保居民对于制度的不满还集中于对制度起付线、自付比以及封顶线的不满。3项所占比例历年在30%以上，其中，对于"自付比过高"的不满又高于其他两项，除2008年以外，历年均超过15%。关于"报销复杂、时间滞后"以及"不能异地报销"的比例历年在15%～20%。此外，对于城镇居保缴费太高的不满意率近年来略有提高。如果进一步提高城镇居保参保费用，有可能导致居民对于制度的不满。

表4-27 试点城市参保居民对于城镇居民基本医疗保险政策问题的评价 （单位：人）

	2007年		2008年		2009年		2010年		2011年	
每年保费缴纳太高	329	9.50%	852	8.94%	783	6.36%	863	6.59%	1 547	10.65%
报销复杂、时间滞后	536	15.47%	1 191	12.49%	1 469	11.94%	1 304	9.96%	1 739	11.97%
起付线过高	533	15.39%	914	9.59%	1 289	10.47%	1 288	9.83%	1 861	12.82%
自付比过高	610	17.61%	1 067	11.19%	1 979	16.08%	1 993	15.22%	2 179	15.00%

（续表）

	2007年		2008年		2009年		2010年		2011年	
封顶线过低	270	7.79%	602	6.31%	960	7.80%	798	6.09%	1 083	7.46%
保障范围太窄	927	26.76%	2 018	21.17%	3 231	26.25%	3 446	26.31%	3 877	26.70%
其他	259	7.48%	2 890	30.31%	1 927	15.66%	2 699	20.61%	1 650	11.36%
不能异地报销	—	—	—	—	670	5.44%	707	5.40%	586	4.04%
共计	3 464	100%	9 534	100%	12 308	100%	13 098	100%	14 522	100%

从总体上看，参保居民对于现行城镇居民基本医疗保险政策不满的主要问题体现在以下3个方面。

一是保障制度范围的狭窄，对于门诊保障以及在疾病用药方面的限制较多。大多数试点城市均要求参保居民在社区定点首诊，逐级转诊，未经转诊的转外就医不能报销，这对于城镇居民的就医选择造成一定程度的限制。尤其是在社区卫生服务机构发展还不够健全，目前尚未完全取得居民信任和认同的情况下，参保居民对于报销范围存在较大的不满也主要源于此。

二是城镇居民基本医疗保险的"低水平"定位。由于参保居民个人筹资能力的有限和政府财政补助的不足，城镇居民基本医疗保险的保障水平总体上而言是比较低的，其起付线一般与城镇职工基本医疗保险一致，而报销比例和封顶线相对于城镇职工医疗保险还存在较大的差距。试点城市城镇居保报销比例普遍比当地城镇职工医疗保险报销比例低15%～20%，有些地方甚至低30%。而在封顶线上，试点城市城镇居保制度普遍较低，试点之初，有些城市仅为3万～5万元，最高的也仅为8万元。而城镇职工医保的封顶线一般与当地城镇职工的年均收入水平挂钩，远高于城镇居民的封顶线水平，且每年随着城镇职工平均工资的提高而有所上升。此外，大多数城市对于城镇职工医疗保险中处于医保封顶线以上部分的医疗费用均制定了相应的补充政策来分担，而仅有少数试点城市制定了类似的分担办法。

三是参保居民对于医保保费缴纳的压力较为敏感，容易造成参保缴费负担。由于城镇居民医保的参保对象大多数为城镇非就业人群以及一些不稳定的临时就业者，其收入来源不够稳定，经济状况相对城镇职工来说较差。另外一部分参保人群，如婴幼儿、学生、老年人以及残疾人等均为弱势群体，基本没有固定收入，除了少数因为属于低保或者残疾等特殊人群能够由政府补助较大部分之外，一些处于低保收入边缘或者由于所在城市对低保、残疾人群补助比例不高的人群，缴费都有可能对其造成负担，因此，每年均有部分人群认为参保缴费费用太高（6%～10%）。

在"个人缴费为主，政府适当补助"的政策原则下，早期"低水平"起步的制度中参保居民缴费较少，但近几年随着城镇参保居民对于制度保障待遇的提高的呼声渐渐增强，中央政府对于提高城镇居民基本医疗保险的补助水平以及保障待遇有了较大的投入，城镇居保的筹资水平有了显著的提高。政府对于城镇居保的筹资水平要求呈现出逐年翻番的"爆发式""运动式"增长，从2007年试点之初的人均40元增长到2008年的人均80元、2010年的人均120元、2011年的人均200元、2012年的人均240元。在中央政府补助加大的同时，对地方政府财政补助的要求也逐步提高。虽然中央一再要求地方政府提供配套的财政补助，财政实力雄厚的地方政府可能能够"配套"，但在一些财政较为薄弱的地区，尤其是中西部经济落后地区，则很可能难以达到。为此，中央政府还规定财政困难的地区可以分两年到位，只是这种年年加码式的增长，部分地方政府可能分两年也不一定能够实现。

此外，在"个人缴费为主"的制度原则下，个人也应该承担起缴费责任。2010年起，在中央的政策文件中开始明确提出"要适当提高个人筹资水平"，但参保个人究竟能够承担怎样的筹资水平还未能经过精确的测算。按照中央政策规定的2012年人均筹资水平要达到300元而各级政府补助240元的标准来算，个人人均筹资应该在60元左右，实际上，在各地城镇居保政策的实施过程中，个人缴费水平已经远远超过这个标准。因此，在现行制度下城镇居保的筹资过程中，中央政府、地方政府以及参保居民各自应该承担怎样的责任，实质上依然是一个悬而未决的问题，需要在未来的政策制度完善中进一步研究和明确。

第五章

试点城市城镇居民基本医疗保险的政策公平性研究

　　城镇居民基本医疗保险政策是在中央政府推动下建立的,其实施是一个自上而下、政府主导的政策过程。在制度建构与政策实施的过程中,中央政府、地方政府、医保机构、医疗机构和参保居民构成了城镇居保制度运行的主体。各制度主体在城镇居保制度的筹资模式、服务利用以及实际受益3个阶段中既相互合作又彼此制约,决定了城镇居民基本医疗保险政策的成效。在政策试点的实践中,地方政府为了获得中央政府按参保居民人头数拨付的医疗补助,比较注重扩大城镇居保制度的覆盖面、受益面等指标形式数字,往往忽视参保居民对制度实际效果尤其是公平性的评价。医保机构比较注重基金的收支平衡以及医保支出的实际效率,医疗机构关心医保对象的服务利用和医保费用的及时、准确支付,实质上,参保居民是否从制度中真正受益以及受益高低、公平程度将是决定城镇居民基本医疗保险政策可持续的关键问题。

　　在城镇居民基本医疗保险快速推进的背景下,迫切需要对城镇居保运行状况进行客观评价,尤其是就城镇居保制度的公平性进行系统分析,并从中发现城镇居保制度存在的问题,避免由于制度的不公平而使得政策目标在实现的过程中出现偏差和梗阻。本章拟通过运用9个试点城市的实地调查数据,尝试对城镇居民基本医疗保险政策在筹资、服务利用以及实际受益等环节的公平性进行系统评价。

第一节　城镇居民基本医疗保险政策的公平性分析

　　促进社会公平是重要的社会政策目标,也是现代社会中任何国家和政府追求的核心价值所在。而在所有社会政策的公平中,医保的公平性又是重中之重。公平作为一个内涵十分复杂和丰富的价值概念,其视角不同,对于公平的界定方式和内容也就不同。在医疗卫生领域,较为权威的公平定义主要是世界卫生组织界定的:医疗卫生领域中的公平指的是生存机会的配置应该以需求为导向,而不是取决于社会特权或收入差异;应是共享社会进步的成果,而不是负担不可避免的不幸和健康权利的损失。社会医疗保险的公平性,是指所有参加基本医疗保险的人员拥有的医疗保险质量和范围不取决于参保人收入的高低和支付能力的大小,而应取决于参保者医疗服务的需求水平,即医疗保险按能力支付和医疗保险服务按需分配。

医疗保险政策作为消除和纠正医疗卫生服务利用不公平的重要工具,其在医疗体制改革中的作用无疑是十分关键的。如果未能设计和实现具有公平性的医疗保险政策,现有的医疗保险政策很可能会演化成为新的健康不公平的根源。对于我国传统的医疗保障制度的公平性而言,学界普遍认为其用较低的成本维持了最大的公平。然而,也有学者认为传统社会保障体制在公平方面实际上存在严重的偏颇和缺陷。首先,体现在国家与个人关系之间的失衡和不同人群之间的失衡。一方面,国家以实物配给为主要方式向个人提供社会福利,个人不能自主选择自己满意的消费品的组织,也不能对生命周期内的收入做自主安排;另一方面,国家以极低的原始成本向不同社会群体进行实物配置,进而导致社会保障走上不同群体之间形成隐形社会不公的路径。[①]我国传统的医疗保险只覆盖部分城镇居民,而不包括城镇中另一部分没有职业的居民和广大的农村居民。与此同时,在通过单位配置社会保障资源的条件下,个人的受益水平实际上也取决于资源的可获得性和单位在计划配置体制中对所需资源的获取能力的大小。在不同的单位以及单位的不同人员之间也形成了双重的享受不均。

由于在计划经济时代对医疗保障"公平"的强调,社会各阶层在低水平的医疗卫生服务下基本由国家包揽,医疗保障实现了相对的公平,但也带来了医疗服务过度利用、国家难以承受日益快速增长的医疗保障费用的情况。于是,国家开始逐步退出医疗保障领域,形成由个人、企业和政府分担医疗费用,个人主要承担医疗保险费用的医疗保障阶段。在医疗体制的改革过程中,我国经历了从医疗体制政府全包到将医疗机构完全推向市场的两个极端。而医疗保险制度长期被视为经济发展改革的配套措施的错误观念导致医保制度的改革和建设缺乏顶层设计,造成了我国医疗保障制度改革按照人群来构建制度、按照经济水平来衡量制度的碎片化特征,这正是导致整个医疗保障体系改革至今仍未能实现制度衔接和同步发展的深层次原因所在。因此,在未来的改革中应该将整个医疗保障体系的构建看作一项独立于经济发展,但对经济发展具有十分积极的促进作用的独立改革,并且在改革中应该坚守医疗保障制度的"公平性"特征。

医疗保险的公平性体现为两个方面,即保障的纵向公平和水平公平。如图5-1所示,从阶段来看,医保公平分为起点公平、过程公平和结果公平,对应到城镇居民基本医疗保险政策中相应为筹资公平、服务利用公平和实质受益公平。其中,筹资公平是指参保居民按照实际支付能力的大小支付不同的医保费用;服务利用公平是指相同医疗服务需求的参保人群可以得到相同的医疗卫生服务;受益公平是指城镇居保对于参保居

---

① 吴敬琏.当代中国经济改革[M].上海:上海远东出版社,2004:323.

民的补偿水平按照需求和负担能力来分担，城镇居保实际分担水平与参保人员的收入无关。长期以来，医疗保障公平性问题是医疗卫生体制改革的焦点问题之一。而城镇居民基本医疗保险的制度实践和制度创新，正是对这一问题的正面回应，其发展态势必然会引起更多学者的关注。

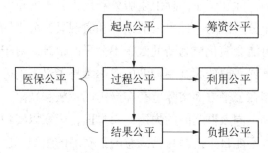

图5-1 城镇居民基本医疗保险政策公平研究框架

第二节 城镇居民基本医疗保险政策的筹资公平性分析

城镇居民基本医疗保险筹资问题是实现制度可持续发展的核心问题。公平的筹资机制要求有高水平的风险分担机制来分担个人的医疗费用风险，并体现对低收入者的帮助和照顾。城镇居民基本医疗保险筹资的公平性既是制度实现互助共济的前提条件，也是制度能够持续发展下去的重要指标。对于医疗筹资公平性问题的研究，国际上有几套研究方法，包括欧盟国家采用的卡克瓦尼指数方法、世界卫生组织采用的卫生筹资公平性指数（IFFC）、阿若森（Arosen）水平公平研究方法以及PII指数研究方法。①国内外学者对医疗保险的筹资公平性研究已经取得了许多成果，我国学者就新型农村合作医疗制度的筹资公平性也进行了许多研究。代表性研究成果有顾昕（2004）对于新农合自愿性筹资公平性的研究；林闽钢（2006）对于政府干预下新农合筹资的道德选择与逆向选择的研究；王晶（2008）运用卡克瓦尼指数和PII指数对新农合筹资体系内3种主要筹资形式进行的垂直公平性和水平公平性分析。申曙光等利用广东省2004—2007年的新型农村合作医疗数据，采用基尼（Gini）系数、集中指数、卡克瓦尼指数测算和分析了广东省新农合制度的筹资与受益的公平性。②

关于城镇居民基本医疗保险的筹资公平，学界目前的研究和探讨还比较少。在已有

---

① 王晶.中国农村医疗筹资公平性研究——基于全国八个农业县医疗筹资系统的实证研究[J].社会性研究，2008（5）：160-185.
② 申曙光,孙健,刘巧,等.新型农村合作医疗制度公平性研究——以广东省为例[J].人口与经济，2009（5）：84-90.

的研究中，顾海等认为"城镇居民医保的目的在于减轻参保居民家庭医疗负担，因此应确保低收入者在遭遇相同风险时能拥有与高收入人群相同的支付能力，即保证医保筹资的公平性"。①其课题组对江苏省的部分试点城市城镇居民基本医疗保险政策的筹资公平性进行了调查研究，发现在现行"低保费，高共付率"的保险制度下，城镇居保对低收入人群的筹资保护作用比较有限。部分城市的城镇居保制度筹资呈累退性。因此，建议未来城镇居民基本医疗保险政策的筹资标准划分应充分考虑到收入水平的差异，根据收入水平来设置阶梯式的医疗保障待遇水平，并采取降低低收入人群医保共付比例的方式来减轻其疾病负担。

郑功成认为各地倾向于对不同支付能力的参保人统一规定相同的收费标准，导致低收入阶层的费用负担率高，高收入阶层的费用负担率低，筹资存在严重的逆向再分配现象。②高建民等认为医保筹资应该强调纵向公平。相对于高收入人群，低收入人群的经济负担应该更少一些。个人随着收入的增加，用于医药卫生的支出占其非食品支出的比例应该增加。这是评估医疗筹资累进性的方法之一。③从方法学来看，学界衡量医疗保险筹资公平性的理论方法主要包括基尼系数、集中指数和卡克瓦尼指数。

一、洛伦兹曲线与基尼系数

1905年，统计学家洛伦兹（Lorenz）为了研究国民收入分配的公平性问题，提出了著名的洛伦兹曲线。其原理如图5-2所示，将y轴设置为收入轴，表示相应人群收入累计的百分比，将收入按照人群从低到高排列，并将排序后的收入百分比作为纵坐标。将x轴设置为人口轴，将人群按照收入从低到高排列，并将排序后的人口累计百分比作为横坐标。将各个人口比例所获得的收入的百分比标注在图中，所形成的曲线称为洛伦兹曲线。（见图5-2）

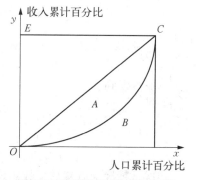

图5-2 洛伦兹曲线与基尼系数

1912年，意大利经济学家基尼在洛伦兹曲线的基础上进一步改进了衡量收入平等的研究方法，提出了基尼系数的概念。为了用指数来更好地反映国民收入在不同人群之间的分配情况，他根据洛伦兹曲线计算出一个反映收入分配平等程度的指标，称为基尼系数（G）。基尼系数如图5-2所示，是指洛伦兹曲线与绝对公平曲线围成的面积除以绝对公平线OC以下的面积。基尼系数具体的计算公式为：

---

① 顾海，王维.江苏省城镇居民医疗保险的筹资公平性研究——基于1 500份问卷的实证分析［J］.江苏行政学院学报，2009（6）：55-59.
② 郑功成.社保立法应实现城乡一体化［J］.农村工作通讯，2011（7）：42.
③ 高建民，裴瑶琳，雷瑞杰，等.不同收入人群的卫生公平性研究：来自陕西眉县的证据［J］.中国卫生经济，2012（3）：51-54.

$$G = \frac{S_A}{S_{A+B}} \qquad 式（1）$$

当 A 部分面积为 0 时，洛伦兹曲线与绝对公平曲线重合，基尼系数为 0，表示收入分配处于绝对平等的状况；当 B 部分面积为 0 时，基尼系数为 1，表示收入分配处于绝对不平等的状况。基尼系数在 0～1 之间，系数越大，表示越不平等；系数越小，表示越平等。[①]

关于基尼系数的计算方法，国内外的学者进行了多种尝试。归纳起来较为常见的方法有直接计算法、拟合曲线法、分组计算法和分解法 4 种。考虑到调查数据的分组便利性，本书采用分组计算法。如图 5-3 所示，这种方法的思路有点类似用几何定义计算积分的方法，在 x 轴上寻找 n 个分点，将洛伦兹曲线下方的区域分成 n 部分，每部分用以直代曲的方法计算面积，然后加总求出面积。分点越多，就越准确，当分点达到无穷多时，则为精确计算。[②]

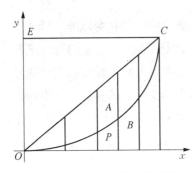

图 5-3 基尼系数的计算方法

假设分为 n 组，每组的收入为 y_i，则每个部分 P 的面积为

$$S_P = \frac{1}{2n}(y_{i-1} + y_i) \qquad 式（2）$$

加总得到

$$G = \frac{S_A}{S_{A+B}} = \frac{S_{A+B} - S_B}{S_{A+B}} = 1 - 2\lim_{n \to \infty}\sum_{i=1}^{n}\frac{1}{2n}(y_{i-1} + y_i) \qquad 式（3）$$

这是精确计算基尼系数的表达式，当分点 n 个数有限时，得到近似表达式：

$$1 + \frac{1}{n} - \frac{2}{n}\sum_{i=1}^{n} y_i \qquad 式（4）$$

二、集中指数

集中指数是衡量医保筹资在不同经济水平人群中的分布情况的一个指数，其计算方法与基尼系数相似，横轴 x 依然表示人口的累计百分比。如果将纵轴 y 变为参保人群的医疗支出累计百分比，形成的曲线则称为医疗卫生支出的集中曲线，集中曲线与绝对公

---

① 蒋世辉，张恩宾.论基尼系数的局限性[J].法制与社会，2008（23）：207-209.
② 袁源.基尼系数的计算方法及数学推导[EB/OL].http://wenku.baidu.com/view/72c46b11cc7931b765ce15b8.html.

平线围成面积的2倍即为集中指数。如果洛伦兹曲线位于集中曲线上方，则表示医保筹资是累进的；如果在下方，则医保筹资是累退的。集中指数的计算公式为：

$$S = \frac{1}{2}\sum_{i=0}^{n-1}(y_i + y_{i+1})(x_{i+1} - x_i), 其中\ y_0 = 0, x_0 = 0$$

$$CI = 2 \times (0.5 - S)\ 或\ CI = 2\mathrm{Cov}(X, H)/M$$

其中，X为社会阶层的秩次，H为相应的健康水平或疾病患病率，M为整个人群的健康水平或疾病患病率的平均水平。[①]

三、卡克瓦尼指数

式（5）

卡克瓦尼指数方法是最早被用来研究税收系统累进性的指标，后来被研究者引入医疗筹资领域，用来衡量整个医疗保险筹资系统的累进性。这种方法不仅可以评价筹资方式本身的优劣，也可以判定整个筹资系统的优劣。反映城镇居保筹资累进性的卡克瓦尼指数是指筹资负担与参保居民支付能力的相关关系，其内涵是集中指数（表示医保筹资在不同经济水平人群中的分布情况，计算方法同基尼系数）与基尼系数之差，即洛伦兹曲线与集中曲线之间面积的2倍（见图5-4）。卡克瓦尼指数取值范围为−2～1。卡克瓦尼指数为零，表示无论收入高低均按相同的比例支付卫生费用，即等比例筹资型；卡克瓦尼指数若为正值，表示高收入人群的卫生费用占其收入的比重更大，即累进性城镇居保筹资；反之，是累退性城镇居保筹资。[②]通过集中曲线与洛伦兹曲线的比较，就可以

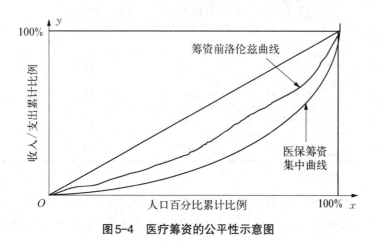

图5-4　医疗筹资的公平性示意图

[①] 梁维萍，郑建中，韩颖，等.健康与卫生保健的公平性及其测量方法评介［J］.中国农村卫生事业管理，2007，27（10）：742-744.
[②] 金春林，李芬，王力男，等.从公平的视角看上海市卫生筹资［J］.卫生经济研究，2012（5）：79-82.

对筹资机制的先进程度进行评价。一个先进的筹资制度应该是累进的,即卡克瓦尼指数应该为正值。[①]

为了考察城镇居民基本医疗保险政策整体的筹资公平性及其变化情况,本研究利用北京大学光华管理学院和中国医疗保险协会等院校和单位入户调查的《国务院城镇居民基本医疗保险试点评估入户调查基线数据》,运用2007年制度实施之初和2011年最近一次随访的数据进行实证分析。以国际上研究公平性比较通用的收入五分法,通过计算城镇居保的基尼系数、集中指数以及卡克瓦尼指数来分析城镇居保的公平性。

首先,通过Stata 12.0软件筛选出所有参加城镇居保的人群。按照城镇居保参保人群的家庭收入从低到高均分为5组,根据家庭收入分布绘制出洛伦兹曲线,并计算出基尼系数。其次,根据城镇居保参保居民的家庭医疗支出绘制出卫生支出的集中曲线,并计算出集中指数。最后,根据计算出的集中指数与基尼系数得出城镇居保的卡克瓦尼指数。

从2007年城镇居保参保居民收入五等分的收入情况来看,不同收入组的年均收入相差较大。如表5-1所示,最低收入组的年平均收入仅为次低收入组年平均收入的44.8%。最高收入组的平均年收入为最低收入组的15.4倍,且最高收入组的年收入比例占到所有收入组收入总量的54.32%。通过计算,2007年城镇居民基本医疗保险参保居民的基尼系数为0.48。

表5-1　2007年城镇居保参保居民家庭年收入情况

人口按年收入	年均家庭收入（元）	各组年收入所占比例（%）	收入比例累计（%）	人口比例累计（%）
最低收入组	5 099.15	3.54	3.54	20
次低收入组	11 373.76	7.90	11.45	40
中间收入组	19 042.45	13.23	24.68	60
次高收入组	30 207.84	20.99	45.68	80
最高收入组	78 436.72	54.32	100.00	100

从2007年城镇居保参保居民的医疗保健费用支出情况来看,不同医疗保健支出组的年均医疗保健支出存在十分巨大的差距。如表5-2所示,最低医疗保健支出组的家庭年医疗保健支出为53.92元,仅为次低组家庭年医疗保健支出的11.6%。最高组的家庭医疗保健支出则高达10 785.92元,且最高组的家庭医疗保健支出比例占到所有人群的

---

① 顾海,王维.江苏省城镇居民医疗保险的筹资公平性研究——基于1 500份问卷的实证分析[J].江苏行政学院学报,2009(6):55-59.

69.98%。通过计算，2007年城镇居民基本医疗保险参保居民的医疗保健支出集中指数为0.67。由此可见，不同组的年医疗保健支出差距导致了医疗负担的分布不均。

表5-2　2007年城镇居保参保居民年医疗保健支出情况

年医疗保健支出分组	平均值（元）	各组年医疗支出所占比例（%）	医疗支出比例累计（%）	人口比例累计（%）
最低20%	53.92	0.35	0.35	20
次低20%	458.74	2.97	3.31	40
中间20%	1 290.56	8.34	11.66	60
次高20%	2 839.84	18.36	30.02	80
最高20%	10 785.92	69.98	100.00	100

通过2007年城镇居民基本医疗保险筹资的基尼系数与支出的集中指数之差，可以计算出2007年城镇居保医疗保险筹资的卡克瓦尼指数为0.18。从理论上看，随着城镇居保参保居民医疗支付能力的增加，医疗保健支出占支付能力的比例增加，卫生筹资累进；随着医疗支付能力增加，卫生支出占支付能力的比例减少，卫生筹资累退；若卫生支出占支付能力的比例不随支付能力变化而变化，则卫生筹资呈现比例性质。①如图5-5所示，2007年城镇居保的集中指数大于基尼系数，表现为集中曲线位于洛伦兹曲线下方，说明筹资在人群中是累进的，表明筹资后的收入公平性有所改善。

经过5年的制度运行，城镇居民基本医疗保险政策筹资的公平性有了怎样的变化呢？笔者利用国务院关于城镇居民基本医疗保险2011年的跟踪调查数据，进行了城镇居保医疗保健支出累进度的测算。如表5-3所示，从2011年城镇居保参保居民家庭

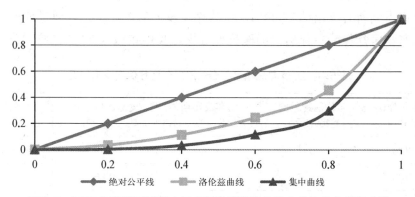

图5-5　2007年城镇居民基本医疗保险筹资洛伦兹曲线与集中指数曲线

---

① 吕文洁.我国城镇卫生筹资公平性研究——基于医疗保健支出累进度的测算［J］.财经研究，2009（2）：123-135.

表5-3 2011年城镇居保参保居民家庭年收入情况

收入分组	年均家庭收入（元）	各组年收入所占比例（%）	收入比例累计（%）	人口比例累计（%）
最低20%	11 416.31	5.14	5.14	20
次低20%	23 800.10	10.72	15.86	40
中间20%	34 431.31	15.51	31.38	60
次高20%	49 151.66	22.14	53.52	80
最高20%	103 230.06	46.48	100.00	100

年收入情况来看，相比2007年，城镇居保参保居民的家庭收入有了较大的增长。其中，最低收入组的家庭年收入相比2007年增长了1.24倍。而最高收入组家庭年收入与最低收入组家庭年收入相比，收入差距缩小到9倍。经计算，2011年城镇居民基本医疗保险参保居民的基尼系数为0.33。相比2007年，参保居民的家庭年收入差距缩小了不少。

如表5-4所示，从2011年城镇居保参保居民年医疗保健支出的情况来看，被调查的参保居民年医疗保健支出最低的20%的人群的年医疗保健支出为0元。这很可能是由于城镇居民基本医疗保险政策的完善，许多健康的人群加入制度当中，一部分参保居民在参保年度内未发生疾病。次低组的年医疗保健支出为121.05元，远低于2007年458.74元的支出水平。中间组的年均医疗保健支出为972.11元，低于2007年的1 290.56元。次高组的2 770.67元也略低于2007年的2 839.48元。只有最高组略高于2007年的水平。由此可见，经过几年的发展，在城镇居民基本医疗保险制度的覆盖下，城镇居民的医疗负担有了明显的改善。值得注意的是，最高组的医疗保健支出占到所有支出的74.44%，依然存在较大的医疗负担。通过计算，2011年城镇居民基本医疗保险参保居民的医疗保健支出集中指数为0.7。医疗保健支出的分

表5-4 2011年城镇居保参保居民年医疗保健支出情况

人口按年医疗保健支出分组	年均医疗保健支出（元）	各组年支出所占比例（%）	支出比例累计（%）	人口比例累计（%）
最低20%	0	0.00	0.00	20
次低20%	121.05	0.80	0.80	40
中间20%	972.11	6.43	7.23	60
次高20%	2 770.67	18.33	25.56	80
最高20%	11 257.85	74.44	100.00	100

布依然不均。

通过2011年城镇居民基本医疗保险筹资的基尼系数与支出的集中指数之差，可以计算出2011年城镇居民基本医疗保险筹资的卡克瓦尼指数为0.37。随着收入增加，集中曲线和洛伦兹曲线的走向保持一致，且集中曲线一直位于洛伦兹曲线下方（见图5-6），城镇居民基本医疗保险筹资呈累进特点，即较低收入居民承担的卫生筹资负担比高收入的居民轻，体现了城镇居民基本医疗保险政策筹资环节的公平性。

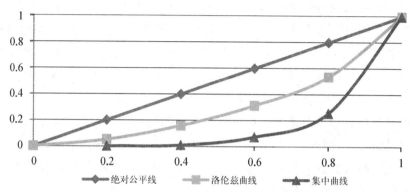

图5-6 2011年城镇居民基本医疗保险筹资洛伦兹曲线与集中指数曲线

第三节 城镇居民基本医疗保险的服务利用公平性评价

服务利用的公平是城镇居民基本医疗保险政策关注的核心目标。在考察了城镇居保制度的筹资公平后，参保居民是否得到了公平的服务利用成为体现城镇居保制度价值需要研究的重点问题。在世界卫生组织和瑞典国际发展合作组织1996年发布的倡议书《健康与医疗服务的公平》中，对卫生领域的公平理念给出以下界定：公平意味着生存机会的分配应以需要为导向，而非取决于社会特权。[1]孟庆跃认为健康公平是相对的。"健康状况公平是指在不同的社会、经济、人口和地理环境的人群间，不存在可以避免的一个或者几个方面的健康差异。卫生服务公平是指卫生资源和服务能够按照人们的需要进行配置和利用，不同收入的人群对资源和服务按照支付能力支付。"[2]因此，城镇居保的公平性也应该体现为参保居民在城镇居保制度的保障下对于医疗保健服务的获得机会均等，即每一个参保居民在需要的时候均能获得相应的医疗卫生服务，而不论其收入、地位、职业等方面的差异。

---

[1] 顾海，李佳佳.江苏省城镇居民医疗保险受益公平性研究——基于收入差异视角[J].学海，2009（6）：81-85.
[2] 孟庆跃.中国卫生保健体制改革与健康公平[J].中国卫生经济，2007（1）：9-14.

国外的研究发现，医疗保险是保证人们能够获得良好的医疗卫生服务的关键因素。城镇居民基本医疗保险政策是怎样影响参保居民的医疗服务情况的呢？从城镇居民的医疗需求来看，本书选取两周患病率、是否患有由医生诊断的慢性病和过去两周内因病卧床天数3个健康指标来判断城镇居保参保人员的医疗服务需求。表5-5列出了2011年不同收入组对卫生服务需求和利用的情况。

从医疗服务的需求分布看，最低收入组的两周患病率是最高收入组的3倍，高达21.61%；最低收入组的慢性病患病率为26.13%，最高收入组为8.61%，前者是后者的3倍；最低收入组因病卧床率为25%，是最高收入组的3.5倍。不同收入组对医疗服务需求的客观结果表明：较低收入组的需求都比较高收入组更高，而最低收入组的服务需求最高。这与高建民（2012）、刘宝（2003）和胡琳琳（2005）等人的研究结果一致：在我国存在与收入相关的健康不平等，且健康不平等有利于高收入者。[①]

从参保居民的就诊情况来看，最低收入组的两周就诊率为12.76%，是最高收入组的2.5倍；最低收入组调查前一年的住院率为10.1%，是最高收入组的2.1倍。医疗服务利用与不同收入组人群的卫生服务需要基本一致。这说明在城镇居民基本医疗保险中，不同参保对象的医疗服务需求和实际利用情况的公平性有所改善。

表5-5　2011年不同收入组对卫生服务需要和利用的分布情况　　　（单位：%）

收入组别	两周患病率	慢性病患病率	因病卧床率	两周就诊率	调查前一年住院率
最低收入组	21.61	26.13	25.00	12.76	10.10
次低收入组	15.35	18.52	20.13	8.92	7.77
中等收入组	12.99	15.24	20.08	8.68	6.57
次高收入组	9.98	11.35	12.23	7.93	7.19
最高收入组	8.30	8.61	7.11	5.13	4.78

从医疗服务需求造成的负担来看，收入是决定个人能否享受医疗卫生服务的重要因素。尽管有医疗保险的分担，但不同收入组的参保人员由于经济原因而未能利用卫生服务的差距依然十分明显。相关研究表明：当医疗服务的利用由支付能力决定而不是由需求决定时，收入较低的人在医疗服务费用居高不下的现实面前，不得不面临由疾病造成的巨大经济风险，甚至因病致贫。[②] 表5-6的数据显示，低收入人群的医疗服务利用

[①] 高建民，裴瑶琳，雷瑞杰，等.不同收入人群的卫生公平性研究：来自陕西眉县的证据[J].中国卫生经济，2012（3）：51-54.

[②] 高建民，裴瑶琳，雷瑞杰，等.不同收入人群的卫生公平性研究：来自陕西眉县的证据[J].中国卫生经济，2012（3）：51-54.

容易因为经济原因而受到影响，在此情况下，即便有医疗保险，其分担的作用也将难以体现。

根据城镇居民基本医疗保险参保对象抽样调查的数据统计，2011年不同收入组的未就诊状况中，两周患病未就诊率依然居高不下。最低收入组的两周患病未就诊率达到63.43%，而最高收入组的未就诊率也达到48.59%。其中，因经济原因未就诊的分布中，最低收入组达到28.79%，而最高收入组仅为4.55%。

在住院方面，过去一年应住院未住院的比例相对较低。最低收入组为7.51%，最高收入组仅为0.94%。但值得注意的是，在应住院未住院的人群中，由于经济原因未住院的比例显著高于门诊。其中，最低收入组有74.55%的人由于经济原因应住院未住院，次低收入组和中等收入组也均超过50%。因经济困难提前出院的比例中，最低收入组达到41.33%，次低收入组为32.00%，而最高收入组仅为2.50%。

灾难性支出是衡量居民就医负担的重要指标。按照国际上的通用标准，本书将居民年医疗保健支出占到或超过家庭年收入的40%的情况视为灾难性医疗支出，超过这一比例的居民很可能陷入因病致贫的困境。从参保居民灾难性医疗支出的家庭的比例来看，最低收入组中有13.86%的家庭"因病致贫"，次低收入组有7.44%的家庭陷入同样的困境。

总体来看，由于收入因素的差别，低收入群体的就医负担远高于高收入群体。现行的城镇居民基本医疗保险政策，依然未能完全解决服务利用公平的问题。收入较高群体基本能够享受到需要的医疗服务，而低收入群体依然存在着由于经济原因被迫忍受病痛，生病时不敢去医院及时就诊，病重时又不敢去医院住院，住院后又在康复前忙于出院的情况。由此可见，在城镇居保制度覆盖参保居民后，医疗保险和收入在决定医疗服务的可及性方面起到了至关重要的作用。但是，如果医疗服务的利用主要由支付能力而不是由需求决定的局面一日不改变，医疗保险制度的作用就将大打折扣，低收入者依然会由于疾病而面临巨大的经济风险，甚至因病致贫。

如表5-7所示，从2007—2011年参保居民未就诊的原因分布来看，当问及"您没到

表5-6　2011年不同收入组未就诊比例　　　　　　　　　　（单位：%）

收入组别	两周患病未就诊率	其中因经济原因未就诊	过去一年应住院未住院	因经济原因未住院	因经济困难提前出院	灾难性医疗支出家庭
最　低	63.43	28.79	7.51	74.55	41.33	13.86
次　低	62.15	18.04	5.41	68.33	32.00	7.44
中　等	57.25	17.72	4.34	50.00	7.89	3.50
次　高	47.83	15.53	3.09	24.32	3.13	2.65
最　高	48.59	4.55	0.94	25.00	2.50	0.73

表5-7 参保居民未就诊原因分布 （单位：%）

	2007年	2008年	2009年	2010年	2011年
经济困难	46.40	46.18	30.45	27.10	19.75
自感病轻	41.54	36.36	50.62	54.80	59.51
自感无望	2.18	4.03	5.76	5.35	5.19
医院床位紧张	1.01	0	0.41	0	0
医院技术不好	1.51	1.14	0.55	0.61	0.99
没有时间	2.35	2.07	2.06	1.94	3.95
路程太远	0.50	0.83	0.55	0.36	0.99
其他	4.53	9.40	9.60	9.84	9.63
共计	100	100	100	100	100

医疗机构看病最主要的原因是什么"时，2007—2008年"经济困难"排在第一位，分别为46.4%和46.18%。主要原因可能是由于在城镇居保制度推广初期，报销水平低、医保基金结余率高而导致未就诊。此后，因经济困难而未就诊的病人有了大幅下降，由2009年的30.45%下降到2011年的19.75%。这和新医改背景下，城镇居民基本医疗保险政策的快速完善、政府投入的不断加大以及制度保障水平待遇的不断提高密切相关，也在一定程度上体现了城镇居民基本医疗保险制度对于因经济困难而不敢看病起到明显的改善和缓解作用。与此同时，自己感觉病情比较轻而未就诊的比例在逐年增高，除2008年略有回落外，"自感病轻"而未就诊的比例已由2007年的41.54%增加到2011年的59.51%。这表明居民对于自身健康的重视程度存在一定的忽视，还未能形成疾病的"早发现、早干预、早治疗"的就诊习惯。

在参加了城镇居民基本医疗保险政策后，理论上由于有了制度的保障，居民由于经济原因而不去就诊的情况应该会有明显改善，上文中"因经济困难"未就诊的数据逐年回落证实了这一趋势。但为什么有了医疗保险还有部分人群因经济原因不去就诊呢？进一步分析参保居民因经济原因未就诊的具体原因后发现，当问及"如果因为经济原因，具体是什么原因"时，有少部分人虽然参加了城镇居民基本医疗保险，但未利用，依然选择了"没有医疗保险，看不起病"的选项。如表5-8所示，在制度推行之初这一比例高一些，为5.14%，此后逐步回落。很可能是由于以下两个原因造成的：一是部分参保居民对于制度不了解；二是由于部分城市在制度实施之初并没有进行门诊统筹。虽然"有医疗保险，但到医院总费用会太高"的比例占绝对多数，从2007年的58.11%增加到2011年的62.24%。此外，医疗保障范围狭窄、医保垫付钱太多、补偿不及时以及起付线太高均占到一定的比例。

表5-8　参保居民因经济原因未就诊的具体原因　　　　　　　　（单位：%）

	2007年	2008年	2009年	2010年	2011年
没有医疗保险，看不起病	5.14	3.38	1.02	1.95	2.55
有医疗保险，但到医院总费用会太高	58.11	54.50	59.86	61.04	62.24
有医疗保险，但起付线太高	9.19	11.41	7.48	7.47	7.14
有医疗保险，但垫付的钱太多	13.51	11.90	12.93	13.96	12.76
有医疗保险，但保障范围太窄	12.70	12.38	13.95	12.01	13.78
其　　他	1.35	6.43	4.76	3.57	1.53
共　　计	100	100	100	100	100

从住院方面来看，参保居民应住院未住院的原因主要也是由于经济困难，且由于一般住院的费用远高于门诊，经济困难而导致未就医的现象更为明显。如表5-9所示，当问及"您最近一次应住院未住院的原因是什么"时，从2007—2011年的调查数据来看，历年因经济原因而未住院的比例均排在第一位，2007年制度推行之初，由于制度尚未完善，覆盖面窄，应住院未住院的人群中由于经济困难造成的比例高达82.55%。此后随着制度的不断完善呈现逐年下降的趋势，2011年已经降低到59.85%。而由于自己感觉病轻而应住院未住院的比例在上升，由2007年的7.27%上升到2011年的18.15%。此外，没有时间的因素排在第三位。

表5-9　参保居民应住院未住院的原因分析　　　　　　　　（单位：%）

	2007年	2008年	2009年	2010年	2011年
经济困难	82.55	82.47	69.09	69.83	59.85
自感病轻	7.27	8.04	20.00	12.20	18.15
自感无望	0.36	2.06	1.21	2.71	5.02
医院床位紧张	1.45	0.21	0	0.68	1.54
医院技术不好	0.73	0.62	0.61	0	0.77
没有时间	4.00	2.68	3.33	4.07	5.02

(续表)

	2007年	2008年	2009年	2010年	2011年
路程太远	1.82	0.41	0.91	1.36	0
其　他	1.81	3.51	4.85	9.15	9.65
共　计	100	100	100	100	100

进一步分析因经济困难而应住院未住院后发现，也有少部分参保居民对于医疗保险制度不够了解，即便参加了医疗保险但依然选择"没有医疗保险，看不起病"。按照现行的政策，所有推行城镇居民基本医疗保险的城市均涵盖了住院。如表5-10所示，"有医疗保险，但到医院总费用会太高"的因素历年均排在第一位，表明虽然有了医疗保险，但居民对于"看病贵"依然存在一定的畏惧。对于住院来讲，医疗总费用即使有了医保的部分报销，但参保居民依然难以承受。此外，"有医疗保险，但垫付的钱太多""有医疗保险，但保障范围太窄"分别排在第二位和第三位，表明由于受医疗保险筹资以及医疗保障水平的限制，城镇居保在支付方式、保障范围方面还需要进一步改进。

表5-10　参保居民因经济困难应住院未住院的具体原因　　　　　　　　（单位：%）

具体原因	2008年	2009年	2010年	2011年
没有医疗保险，看不起病	3.72	3.62	4.21	4.72
有医疗保险，但到医院总费用会太高	50.49	45.40	53.33	57.08
有医疗保险，但起付线太高	13.43	13.65	9.12	8.49
有医疗保险，但垫付的钱太多	17.31	16.71	16.14	13.68
有医疗保险，但保障范围太窄	10.52	15.04	13.68	13.68
其　他	4.53	5.57	3.51	2.36
共　计	100.00	100.00	100.00	100.00

综合来看，被调查的城镇居民基本医疗保险试点城市的服务需求和利用存在以下几个显著特征。一是服务需求与收入情况不匹配，收入越低的人群越容易患病，其服务需求越高，存在着与收入密切相关的健康不平等。低收入组的两周患病率、慢性病患病

率、因病卧床率均远高于高收入组。二是服务利用与收入情况密切相关。收入越低的人群，未就诊的比例越高。其中，因经济困难而未就诊的比例在历年均是排名第一的关键因素。在门诊方面，5个收入组均有40%以上的人群两周患病未就诊。因经济原因应住院未住院的人群比例也比较高，最低收入组高达74.55%，最高收入组也达到25.00%。三是随着收入的降低，未就诊的比例明显提高。其中，2011年因经济困难未就诊的，最低收入组为最高收入组的6.3倍。在住院方面，最低收入组为最高收入组的8倍。以上体现了城镇居民医疗服务利用不公平。四是依然存在着而因病致贫的现象，其中，低收入人群更容易因病致贫。在灾难性医疗支出家庭的比例中，最低收入组为13.86%，最高收入组为0.73%，前者是后者的19倍。

理论和实践研究均证明，医疗保险是保证参保人群获得良好的医疗卫生服务，缩小由于疾病而造成的健康不平等以及收入差距的关键因素。然而，收入差距也对医疗卫生服务的可及性和利用存在十分重要的影响。因此，在考察医疗保险的公平性中，医疗服务的实际需求和利用情况以及两者之间的关系就成为检验医保制度是否有效的核心指标之一。从公共政策的实际来看，城镇居民基本医疗保险政策的完善可以显著地降低这些不平等。但是在实际的服务利用中，依然存在着由于收入而造成的不平等现象。因此，在今后城镇居民基本医疗保险政策完善的过程中，如何进一步解决低收入人群的医疗保障问题，缩小由于经济困难原因而造成的医疗服务利用不平等，甚至因病致贫的现象，实现参保人群的服务按照实际需要而不是医疗服务支付能力来获得，将是制度发展长期坚持和追求的目标。

第四节 试点城市城镇居民基本医疗保险政策的负担公平性评价

服务利用是否公平是决定医疗保险制度公平性的关键环节。然而，在服务利用之后，除了医保分担的部分医疗费用之外，参保居民个人实际支出的水平，以及在其收入中的比重将影响到居民对于疾病负担的直接感受。根据国际上的定义，个人现金卫生支出（OOP）既可视作医疗卫生费用筹资的一种模式，也可以作为考察医疗保险制度下参保居民实际负担的重要指标。一方面，个人现金卫生支出是指参保居民利用各种医疗卫生服务时直接支付的现金，包括直接购买医疗卫生服务的费用和在医疗保险制度之外自付的费用。因此，其扩大了卫生资金的来源，而且由于其是参保居民个人直接支付的成本，有助于提高卫生服务的使用效率和有限卫生资源的节约利用。另一方面，根据国际上的研究总结发现，个人现金卫生支出也可能造成居民医疗卫生负担，且具体表现在造成低收入人群尤其是贫困群体的基本卫生服务利用不足，严重时有可能导致居民家庭因病致贫或造成医疗卫生的灾难性支出。"国际上通用的是2002年WHO提出的以个人现金自付费用占家庭消费的15%和40%为标准,当高于40%时,可认为家庭发生了灾难性卫生支出;当低于15%时,可认为家庭受重大疾病卫生费用支出的影响不大,其中家庭消费在不可得情况下可用家庭支出、家庭收入或家庭财富指数代替。"[①]本研究根据2007—2011年试点城市调查的数据进行城镇居民基本医疗保险政策负担的公平性评价。

首先,考察参保居民就医时的次均费用情况。当问及"您这次治病总共花了多少钱"时,统计结果显示大部分居民的次均费用在200元以下。如表5-11所示,在历年的数据费用分布情况中,次均费用在100元以下的比例最多,由2007年的26.42%增长到2010年的35.00%。其次是100～200元,历年均在20%左右,两项加总在50%左右。由此可见,在医疗保险制度的分担下,居民看小病的次均费用有所降低。值得注意的是,1 000～5 000元以及5 000元以上这两个高额的次均费用段的比例也有所下降,表明城镇居保发挥了对大病医疗费用的保障作用。此外,其他费用区间的比例历年变动不大,但费用分布的总体结构在朝着更为合理的方向发展,即小病的次均费用降低,大病的次均费用基本得到控制。

表5-11　2007—2010年参保居民次均医疗费用分布情况　　（单位:%）

金额（元）	2007年	2008年	2009年	2010年
0～100	26.42	41.58	32.55	35.00
100～200	21.02	17.77	19.90	20.68
200～300	11.59	11.87	14.22	10.93
300～400	8.09	7.68	10.12	8.81
400～500	5.39	4.27	4.28	4.75
500～1 000	11.05	7.99	8.90	9.41
1 000～5 000	12.40	7.84	8.46	8.81
5 000以上	4.04	1.01	1.57	1.61
共　计	100	100	100	100

其次,考察不同收入组的参保居民的医疗支出和负担情况。将参保居民按照收入依次分为最低、次低到最高的五等分组。从不同组的家庭年均收入来看,参保居民的家庭年均收入差距较大。如表5-12所示,最低组的家庭年均收入只有11 416.31元,次低组

---

① 周绿林,孙翠,刘石柱,等.城镇职工重大疾病保障水平测量研究[J].中国卫生经济,2011(8):33-35.

为 23 800.10 元，是前者的 2.1 倍。最高组的家庭年均收入达到 103 230.06 元，分别是最低组和次低组的 9 倍和 4.3 倍。从家庭年均医疗保健开支的金额来看，随着家庭年均收入的提高，家庭年均医疗保健开支也明显提高。家庭年均收入最高的人群，其家庭年均医疗保健开支也多；家庭年均收入最低的人群，其家庭年均医疗保健开支也最少。

由此可见，家庭年均收入的水平明显影响了家庭医疗保健支出的能力。从家庭年均医疗保健支出占家庭年均收入的比重来看，情况却恰恰相反。收入越低，医疗保健支出占家庭年均收入的比重就越高。其中，收入最低组的家庭年均医疗支出占家庭年均收入的比重达到 18.01%，负担最为严重。其次是次低组，为 11.39%。其他收入组的医疗负担相对较轻，家庭年均医疗保健开支占家庭年均收入的比重均在 10% 以下。

表 5-12 2011 年试点城市城镇居保制度的医疗支出和负担情况

收入组别	家庭户数	家庭年均收入（元）	家庭年均医疗保健开支（元）	占家庭年收入的比重（%）
最低	2 176	11 416.31	2 055.90	18.01
次低	2 176	23 800.10	2 710.07	11.39
中等	2 187	34 431.31	3 432.82	9.97
次高	2 203	49 151.66	3 413.65	6.95
最高	2 181	103 230.06	3 486.90	3.38

再次，考察参保居民的医疗保健开支占其当年家庭总开支的比例。如表 5-13 所示，统计数据显示，70% 的家庭医疗保健开支占当年家庭总开支比例在 20% 以下。这部分家庭的医疗保健支出比例相对合理，负担较轻。家庭医疗保健开支占到家庭总开支 20%～40% 的家庭历年均在 15%～20%，按照国际标准，这部分家庭中医疗保健的开

表 5-13 城镇居保参保居民医疗保健支出占家庭年总支出的比例　　（单位：%）

医疗保健支出占当年家庭总开支比例	2007 年	2008 年	2009 年	2010 年
0～20%	70.46	72.51	69.85	72.56
20%～40%	18.62	16.88	18.16	16.46
40%～60%	6.22	6.48	7.55	6.91
60%～80%	3.41	2.99	3.06	2.96
80% 以上	1.30	1.15	1.38	1.11
共　计	100	100	100	100

支已经对家庭总开支造成一定的影响。此外，医疗保健开支超过当年家庭总开支40%以上的家庭占到10%左右。医疗保健支出对这些家庭造成非常大的影响，形成医疗保健的灾难性支出甚至是因病致贫。尤其值得注意的是，历年均有超过1%的家庭在医疗保健支出项上占当年家庭总支出的比例高达80%以上，如果没有医疗保险的进一步分担，很可能因病致贫。

最后，考察参保居民因患病对家庭造成的经济负担情况。如表5-14所示，从主观感受方面来看，当问及"今年您家人因患病给家庭造成的经济负担有多重"时，表示"不严重"的人数最多，并且越来越多的人认为家人生病造成的经济负担不严重，从2007年的43.69%增加到2010年的53.81%。认为"比较严重"的人数波动不大，历年均在27%左右。认为"非常严重"的比例呈现出快速下降的趋势，从2007年的25.91%下降至2010年的10.93%。但是，如果考虑回答"非常严重"和"比较严重"两项的人数加总，则每年由于家人生病而给家庭造成了严重经济负担的家庭还比较多。这也表明城镇居民基本医疗保险政策的保障水平和居民的期望之间还存在着较大的差距，未来在完善制度的过程中需要进一步提高城镇居保制度的保障水平。

表5-14 因家人生病而给家庭经济造成的负担情况

	2007年		2008年		2009年		2010年	
	人数	比例(%)	人数	比例(%)	人数	比例(%)	人数	比例(%)
非常严重	692	25.91	826	19.88	582	12.14	544	10.93
比较严重	747	27.97	1 451	34.93	1 421	29.65	1 367	27.46
不严重	1 167	43.69	1 765	42.49	2 387	49.80	2 679	53.81
不知道	65	2.43	112	2.70	403	8.41	389	7.81
共 计	2 671	100.00	4 154	100.00	4 793	100.00	4 979	100.00

如表5-15所示，从客观角度来看，大部分家庭没有因为家人治病造成家庭负债的实际负担，且这一比例还在逐年增高，2007年为81.96%，2010年增加到92.22%，从侧面反映了城镇居民基本医疗保险政策对参保居民的保障。因病负债在1万元以下的家庭也在大幅度降低，由2007年的11.47%降低到2010年的3.21%，表明居民参保以后，只要不是发生特别重大的疾病，制度的保障作用能够在一定程度上得到体现和发挥，减少或缓解居民因病致贫的情况。而从负债1万元以上家庭的统计情况来看，参保家庭因大病负债的情况还未能完全消除。历年均有一些家庭因病造成万元以上负债，其中不乏一些家庭因病造成多达4万～5万元乃至5万元以上的负债。因此，如果要进一步提升城镇居民基本医疗保险制度的保障能力，减少因病致贫的情况发生，城镇居保制度需要进

表5-15 参保居民家庭因病负债情况

因病负债情况	2007年		2008年		2009年		2010年	
	人数	比例(%)	人数	比例(%)	人数	比例(%)	人数	比例(%)
不负债	2 472	81.96	3 295	79.46	4 931	90.26	5 260	92.22
1万元以下	346	11.47	537	12.95	246	4.50	183	3.21
1万~2万元	84	2.79	148	3.57	109	2.00	88	1.54
2万~3万元	57	1.89	76	1.83	77	1.41	54	0.95
3万~4万元	17	0.56	23	0.55	23	0.42	66	1.16
4万~5万元	16	0.53	29	0.70	21	0.38	16	0.28
5万元以上	24	0.80	39	0.94	56	1.03	37	0.65
共 计	3 016	100	4 147	100	5 463	100	5 704	100

行大病统筹，或者就部分患有大病的家庭进行二次补偿。

总体来看，在城镇居民基本医疗保险政策建立以后，试点城市参保居民的疾病负担有所缓解。在城镇居保制度的保障下，城镇居民看病的次均费用基本得到了控制。大多数收入情况较好的家庭在医疗保健支出方面基本上没有负担。只有少部分低收入家庭或者患大病的家庭才会由于医疗保健开支占家庭总收入或者总支出的比例过重而造成家庭经济的实际负担，甚至负债。城镇居民基本医疗保险政策的负担总体是公平的。研究也表明，虽然城镇居民基本医疗保险在缓解和减少医疗家庭灾难性支出和因病致贫方面发挥了一定的作用，但是由于家庭经济情况和患病严重程度的不同，实际负担的"不公平"现象还是存在的。因此，应该进一步提高城镇居民基本医疗保险对大病、重病的关注和保障水平，尽量避免因病致贫现象的发生。

第六章

城镇居民基本医疗保险的政策评估与风险识别

城镇居民基本医疗保险政策的核心政策目标是"保基本、广覆盖、可持续",即提高医保制度的公平性、有效性和可持续性。在分析了城镇居民基本医疗保险政策的公平性之后,效率与可持续成为研究城镇居保制度不可跨越的环节。公平与效率作为任何公共政策均追求的两大核心目标,其均衡状态是公共政策设计科学、执行有效、政策可持续的基础。从理论上看,在特定的阶段,公平与效率通常被视作有冲突和矛盾的两个目标:坚持公平,有可能会损及制度的效率;过分强调效率,则难以兼顾公平。然而,公平与效率又有着内在的联系,如果能够结合具体公共政策的发展阶段来处理这两个制度核心目标的关系,则公平能够促进制度的效率,而对于制度效率的重视也能够为制度的公平以及可持续性奠定更为坚实的基础。"医疗保险制度的设计必须考虑到其长久性和连续性,使之能够可持续运行下去,而不能够因社会经济、政治环境的变化而随之变化,否则不仅会产生巨额的制度转轨成本,从而加大政府的财政压力和个人的缴费负担,还会导致人们对政府的信赖危机和社会的不稳定。"[①]

本章拟考察城镇居民基本医疗保险政策的效率与可持续性,识别政策运行过程中可能存在的风险。受制于数据调查的局限,未能收集到试点城市城镇居民基本医疗保险制度历年的筹资规模、支出情况,以及居民在参保前后的患病、就诊、支出、康复等方面的数据。因此,本章将更注重于从宏观层面来考察政策运行的风险,将城镇居保政策效率与可持续性分解为居民愿意参保、服务利用有效果以及居民对制度满意。

首先,从城镇居保的参保情况来看,城镇居民基本医疗保险虽然开局良好,但是由于其没有强制性要求,仅靠政策和行政力量的推动,制度的可持续性和保障性还需要通过制度运行的数据来进行验证。城镇居保的参保情况到底怎样?哪些因素会影响到居民的参保意愿?这是研究需要关注的第一个问题。

其次,从参保居民的服务利用来看,参保居民与共同生活在城镇中的城镇职工之

---

① 申曙光,侯小娟.我国社会医疗保险制度"碎片化"与制度整合目标.[J] 广东社会科学,2012(3):19-25.

间的服务利用情况存在着怎样的差距？（考虑到数据调查主要集中在城市进行，被调查到的新农合对象较少，以及生活环境、就医场所的不同，暂且忽略医保三大制度之间的对比，而只进行城镇职工医疗保险与居民医疗保险之间的对比。）城镇居保参保人员与应参保未参保人员在服务利用方面存在怎样的差距？城镇居保服务利用的影响因素有哪些？这是研究需要关注的第二个问题。

再次，参保居民对于城镇居民基本医疗保险政策的满意度如何？哪些因素影响了居民对于城镇居民基本医疗保险制度的评价？未来如何提高居民对于制度的认同和满意？这是研究需要关注的第三个问题。

本章将通过对调查数据的分析以及模型的构建，找出影响城镇居民基本医疗保险可持续发展的因素，并提出一些有针对性的发展建议。

第一节 城镇居民基本医疗保险政策的参保意愿及其影响因素分析

我国城镇居民基本医疗保险政策自2007年试点以来，发展速度较快，城镇居保制度的试点与推广为实现全民医保的目标奠定了坚实的基础。顾昕（2010）认为，要实现我国全民医保的目标，从理论上讲意味着国人至少参加一种医疗保险。从近年来三大基本医疗保险制度发展的态势和覆盖率来看，新农合的发展速度最快，其覆盖率最高。早在2007年年底，新农合的参保人数就达到7.3亿，覆盖率已经超过90%。2008年年底增加到8.2亿，逼近农业户籍人口总数。而城镇基本医疗保险覆盖率在2008年才首次突破60%的大关。因此，实现我国全民医保的目标，主要需要解决城镇职工医疗保险与城镇居民基本医疗保险的覆盖率问题。

一、试点城市城镇居民基本医疗保险覆盖率情况

从试点城市调查的数据看，城镇居保的覆盖率增长比较迅速。如表6-1所示，2010年平均基本医疗保险覆盖率达到91.1%，基本实现了医保全民参保的目标。但从全国范围看，根据2010年全国第六次人口普查的数据公报，我国城镇人口数为6亿6558万，参加城镇基本医保的人口为4亿3206万。其中，城镇职保2亿3734万，城镇居保1亿9472万，基本医保覆盖率仅为64.9%。2011年增长到4.73亿人，只覆盖68%的城镇常住人口。要实现全国范围内的全民医保，城镇职保必须解决民营企业逃避雇主社会保险缴费的责任，而城镇居保必须突破自愿性医疗保险面临的"逆向选择"困局。[1]即保证应参保的制度对象尽量参保，已参保的人员不退保。

---

[1] 顾昕.全民医保的新探索［M］.北京：社会科学文献出版社，2010：3.

表6-1 城镇居民基本医疗保险试点城市基本医疗保险覆盖率 （单位：%）

城 市	2007年	2008年	2009年	2010年
包 头	67.3	76.2	80	81.9
吉 林	73.4	79.5	83.5	88.9
常 德	59.9	73.9	81.8	89.6
绍 兴	90.4	92.6	95.9	92.3
淄 博	75.8	88.6	92.3	93.0
厦 门	90.2	90.9	93.4	95.4
成 都	80.3	80.0	85.3	87.8
西 宁	85.5	82.1	89.5	97.0
乌鲁木齐	77.1	86.5	91.2	93.2
平 均	77.6	83.4	88.1	91.1

二、试点城市城镇居民基本医疗保险应参保未参保情况

城镇居民的参保意愿是衡量制度发展态势的一个核心指标。是否愿意参保体现了居民对于制度的态度，是决定城镇居民基本医疗保险政策成败的一个最为直观的考核指标。我国城镇居民基本医疗保险同新农合一样，也是一种自愿性的公立医疗保险，其参保率的高低，很大程度上取决于这项制度能否为参保者带来实惠。[1]在新医改的背景下，我国城镇居民基本医疗保险的参保率提升很快。截至2011年年底，我国城镇居民基本医疗保险的参保人数为2亿2 116万人，比上年末增加2 588万人。参加城镇基本医疗保险的农民工人数为4 641万人，比上年末增加58万人。[2]在大部分城镇居民已经参保的情况下，参保意愿的考量主要需要着眼于那些应参保未参保人员。如表6-2所示，从试点城市的调查数据来看，2007年制度推行之初，69.79%的未参保人员其实有参保意愿，许多人因观望而未参保。此后，历年未参保人员的参保意愿均徘徊在50%左右，这部分人群成为未来制度扩展需要重点争取的对象。还有约20%的人员没有表示明确的态度。约30%的未参保人员明确表示不愿意参保。

从应参保未参保人群的不参保原因来看，由于身体健康而不参保是最主要的原因，历年均排在第一位。如表6-3所示，2007年为24.8%，2008年下降到19.24%，2010年又猛增至36.43%，2011年回落到27.49%。由此可见，城镇居民基本医疗保险政策存在一

---

[1] 顾昕.全民医保的新探索[M].北京：社会科学文献出版社，2010：7.
[2] 人力资源社会保障部发布2011年全国社会保险情况[EB/OL].http://www.gov.cn/gzdt/2012-06/27/content_2171250.htm.

表6-2 试点城市城镇居民基本医疗保险应参保未参保人员的参保意愿 （单位：%）

	2007年	2008年	2009年	2010年	2011年
愿　意	69.79	45.64	48.34	44.96	50.49
不愿意	15.92	29.49	29.04	30.08	27.67
不确定	14.29	24.87	22.62	24.96	21.84

表6-3 试点城市城镇居民未参保原因 （单位：%）

原　因	2007年	2008年	2009年	2010年	2011年
身体好没必要	24.80	19.24	29.06	36.43	27.49
报销比例低，不划算	10.01	8.36	11.86	9.40	13.92
保费太高	22.56	11.64	11.94	10.31	13.30
政府补贴太少	3.96	3.63	2.99	4.60	6.96
刚听说	28.05	13.87	12.88	9.15	6.70
其　他	10.62	43.27	28.04	27.99	28.81
不能异地报销	—	—	3.22	2.12	2.82
共　计	100	100	100	100	100

注：(1)"—"表示该年调查问卷的问题中没有设置这一选项。(2)多选题的处理方法是以选项为计数，而不是以人头为计数。如2007年，选"身体好没必要"为488人，选"报销比例低，不划算"为197人……将全部选项计数加总（加总次数不是人数），计算出百分数

定的"逆向选择"。那些自我感觉"身体好没必要"的居民以及青壮年容易选择不参保。这批人是未来扩展城镇居保覆盖面的难点所在，也是维持城镇居民参保率的重要目标人群。其次，觉得城镇居保制度的收益与付出不对称也是居民不参保的重要原因。随着城镇居民基本医疗保险政策的不断完善，最近几年城镇居保的保障水平有了很大的提高，但与此同时，参保费用也相应提高了，造成部分居民觉得"保费太高"，而"报销比例低，不划算"。也有部分人员觉得"政府补贴太少"而不愿意参保。此外，由于不了解或刚听说城镇居保制度而未参保的人员越来越少，表明城镇居保制度已经深入人心，城镇居保制度的知晓率有了很大的提高。

三、城镇居民基本医疗保险参保意愿及其影响因素分析

为了考察城镇居民基本医疗保险的参保意愿及其影响因素，本书根据2011年9个试点城市城镇居民基本医疗保险的调查数据，运用统计软件Stata 12.0，采用二分类

Logistic模型进行多因素分析。在参保意愿及其影响因素分析中,笔者构建了4组模型:个人基本特征、家庭基本状况、健康状况及健康意识、制度因素对参保意愿的影响(图6-1)。其中,模型一的变量只包括个人基本特征,模型二、模型三、模型四逐步纳入家庭基本状况、健康状况、制度因素。

城镇居民参保意愿的Logistic模型可以表示为:

$$\ln\frac{p_i}{1-p_i}=\beta_0+\beta_i X_i+\varepsilon_i$$

具体分析方法如下:

参保意愿及其影响因素:$p_i=P(Y_i=1)$,$Y_i=\begin{cases}1,\text{是(愿意参保)}\\0,\text{否(不愿意参保)}\end{cases}$

在经济学的分析框架中,决定是否参与医疗保险是理性消费者在风险规避条件下最大化自身预期效用的结果。(Arrow,1963;Pauly,1986)在可以进行选择的条件下,消费者通过选择参加或不参加医疗保险来使自己的预期效用最大化。[①]根据学术界以往的研究,影响医疗保险参与意愿的因素主要包括两个方面:一是参保居民的个体特征因素,如性别、年龄、民族、婚姻状况、受教育程度、从业状况、收入水平等;二是与制度相关的因素,如保险的筹资水平、共付比例、政府补贴水平等。薛新东、刘国恩运用2007年的试点城市城镇居保数据,研究了城镇居民基本医疗保险参保意愿及其影响因素的问题。认为"年龄、民族、婚姻状况、健康状况、所在地区和家庭平均收入水平等变量对参与意愿有显著影响;性别、教育程度和工作状况对居民参与意愿没有影响;政府补贴水平对参与意愿具有明显的正向激励作用"。[②]本书意在最新调查数据的基础上做进一步的对比研究,继续关注影响城镇居民参保意愿的因素,为今后提高城镇居保的参保率,保证制度的可持续性提供政策决策所需的证据。因此,本书也选择居民的参保意愿作为因变量(见图6-1)。该变量为二分变量,愿意为1,不愿意为0。自变量方面,根据问卷收集的数据,做了进一步的补充和完善,包括参保居民的个人基本特征、家庭基本情况、居民健康情况与健康意识、制度相关因素4个方面,见表6-4。

本研究的相关假设为:(1)个体因素方面:男性比女性更愿意参保,少数民族比汉族更愿意参保;年龄越大更倾向于参保,受教育程度越高越倾向于参保;无固定工作比有稳定工作更愿意参保;已婚比未婚更愿意参保。(2)家庭因素方面:家庭规模越小,越愿意参保;家庭收入越高,越愿意参保;家庭医疗保健支出越高,越愿意参保。(3)健康状况与健康意识方面:不健康者比健康者更愿意参保;健康意识强烈者比弱者更愿意参保;

---

① 王震.乡城流动工人医疗保险覆盖率及其影响因素的经验分析——基于大连、上海、武汉、深圳、重庆五城市调查数据[J].中国人口科学,2007(5):60-71.
② 薛新东,刘国恩.城镇居民基本医疗保险的参与意愿及影响因素[J].西北人口,2009(1):62-66.

有慢性病者比没有慢性病者更愿意参保；过去一年有过门诊或住院经历者比未曾患病者更愿意参保。(4) 制度因素方面：没有参加其他保险的人员比有其他保险的人员更愿意参保；知道并了解城镇居保制度的人员更愿意参保。

从变量的分布情况来看，被调查人群的男女比例基本相当。在民族分布方面，大部分为汉族，占93.6%，少数民族占6.4%。在年龄方面，被调查人群以劳动年龄段人口为主，占到66.15%。在受教育程度方面，城镇居保参保对象的受教育水平普遍不高，大学及以上学历的人员仅占14.34%，初高中水平为53.45%，小学及以下水平为32.21%。在婚

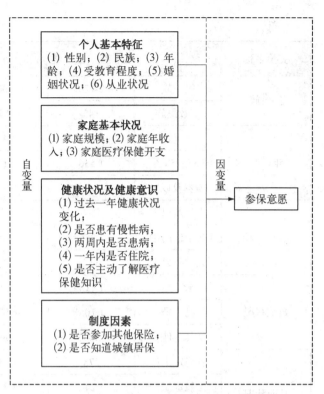

图6-1 城镇居保参保意愿影响因素模型架构图

姻方面，已婚和未婚者基本持平，分别为47.39%和46.92%，还有少部分丧偶等特殊情况，占5.69%。在从业状况方面，城镇居保对象大部分无稳定工作，占53.3%，学生或学龄前儿童占34.79%，有稳定工作的人员仅占11.91%。家庭规模平均数为3.44人每户。在家庭收入方面，不同收入组的家庭年平均收入相差较大，最低组仅为16 413.10元，最高组达到126 824.20元。医疗保健支出同样呈现了较大的两极分化趋势，最低组的平均支出为0元，而最高组达到12 950.47元。在健康状况方面，过去一年来，大多数参保者的健康状况基本没有变化，占76.97%。大部分居民处于健康状态，患慢性病的比例为9.16%，两周患病的比例为7.60%，住院率为3.66%。58.34%的居民具有主动了解医疗保健知识的健康意识。在制度方面，应参保未参保的城镇居民中有33.01%的人员参加了其他医疗保险，还有66.99%的人员没有参加任何医疗保险。有66.52%的人员知晓城镇居保制度，有33.48%的人员不了解城镇居保制度。

表6-4 城镇居保参保意愿的变量描述表

变量名称	变量描述			变量技术处理
性别	男性	1 183	50.36%	虚拟变量，男性=1
	女性	1 166	49.64%	虚拟变量，女性=0

（续表）

变量名称	变量描述			变量技术处理
民族	汉族	2 120	93.60%	虚拟变量，汉族=1
	少数民族	145	6.40%	虚拟变量，少数民族=0
年龄	0～14岁	545	23.47%	虚拟变量，是=1，否=0
	15～59岁	1 536	66.15%	虚拟变量，是=1，否=0
	60岁及以上	241	10.38%	虚拟变量，是=1，否=0
受教育程度	小学及以下	757	32.21%	虚拟变量，是=1，否=0
	初中或高中	1 256	53.45%	虚拟变量，是=1，否=0
	大学及以上	337	14.34%	虚拟变量，是=1，否=0
婚姻状况	未婚	1 116	47.39%	虚拟变量，是=1，否=0
	已婚	1 105	46.92%	虚拟变量，是=1，否=0
	其他	303	5.69%	虚拟变量，是=1，否=0
从业状况	有稳定工作	278	11.91%	虚拟变量，是=1，否=0
	无稳定工作	1 244	53.30%	虚拟变量，是=1，否=0
	学生或学龄前儿童	812	34.79%	虚拟变量，是=1，否=0
家庭规模	平均数：3.44；标准差：1.24			连续变量
家庭年收入	最低	平均数：16 413.10元		虚拟变量，是=1，否=0
	次低	平均数：30 433.80元		虚拟变量，是=1，否=0
	中等	平均数：41 233.81元		虚拟变量，是=1，否=0
	次高	平均数：58 125.46元		虚拟变量，是=1，否=0
	最高	平均数：126 824.20元		虚拟变量，是=1，否=0
家庭年医疗保健支出	最低	平均数：0元		虚拟变量，是=1，否=0
	次低	平均数：214.33元		虚拟变量，是=1，否=0
	中等	平均数：1 224.32元		虚拟变量，是=1，否=0
	次高	平均数：2 956.56元		虚拟变量，是=1，否=0
	最高	平均数：12 950.47元		虚拟变量，是=1，否=0
过去一年健康状况变化	没变化	1 801	76.97%	虚拟变量，是=1，否=0
	变好了	308	13.16%	虚拟变量，是=1，否=0
	变坏了	195	8.33%	虚拟变量，是=1，否=0
	不太好说	36	1.54%	虚拟变量，是=1，否=0

（续表）

变量名称	变量描述			变量技术处理
是否患有慢性病	是	221	9.15%	虚拟变量，是=1
	否	2 094	90.85%	虚拟变量，否=0
是否主动了解医疗保健知识	是	1 368	58.34%	虚拟变量，是=1
	否	977	41.66%	虚拟变量，否=0
两周内是否患病	是	178	7.60%	虚拟变量，是=1
	否	2 165	92.40%	虚拟变量，否=0
一年内是否住院	是	86	3.66%	虚拟变量，是=1
	否	2 266	96.34%	虚拟变量，否=0
是否有其他保险	是	799	33.01%	虚拟变量，是=1
	否	1 581	66.99%	虚拟变量，否=0
是否知道城镇居保	是	1 560	66.52%	虚拟变量，是=1
	否	785	33.48%	虚拟变量，否=0

注：(1) 受教育程度的分类中，小学及以下是指小学以下和小学学历；初中或高中是指初中、高中或中专学历；大学及以上是指大学专科、大学本科、硕士及以上学历。(2) 婚姻状况中，已婚包括已婚并共同生活、已婚但分居；其他包括离婚、丧偶等。(3) 从业状况中，有稳定工作包括正式员工、离退休；无稳定工作包括临时工、钟点工、个体及自由职业者、无业

对城镇居民基本医疗保险参保意愿的回归结果见表6-5：

表6-5 城镇居保参保意愿影响因素Logistic回归模型估计结果

自变量		因变量：是否参加城镇居保							
		模型一		模型二		模型三		模型四	
		B	比值比	B	比值比	B	比值比	B	比值比
性 别		−0.079	0.924	−0.121	0.886	−0.132	0.876	−0.117	0.890
民 族		−0.420*	0.657	−0.418	0.659	−0.455*	0.634	−0.360	0.700
年龄	0～14岁	参照组							
	15～59岁	−0.355*	0.701	−0.423*	0.655	−0.354*	0.702	−0.401*	0.669
	60岁及以上	−1.261***	0.283	−1.286***	0.276	−1.305***	0.271	−1.250***	0.287

（续表）

自变量		因变量：是否参加城镇居保							
		模型一		模型二		模型三		模型四	
		B	比值比	B	比值比	B	比值比	B	比值比
受教育程度	小学及以下	参照组							
	初中或高中	0.001	1.001	0.043	1.044	−0.019	0.981	−0.080	0.923
	大学及以上	0.063	1.065	0.294	1.341	0.202	1.224	0.031	1.031
婚姻	未婚	参照组							
	已婚	0.401**	1.494	0.388**	1.474	0.322*	1.380	0.382*	1.465
	其他	0.168	1.183	−0.069	0.933	−0.216	0.806	−0.212	0.809
从业状况	有稳定工作	参照组							
	无稳定工作	0.383**	1.467	0.399**	1.491	0.379*	1.460	0.390*	1.477
	学龄前儿童	0.320	1.377	0.377	1.457	0.338	1.402	0.683**	1.980
家庭规模				−0.012	−0.988	−0.016	0.984	−0.048	0.953
家庭年收入	最低	参照组							
	次低			−0.273*	0.761	−0.250	0.779	−0.245	0.782
	中等			−0.077	0.926	−0.094	0.911	0.033	1.034
	次高			−0.355*	0.701	−0.348*	0.706	−0.211	0.809
	最高			0.312	1.366	0.327	1.386	0.530*	1.698
家庭年医疗保健开支	最低	参照组							
	次低			0.329*	1.390	0.342*	1.407	0.426*	1.531
	中等			−0.039	0.962	−0.027	0.973	0.033	1.100
	次高			0.292*	1.340	0.250	1.284	0.211*	1.427
	最高			0.005	1.005	−0.016	0.984	0.530*	1.125

（续表）

自变量		因变量：是否参加城镇居保							
		模型一		模型二		模型三		模型四	
		B	比值比	B	比值比	B	比值比	B	比值比
过去一年健康状况变化	没变化	参照组							
	变好了					−0.277*	0.758	−0.145*	0.865
	变坏了					0.108*	1.114	0.171*	1.186
	不太好说					0.383	1.466	0.238	1.269
是否患有慢性病						0.080	1.083	0.010	1.010
过去两周患病						−0.327	0.721	−0.156	0.856
过去一年住院						0.497*	1.644	0.724**	2.063
主动了解医疗知识						0.085	1.089	−0.011	0.989
是否参加其他保险								−0.853***	0.426
是否知道城镇居保								0.530***	1.700
常数项		0.891	2.437	1.023	2.782	1.116	3.052	0.828	2.290
样本量		1 521		1 186		1 163		1 159	

注：*$P<0.1$、**$P<0.05$、***$P<0.01$

主要结论如下。

首先，从居民的个人基本特征因素对参保意愿的影响来看，模型结果表明：

（1）性别、受教育程度对是否参保没有显著影响。这与薛新东等人的相关研究结论一致，导致这一结果的原因可能是城镇居民的受教育程度相差不是很大，大多数集中于高中以下文化程度，文化水平的普遍不高导致居民对于医疗风险的认知趋同。

（2）民族对参保意愿有显著影响，少数民族的参保意愿大于汉族。由于我国的少数民族大多聚居于西部等边远地区，这些地方的地域经济不发达，社会保障制度落后和缺失的情况比较普遍，因而在国家层面推行城镇居民基本医疗保险政策，中央政府又非常关注西部地区尤其是少数民族地区的医疗保障，对其进行倾斜的财政补助。而东、中部地区经济相对较为发达,居民在不同医疗保险制度间的可选择性更大。此外,东、中部地区在社会资本存量方面也大于少数民族地区,政府财政补助又相对较少,造成了不同民族、不同地区之间的参保意愿存在一定程度的差异。

(3)年龄对参保意愿具有显著影响,年龄越大,参保意愿越低。研究中将0～14岁的非劳动年龄人口作为对照组,15～59岁的劳动年龄人口以及60岁及以上的老年人口参保意愿均低于对照组,且随着年龄增长参保意愿越弱,60岁及以上的老年人参与意愿最低。这表明城镇居保同时存在着"逆向选择"和负担水平的不平等。一方面,年轻人由于身体条件较好,且收入水平相对较高,自身抗风险能力较好而选择不参保;另一方面,老年人虽然身体健康情况随着年龄增长而变差,医疗风险较大,其参与医疗保险的实际需求是客观存在的,但是由于随着年龄的增长,其收入也可能下降。而且在我国城镇居民中,退休前具有正式工作的老人均有退休工资等社会保障,而没有稳定工作或者在退休前下岗的部分老人缺少相应的制度保障,其收入下降更为明显,进而影响了其支付能力。这部分老人的疾病风险要么依靠子女来解决,要么无力解决,存在着医疗风险负担不公平的情况。

(4)在婚姻状况方面,已婚人员比未婚人员更愿意参保。主要原因在于结婚后居民在家庭和子女方面承担的责任更大,其对于医疗风险的关注程度和规避意识很可能会相应提高,因而参与愿意更强。

(5)从业状况对参保意愿也具有显著的影响。相对具有稳定工作的居民而言,无稳定工作的人员更愿意参保。由于没有稳定工作,居民的抗疾病风险能力更弱,因而更有意愿参加医疗保险来规避疾病风险。

其次,从家庭基本状况因素对城镇居民参保意愿的影响来看:

(1)家庭规模对居民的参保意愿影响不显著。这与研究假设不一致。从理论上讲,家庭规模越大,抗疾病风险能力越强;家庭规模越小,抗疾病风险能力相应降低。因此,家庭规模影响不显著的主要原因可能在于:一方面,城镇居民的家庭规模对医疗开支的影响不明显,无论家庭规模大小,医疗开支依照疾病发生概率而相应增大;另一方面,城镇居民家庭规模的趋同性也导致了其影响减弱。例如,由两个年轻人组成的家庭与由两个老人组成的家庭,其参保意愿从理论上讲应该有明显的区别,但从家庭规模来看,两者是等同的,并无明显差别。

(2)收入对参保意愿有一定影响。按照参保意愿排序,收入最高组参保意愿最高,其次为收入最低组,然后是中等、次低,最后是次高。这和薛新东等人收入越高参保意愿越高的研究结论并不一致。收入组最高的人最愿意参保固然和其支付能力较强,在政府具有相应补贴的情况下更有意愿享受政府提供的补助和医疗保障有关,但最低收入组由于其面临的医疗风险较大,在政府进行补贴的情况下也具有较强的参保动机。反而是那些收入中等的夹心层,一方面由于收入并不是很高,对于参保费用很看重;另一方面自身又有一定的收入,对疾病风险的感知不如低收入的敏感,因而更容易考虑到未来的

"预期收益"而选择不参保或观望的态度。

（3）年医疗保健开支对参保意愿具有一定的影响，但并不是研究预期的开支越多参保意愿越强，按照参保意愿排序，分别是次低>次高>最低，这3组相对显著。

再次，从健康状况及健康意识对参保意愿的影响来看：

（1）健康状况变化对参保具有一定的显著性。总体上来说，过去一年内健康状况变坏了的居民参保意愿更强，变好了的居民参保意愿更弱。这与居民对于是否参保主要取决于其对自身身体健康的判断和参保后的预期收益是一致的。

（2）是否患有慢性病、是否主动了解医学知识不显著。这与研究预期假设也不一致。一方面，慢性病患者在对医疗保险需求方面可能未能得到有效的满足，即医疗保险制度与慢性病患者常去的社区卫生服务中心尚未能形成较好的联动；另一方面，健康意识强有可能导致居民对于自身健康比较关注，其健康情况较好而选择不参保。

（3）两周患病和过去一年是否住院对居民的参保意愿影响不大。但是否住院对参保影响更为显著，住过院的比没住院的参保意愿高。这表明住院后由于医疗费用支出可能增加从而选择参保。

最后，从制度因素对参保意愿的影响来看，是否参加其他保险、是否知道城镇居保影响非常显著。一方面，参加了其他保险者参保意愿明显低于未参加者，说明医疗保险制度之间具有较大的可替代性，在城镇居保制度出台之后，居民对其他医保制度的参保仍然具有一定程度的路径依赖；另一方面，是否知晓和了解城镇居民基本医疗保险对居民参保意愿有明显的影响。对城镇居民基本医疗保险政策的知晓和了解是居民决定是否参保的前提条件。研究结果表明，居民对制度越了解，其参保意愿更高。因此，在未来提高城镇居民基本医疗保险参保率，加强制度可持续性的工作中，需要进一步加大对制度的宣传力度，让广大居民了解城镇居保制度，认同城镇居保制度，增强对于疾病风险的保险意识，这样才能确保在自愿原则下的居民选择参保，享受城镇居保制度带来的政策福利。

第二节 城镇居民基本医疗保险政策服务利用及其影响因素

医疗保险服务利用情况是考察医保制度成效的第二个重要指标。在选择参保以后，是否会影响居民的医疗服务利用情况不仅能够折射出医保制度对参保居民的实际保障程度，也是居民直接感受并决定今后是否继续参保的重要环节。本节意在系统分析在城镇居民基本医疗保险政策中，参保居民医疗服务利用情况及其行为方式的影响因素。首先，对城市中城镇职工与城镇居民两种主体医疗保险制度的服务利用情况进行比较分析，以了解不同医保制度对服务利用及其负担的影响；其次，通过对城镇居保参保人员与未参保人员的服务利用情况进行比较，了解城镇居保制度对于参保居民的医疗服务利用行为是否有影响，以及城镇居保制度是否真正有效进行客观评价；最后，就影响城镇居民基本医疗保险服务利用的因素进行分析。

一、城镇居民与城镇职工医疗保险的服务利用情况比较

城镇职工医疗保险制度与城镇居民基本医疗保险政策是目前我国城市医疗保险的两大主体制度。1998年起开始在全国推广的城镇职工医疗保险制度是指主要针对城镇所有用人单位，包括企业（国有企业、集体企业、外商投资企业、私营企业等）、机关、事业单位、社会团体、民办非企业单位及其职工而设立的医疗保险，具有推行时间较长、制度比较完善、保障水平较高的特征。而2007年开始进行试点的城镇居民基本医疗保险政策主要是以没有参加城镇职工医疗保险的城镇非从业人员为主要参保对象的医疗保险制度。它是继城镇职工医疗保险制度和新型农村合作医疗制度之后，国家进一步解决广大人民群众医疗保障问题，不断完善医疗保障制度的又一重大举措。虽然城镇居保制度的出台时间较晚，但其具有制度的后发优势，发展比较快。从试点城市城镇职工与居民医疗保险服务利用情况的比较来看，近年来城镇居民基本医疗保险政策下参保居民的服务利用有了较大的提高，见表6-6。

表6-6 试点城市城镇职工与居民医疗保险服务利用情况比较

	2007年		2008年		2009年		2010年		2011年	
	城镇职保	城镇居保	城镇职保	城镇居保	城镇职保	城镇居保	城镇职保	城镇居保	城镇职保	城镇居保
两周患病次数	1.40	1.47	1.44	1.53	1.44	1.43	1.42	1.49	1.50	1.30
两周就诊率（%）	16.09	17.10	15.32	17.22	13.03	11.69	12.44	9.52	13.83	8.13
年住院次数	1.36	1.37	1.40	1.34	1.43	1.34	1.36	1.33	1.44	1.44
平均住院天数	18.57	16.31	18.97	14.65	19.38	14.72	18.32	15.49	18.59	15.10
门诊次均费用（元）	1433.82	1060.183	413.94	394.33	498.89	491.27	600.40	600.40	759.29	688.89
住院次均费用（元）	7876.17	6798.59	8993.79	5889.36	9245.59	6416.14	9973.05	7588.10	11026.62	7208.88

在门诊服务利用方面，相比城镇职保，城镇居保的门诊服务利用有一定的差距，但不是很大。如图6-2所示，在城镇居保制度推广之初的2007和2008年，其门诊服务利用还一度超过城镇职保，2007年和2008年试点城市居民两周就诊率分别为17.10%和17.22%，超过同期城镇职保的16.09%和15.32%。此后，城镇居保门诊服务就诊情况有所回落，重新回到相对较低的水平上，2009年开始逐步落后于城镇职保。2011年，城镇居民基本医疗保险参保人员的两周就诊率为8.13%，城镇职工医疗保险为13.83%，两种制度相差5.5%。在两周患病率基本相同的情况下，城镇居保参保居民在门诊方面的服务利用情况有待于进一步提高。

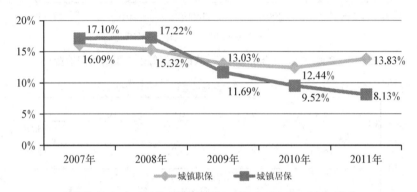

图6-2　2007—2011年城镇职保/城镇居保覆盖人群两周就诊率

从门诊服务的次均费用来看，试点城市的城镇居保参保居民的门诊次均费用略低于城镇职保。如图6-3所示，2007年，城镇居保参保人员的门诊次均费用为1 060.18元，城镇职保为1 433.82元。城镇居保比城镇职保次均费用低了约374元，但两种制度均处于高位。此后，在新医改的推动下，两种制度的门诊次均费用均有了非常明显的下降。2008年，城镇职保门诊次均费用下降到413.94元，仅为前一年的约29%。城镇居保下降至394.33元，仅为前一年的37.2%。之后，两种制度的门诊次均费用又有所提升，2010年两种制度持平，2011年城镇职保增长到759.29元，城镇居保为688.89元。虽然从目前的情况来看，还远低于新医改之前，但门诊次均费用的逐年上涨值得关注。而且，如果进一步考虑到城镇职工保险在门诊方面的待遇与实际报销比例普遍比城镇居保要高出10%～20%，城镇居保参保人员在门诊服务利用方面的负担实际上高于城镇职保，未来保障水平还有进一步提高的空间和必要。

在住院服务利用方面，城镇居保历年均低于城镇职保。在年平均住院次数基本持平的情况下，两种制度在年平均住院天数之间却有着较大的差别。如图6-4所示，2007—2011年，城镇居保参保人员的年平均住院天数低于城镇职保3～5天。这很有可能是城镇居保参保人员在医疗保险保障程度相对较低，且自身无稳定工作、收入较为有限的情况下自行选择出院的结果。

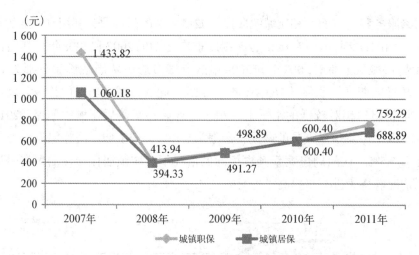

图6-3　2007—2011年城镇职保/城镇居保覆盖人群次均门诊费用

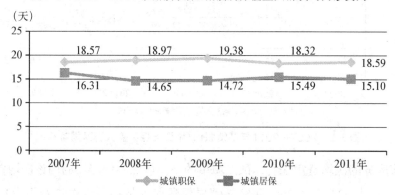

图6-4　2007—2011年城镇职保/城镇居保覆盖人群年平均住院天数

从住院次均费用的情况看，2007—2011年试点城市城镇职保的住院次均费用均高于城镇居保。如图6-5所示，2007年城镇职保的住院次均费用为7 876.17元，城镇居保参保居民的住院次均费用为6 798.59元。从趋势上看，5年来住院次均费用基本上是呈涨势的，其中，城镇职保的住院费用涨势更为明显，而城镇居保相对平稳，2011年为7 208.88元，5年来只增长约6%。因此，城镇居保在住院费用的控制方面做得相对较好。如果能够进一步提高制度的实际报销比例，对于减轻居民的医疗负担将会有更为明显的政策成效。

二、参保人员与应参保未参保人员的服务利用情况比较

城镇居民基本医疗保险参保人员与应参保未参保人员的医疗服务利用情况对比能够清楚地反映城镇居保制度对于参保人员医疗服务利用行为的影响和变化情况，也即制度在服务利用方面的成效。根据调查数据，参保居民与应参保未参保居民在患病情况方面基本上没有很大的差别。如表6-7所示，制度推行之初的2007和2008年，受制度因素的影响，参保居民的患病次数有所"释放"，略高于未参保人群。2009—2011年，参保

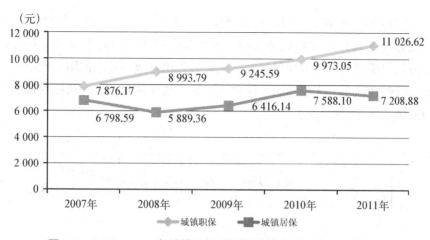

图6-5 2007—2011年城镇职保/城镇居保覆盖人群次均住院费用

人员又略低于未参保人员，差距保持在很小的幅度。从门诊服务利用方面的情况来看，参保居民的两周就诊率历年均高于未参保人员，幅度在1%～5%，显示了城镇居保制度对于居民利用医疗卫生服务的促进作用。

表6-7 城镇居民基本医疗保险参保与应参保未参保人群的服务利用情况比较

	2007年		2008年		2009年		2010年		2011年	
	参保	未参保	参保	未参保	参保	未参保	参保	未参保	参保	未参保
两周患病次数	1.47	1.41	1.53	1.37	1.43	1.50	1.49	1.51	1.30	1.32
两周就诊率（%）	17.1	16.14	17.22	12.30	11.69	8.29	9.52	6.17	8.13	7.44
年住院次数	1.37	1.26	1.34	1.31	1.34	1.18	1.33	1.36	1.44	1.33
年住院天数	16.31	13.28	14.65	14.49	14.72	14.84	15.49	14.23	15.10	16.49
门诊次均费用（元）	1 060.18	817.46	394.33	508.30	491.27	387.07	600.40	664.85	688.89	321.43
住院次均费用（元）	6 798.59	4 630.94	5 889.36	5 963.15	6 416.14	4 956.42	7 588.10	7 954.82	7 208.88	7 659.00

从住院服务的利用情况来看，历年参保居民的住院服务利用也均略高于未参保人群，但无论是年平均住院次数还是天数，差距都保持在很小的范围内（见图6-6）。这既显示了城镇居保制度对于参保居民在住院服务利用方面的鼓励作用，也说明了住院服务利用的选择弹性较小。无论是否有医保，一般需要住院时，表明居民的疾病情况比较严重，因而都趋向于选择住院。

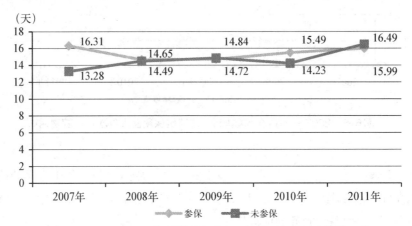

图6-6　2007—2011年城镇居保参保/未参保人群平均住院天数

在医疗服务的费用方面，试点城市的参保人员和未参保人员的门诊次均费用波动比较大。如图6-7所示，参保人员的门诊次均费用从2007年的1 060.18元急降到2008年的394.33元。此后有所回升，2009年为491.26元，2011年进一步上升到688.89元。这表明在试点之初，制度对于参保居民医疗费用具有很大的抑制作用，在居民需求释放的同时，医保对于门诊次均费用的控制做得较好，2008年仅为2007年的48%。由此可见，居民医疗费用的控制大有可为，但逐年上升的次均费用也表明了医疗费用控制的难度。而未参保人员的门诊费用可能是由于被调查的样本量较小的缘故，历年的变化波动较大，没有呈现出比较明显的特征。

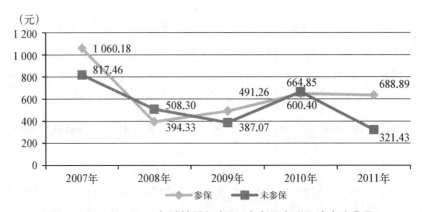

图6-7　2007—2011年城镇居保参保/未参保人群门诊次均费用

从住院次均费用来看，制度推行之初，参保人员的住院次均费用高于未参保人员。如图6-8所示，2007年，参保人员的次均费用为6 798.59元，而未参保人员仅为4 630.94元。这可能是由于制度的"释放"效益造成的，有了医疗保险之后，医疗服务机构对于参保人员的费用控制较为宽松。2008年，城镇居保制度对于居民住院费用的控制和分担作用开始显现。当年参保居民的住院次均费用为5 889.36元，比上一年有较大的降低，但2009年开始又呈现出上涨的趋势。值得注意的是，2010、2011年城镇居保参保人员住院次均费用均低于未参保人群400元左右，表明参保对于住院负担的分担情况。但城镇居保对于参保居民的医疗支出以及健康情况的改善促进作用究竟有多大，还有待于收集更多的相关数据，并进行更为精确的测算和研究。

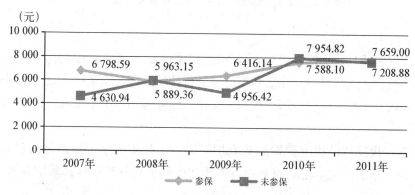

图6-8　2007—2011年城镇居保参保/未参保人群次均住院费用

三、城镇居保的服务利用及其影响因素分析

在服务利用及其影响因素分析中，本书将服务利用分解为是否体检、患病是否就诊、是否应住院未住院3个指标。如下所示：

$$p_i = P(Y_i = 1),\ Y_i = \begin{cases} 1, 是（参加体检） \\ 0, 否（未参加体检） \end{cases}$$

$$p_i = P(Y_i = 1),\ Y_i = \begin{cases} 1, 是（患病就诊） \\ 0, 否（患病未就诊） \end{cases}$$

$$p_i = P(Y_i = 1),\ Y_i = \begin{cases} 1, 是（应住院未住院） \\ 0, 否（住院治疗） \end{cases}$$

即服务利用及其影响因素中镶嵌3组模型（如图6-9所示），分别考察性别、年龄、受教育程度、婚姻状况等个人基本特征及健康状况变化、是否患病等健康因素对是否参加体检、患病是否就诊、是否应住院未住院等服务利用状况的影响。

在医疗保险服务利用的影响因素方面，许多学者做过深入的调查分析，归结起来可

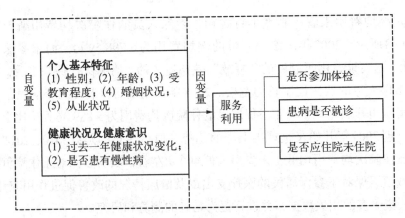

图6-9 城镇居保服务利用及其影响因素模型架构图

以分为以下几类：

一是参保居民自身个体因素对于服务利用的影响，主要包括性别、年龄、受教育程度、婚姻状况、从业状况等。左延莉等通过分析新型农村合作医疗试点卫生服务利用的影响因素，认为年龄、新农合医疗模式、文化、职业等均影响了新农合试点卫生服务利用水平。[1]

二是健康状况与健康意识对服务利用的影响（如生物学因素对健康的影响）。龚幼龙等的研究显示，在生物学因素中，年龄和性别、受教育程度是影响就诊率的社会因素。[2]

三是收入对健康以及医疗服务利用的影响，主要包括参保人员的收入、医疗支出能力水平等。解垩利用中国健康与营养调查（CHNS）数据，检验了中国医疗卫生领域与水平公平目标的偏离程度，重点计算了收入因素在健康不平等、医疗服务利用不平等中的贡献。认为我国存在亲富人的健康不平等、医疗服务利用不平等，高收入人群的健康状况更好并使用了更多的医疗服务，收入因素对医疗服务利用不平等的贡献为0.13～0.2，医疗保险等因素也扩大了医疗服务利用不平等。[3]齐书良、李子奈使用1991—2006年的CHNS面板数据，分时段研究了我国居民与收入相关的健康不平等和医疗服务利用不平等的变动情况。认为健康状况变化与收入排序变化之间存在正相关关系。医疗保险制度建设对于提高医疗服务可及性、促进医疗服务利用均等化起着非常重要的作用。可以预期，随着新一轮医疗卫生体制改革的推进，当基本医疗保障制度全面覆盖城乡居民以后，我国居民的医疗服务利用状况必将得到进一步改善。[4]

---

[1] 左延莉，胡善联，刘宝，等.新型农村合作医疗试点卫生服务利用的影响因素分析[J].中国卫生资源，2006（5）：223-225.
[2] 龚幼龙，陈家应，Henry Lucas，等.企、事业职工家庭卫生服务公平性研究[J].中国卫生资源，2001（4）：163-165.
[3] 解垩.与收入相关的健康及医疗服务利用不平等研究[J].经济研究，2009（2）：92-105.
[4] 齐良书，李子奈.与收入相关的健康和医疗服务利用流动性[J].经济研究，2011（9）：83-95.

四是制度与政策本身的相关因素对服务利用的影响,如制度的报销范围和报销比例以及政府财政的补偿水平等对政府财政的影响。封进、刘芳考察了新农合对与收入相关的医疗服务利用不平等的影响,以及新农合对2004—2006年医疗服务利用不平等改善的贡献。认为"新农合的覆盖面迅速扩大,新农合对医疗服务利用不平等的改善有所贡献,尤其对女性医疗服务利用不平等的改善更为明显。但新农合对于在较高层级机构就诊的不平等改善贡献不明显,主要的贡献来自收入效应"。[①]

关于城镇居民基本医疗保险政策对居民医疗服务利用的影响,胡宏伟基于国务院关于城镇居民基本医疗保险试点的调查数据,运用面板随机Probit模型,发现城镇居民基本医疗保险显著促进了居民基本卫生服务利用,政策实施效果良好。而且,其对卫生服务利用的影响具有全面和分层次促进的特点:城镇居民基本医疗保险促进了全体居民进行健康体检,促进了弱势群体的门诊服务利用,显著提升了低健康群体的住院服务利用。城镇居民基本医疗保险政策促进了低健康群体卫生服务利用的合理增长,中、高健康群体未出现过度利用医疗资源的问题,制度较好地兼顾了公平与效率。[②]高建民等比较了不同医疗保障制度下居民卫生服务需求和利用的情况,认为医疗保障制度对参保人群的卫生服务需要和利用的影响很明显。通过继续提高基本医疗保险制度的覆盖率,可以完善现行医疗保障制度,逐步缩小不同医疗保障制度的差距,加强不同医疗保障制度的衔接,提高居民的卫生服务利用水平。[③]

本研究在吸收前人研究经验的基础上,基于以下3点假设展开:(1)居民的个人特征与服务利用存在相关关系。我们假设居民的服务利用受到性别、年龄、受教育程度、婚姻状况、从业状况等因素的影响。年龄大、受教育程度高的参保人员服务利用水平高,已婚和具有稳定工作的人员服务利用水平比较高。(2)居民的健康意识与健康状况对居民服务利用具有影响作用。健康意识高的居民服务利用主动,两周内患病的居民服务利用更多。(3)参保居民的收入与医疗服务利用存在正相关关系,收入越高,服务利用越积极。具体变量见表6-8。

表6-8 试点城市城镇居民服务利用影响因素变量表

变量名称	变量描述	变量技术处理		
是否体检	是	5 618	49.58%	虚拟变量,是=1
	否	5 652	50.15%	虚拟变量,否=0

[①] 封进,刘芳.新农合对改善医疗服务利用不平等的影响——基于2004年和2006年的调查数据[J].中国卫生政策研究,2012(3):45-50.
[②] 胡宏伟.城镇居民医疗保险对卫生服务利用的影响——政策效应与稳健性检验[J].中南财经政法大学学报,2012(5):21-28.
[③] 高建民,陈星,裴瑶琳,等.三种基本医疗保障制度下居民卫生服务需要和利用比较分析[J].中国卫生政策研究,2011(4):48-54.

（续表）

变量名称	变量描述			变量技术处理
患病是否就诊	是	600	42.28%	虚拟变量，是=1
	否	819	57.72%	虚拟变量，否=0
是否应住院未住院	是	270	2.38%	虚拟变量，是=1
	否	11 055	97.62%	虚拟变量，否=0
性别	男性	5 087	44.88%	虚拟变量，男性=1
	女性	6 247	55.12%	虚拟变量，女性=0
年龄	0～14岁	2 236	19.78%	虚拟变量，是=1，否=0
	15～59岁	6 637	58.71%	虚拟变量，是=1，否=0
	60岁及以上	2 431	21.51%	虚拟变量，是=1，否=0
受教育程度	小学及以下	3 892	34.30%	虚拟变量，是=1，否=0
	初中或高中	6 373	56.17%	虚拟变量，是=1，否=0
	大学及以上	1 081	9.53%	虚拟变量，是=1，否=0
婚姻状况	未婚	4 178	36.81%	虚拟变量，是=1，否=0
	已婚	6 167	54.33%	虚拟变量，是=1，否=0
	其他	1 005	8.85%	虚拟变量，是=1，否=0
从业状况	有稳定工作	2 159	19.09%	虚拟变量，是=1，否=0
	无稳定工作	5 633	49.81%	虚拟变量，是=1，否=0
	学生或学龄前儿童	3 517	31.10%	虚拟变量，是=1，否=0
是否主动了解医疗保健知识	是	7 634	67.39%	虚拟变量，是=1
	否	3 694	32.61%	虚拟变量，否=0
两周内是否患病	是	1 805	16.12%	虚拟变量，是=1
	否	9 390	83.88%	虚拟变量，否=0

通过对城镇居民基本医疗保险参保居民服务利用影响因素的逐步回归，结果见表6-9。

表6-9 试点城市城镇居民服务利用影响因素的Logistic回归模型估计结果

自变量		因变量：城镇居保医疗服务利用情况							
		是否体检			患病是否就诊			是否应住院未住院		
		B	比值比	P	B	比值比	P	B	比值比	P
性 别		0.086**	1.090	0.037	0.298**	1.348	0.019	−0.049	0.953	0.731
年龄	0～14岁	参照组								
	15～59岁	−0.304***	0.738	0.000	−1.039**	0.354	0.017	−0.549	0.578	0.300
	60岁及以上	−0.081	0.922	0.397	−1.210***	0.298	0.006	−0.719	0.487	0.182
受教育程度	小学及以下	参照组								
	初中或高中	0.222***	1.248	0.000	−0.113	0.894	0.394	−0.100	0.905	0.524
	大学及以上	0.550***	1.733	0.000	0.816**	2.262	0.018	−0.164	0.848	0.639
婚姻状况	未婚	参照组								
	已婚	0.332***	1.393	0.000	0.122	1.130	0.725	0.516	1.675	0.201
	其他	0.287***	1.333	0.010	−0.036	0.965	0.924	0.613	1.846	0.156
从业状况	有稳定工作	参照组								
	无稳定工作	−0.672***	0.511	0.000	−0.369***	0.692	0.005	0.079	1.082	0.616
	学生及学龄前儿童	0.500***	1.647	0.000	−0.871	0.419	0.085	0.393	0.675	0.504
主动了解医疗知识		−0.500***	0.610	0.000	0.088	1.092	0.467	0.052	1.053	0.712
两周内是否患病		−0.150**	0.861	0.013	0.765***	2.149	0.000	−2.66***	0.070	0.000

(续表)

自变量	因变量：城镇居保医疗服务利用情况								
	是否体检			患病是否就诊			是否应住院未住院		
	B	比值比	P	B	比值比	P	B	比值比	P
家庭年收入	0.000***	1.000	0.003	0.000	1.000	0.236	−0.000	1.000	0.159
常数项	0.735***	2.085	0.000	−0.588	0.556	0.366	0.824	2.279	0.278
N	10 982			1 379			10 862		
卡方值	722.12			72.54			468.66		
P	0.000			0.000			0.000		

注：*$P<0.1$、**$P<0.05$、***$P<0.01$

主要结论如下：

在模型一中，每个自变量的影响都十分显著。在不同性别的医疗服务利用中，男性体检概率略高于女性，为女性的1.09倍；在门诊服务方面，患病后就诊的概率为女性的1.348倍，应住院未住院的概率为女性的0.731。在年龄因素的影响中，0～14岁青少年相较于15～59岁适龄劳动力服务利用水平更高，老年人群体的结果不显著，有可能是由于家庭结构因素的原因。在家庭中，人们普遍比较重视儿童和少年的健康和医疗服务利用。从受教育程度来看，文化程度越高、服务利用概率越高的假设被证实。小学及以下学历作为参照组，初中或高中学历组参加体检的概率是参照组的1.24倍，大学及以上学历参加体检的概率是参照组的1.733倍。从门诊就诊概率来看，大学及以上学历参加体检的概率是参照组的2.262倍。在婚姻状况对服务利用因素的影响中，已婚人士明显高于未婚人士，体检概率约是其1.39倍，离婚、丧偶等是未婚体检概率的1.33倍。以有稳定工作为参照组，无稳定工作参加的概率仅是其1/2，学龄前儿童是其1.647倍。主动了解医疗知识的参加体检的概率较低，仅占六成。患病的参加体检的概率是不患病的86.1%。家庭年收入对是否参加体检没有影响。

在模型二中，婚姻状况、健康意识、家庭收入对患病是否就诊影响不显著。男性患病就诊概率高出女性约34.8%；少年儿童患病就诊的概率高于适龄劳动力，也高于老年人；大学及以上学历患病就诊概率高于小学及以下学历；两周内患病的比不患病的去就诊的概率更大。

在模型三中，除了两周内是否患病这一因素显著外，每个自变量都不显著，包括家庭收入。从理论上讲，在样本量足够大、自变量挑选也符合研究逻辑的情况下，结果不好的原因可能在于数据收集或填写的不精确，有待于进一步的分析和研究。

第三节　城镇居民医疗保险制度的满意度及其影响因素分析

2008年，城镇职工基本医疗保险参保人数近2亿，对城镇劳动力的人口覆盖率为51.1%；城镇居保的参保人数达到1.18亿，占城镇非劳动力人口的52.22%。人力资源和社会保障部的数据显示，截至2009年12月底，全国城镇医保又新增扩面8 289万人。在"广覆盖"目标有望实现的同时，保障水平能否达到老百姓满意的水平也成为医疗改革面临的另一大难题。[①]参保居民对于城镇居保制度是否满意，不仅直接影响到制度的可持续性，也从客观上反映了制度的真实效率。因此，在城镇居民基本医疗保险政策的完善过程中，必须研究并找出城镇居民基本医疗保险的满意分布及其影响因素。

学界对于城镇居保满意度的研究目前已经逐步从理论论证转向实证研究层面。顾海从理论上构建了城镇居民医疗顾客满意度指数，在对国内外医疗顾客满意度研究现状分析的基础上，建立了医疗顾客满意度指数模型及评价体系，运用偏最小二乘法并结合上海某三级甲等医院30位门诊就诊顾客测算了该医疗机构的顾客满意度指数。[②]仇雨临等以浙江省天台县为例，从参保居民的角度就城镇居民基本医疗保险试点过程中城镇居保与新型农村合作医疗制度衔接后，城镇居民对医疗保险制度的满意程度及影响因素进行了分析，认为居民对城镇居保总体满意度评价一般，对待遇评价较低，其中，报销比例成为居民最为关注的因素，而对满意度影响最大的因素是医院的治疗条件。对于与城镇居民基本医疗保险政策协同发展、关系密切的社区卫生服务，需要进一步提升医疗服务条件和水平。[③]在影响城镇居保服务满意度方面，以往研究关注的因素主要包括：（1）参保居民个体因素，如性别、年龄、受教育程度、婚姻情况、就业状况等；（2）制度相关因素，如起付线、报销比例、封顶线、参保和保险手续便捷程度等；（3）医疗服务相关因素，如定点医院等级、定点医院医疗设备、人员的服务态度、就诊便捷程度等。由此可见，目前学界在针对城镇居民基本医疗保险的解释力上已经有一定的说服力，但受限于数据资料的收集，在全国范围内来考察城镇居民基本医疗保险满意度的影响因素的研究基本上还处于空白状态。

本节根据试点调查问卷在相关方面收集到的数据，来分析研究城镇居保服务满意程度及其影响因素。在因变量的界定上，将回答"非常满意"、"比较满意"的视为满意；将回答"一般"、"不太满意"或"不满意"的视作不满意。在自变量的选择上，归

---

① 朱铭来，奎潮.财政压力视角下基本医疗保险制度的可持续发展［R］.2011：184-204.
② 顾海.城镇居民医疗顾客满意度指数的实证研究［J］.南京社会科学，2008（3）：102-107.
③ 仇雨临，张静祎，徐璨，等.城镇居民基本医疗保险满意度研究：以天台县为例［J］.中国卫生政策研究，2009，2（2）：11-17.

为个人基本特征、家庭基本状况、健康状况及健康意识、服务需求及利用、制度因素五大类。其中，(1)个人基本特征包括性别、年龄、受教育程度、婚姻状况（已婚/其他）、从业状况（有稳定工作/无稳定工作）；(2)家庭基本状况包括家庭规模、家庭年收入、家庭年医疗保健支出；(3)健康状况及健康意识包括过去一年健康状况变化、是否患有慢性病；(4)服务需求及利用因素包括两周内看医生次数、门诊医保支付比例、一年内住院次数、住院医保支付比例；(5)制度相关因素包括自付金额、政府补助水平、参保手续是否方便、报销手续是否方便、医保查询是否方便。由于自变量数量较多，需要先进行逐步回归，筛选出具有统计学意义的变量，生成最优模型。具体的模型架构如下：

$$p_i = P(Y_i = 1), Y_i = \begin{cases} 1, 是（对城镇居保非常满意、比较满意）\\ 0, 否（对城镇居保评价一般、不太满意、很不满意）\end{cases}$$

如表6-10所示，因变量层面，对于城镇居民基本医疗保险政策的满意程度，分布情况为：非常满意占15.10%，比较满意占52.28%，两项加总为67.38%。表示一般的占29.67%，不太满意的占2.45%，很不满意的占0.50%，三项加总为32.62%。从总体上来看，参保居民对于城镇居保制度还是比较认同的，这与仇雨临等在浙江省天台县调查所得出的结论有一定的差异性。其中，明确表示不太满意和很不满意的人群只占被调查人群的2.95%。还有29.67%的受访者表示对制度的满意程度为一般，这部分人群是今后在制度完善过程中可以积极争取的。而对于制度不满意或者非常不满的不到3%，也需要重点关注，了解他们对于制度的诉求是完善制度的一条非常有效的路径。

自变量层面，除了前面模型已经涉及的参保居民的个人因素方面的变量外，还新增了一些与居民就诊以及医保制度相关的变量，主要包括居民两周就诊次数，一年内住院次数，医保的门诊和住院支付比例，城镇居保参保费用和政府补助水平，参保、报销和查询的便捷性等。其中，参保居民人均缴费245元，政府财政补助139.19元。由此可见，政府财政对于居民参加医疗保险的补助已经达到了一定的水平。参保居民平均两周内就诊0.67次，一年内平均住院1.45次。城镇居保在门诊和住院方面的实际报销比例分别为37.98%和40.14%。显然，各个试点城市在其具体政策中宣称的名义报销比例远高于这一水平，这也表明目前城镇居民基本医疗保险政策的保障水平还有待进一步提高。从居民对于制度本身的便捷性来看，大多数居民认为城镇居保制度是方便的，分别有高达98.89%、97.06%和99.04%的参保人员认为城镇居保制度的参保手续、报销手续和医保查询手续便捷。

表6-10 变量统计描述表

变量名称	变量描述			变量技术处理
满意程度	非常满意	1 653	15.10%	非常满意=5
	比较满意	5 721	52.28%	比较满意=4

（续表）

变量名称	变量描述			变量技术处理
满意程度	一般	3 247	29.67%	一般=3
	不太满意	268	2.45%	不太满意=2
	很不满意	55	0.50%	很不满意=1
性别	男性	5 087	44.88%	虚拟变量，男性=1
	女性	6 247	55.12%	虚拟变量，女性=0
年龄	0～14岁	2 236	19.78%	虚拟变量，是=1，否=0
	15～59岁	6 637	58.71%	虚拟变量，是=1，否=0
	60岁及以上	2 431	21.51%	虚拟变量，是=1，否=0
受教育程度	小学及以下	3 892	34.30%	虚拟变量，是=1，否=0
	初中或高中	6 373	56.17%	虚拟变量，是=1，否=0
	大学及以上	1 081	9.53%	虚拟变量，是=1，否=0
婚姻状况	未婚	4 178	36.81%	虚拟变量，是=1，否=0
	已婚	6 167	54.33%	虚拟变量，是=1，否=0
	其他	1 005	8.85%	虚拟变量，是=1，否=0
从业状况	有稳定工作	2 159	19.09%	虚拟变量，是=1，否=0
	无稳定工作	5 633	49.81%	虚拟变量，是=1，否=0
	学生或学龄前儿童	3 517	31.10%	虚拟变量，是=1，否=0
家庭规模	平均数：3.35；标准差：1.39			连续变量
家庭年收入（元）	最低	平均数=11 416.31		虚拟变量，是=1，否=0
	次低	平均数=23 800.10		虚拟变量，是=1，否=0
	中等	平均数=34 431.31		虚拟变量，是=1，否=0
	次高	平均数=49 151.66		虚拟变量，是=1，否=0
	最高	平均数=103 230.60		虚拟变量，是=1，否=0
家庭年医疗保健支出（元）	最低	平均数=0		虚拟变量，是=1，否=0
	次低	平均数=121.05		虚拟变量，是=1，否=0
	中等	平均数=972.11		虚拟变量，是=1，否=0
	次高	平均数=2 770.67		虚拟变量，是=1，否=0

（续表）

变量名称	变量描述			变量技术处理
家庭年医疗保健支出（元）	最高	平均数=11 257.85		虚拟变量，是=1，否=0
过去一年健康状况变化	没变化	8 722	78.20%	虚拟变量，是=1，否=0
	变好了	1 232	11.05%	虚拟变量，是=1，否=0
	变坏了	1 200	10.76%	虚拟变量，是=1，否=0
是否患有慢性病	是	1 805	16.12%	虚拟变量，是=1
	否	9 390	83.88%	虚拟变量，否=0
两周内看医生次数		平均数=0.67		连续变量
门诊支付比例		平均数=37.98%		连续变量
一年内住院次数		平均数=1.45		连续变量
住院支付比例		平均数=40.14%		连续变量
城镇居保缴费（元）		235.95		连续变量
政府补助（元）		平均数=139.19		连续变量
参保手续是否方便	是	10 839	98.89%	虚拟变量，是=1
	否	122	1.11%	虚拟变量，否=0
报销手续是否方便	是	1 618	97.06%	虚拟变量，是=1
	否	49	2.94%	虚拟变量，否=0
医保查询是否方便	是	1 754	99.04%	虚拟变量，是=1
	否	17	0.96%	虚拟变量，否=0

通过逐步回归的方法，对自变量进行了筛选，选择了影响城镇居保满意度的最佳拟合模型，然后再给出最佳拟合模型的结果，见表6-11。

表6-11 最佳拟合模型Logistic回归结果

自变量		因变量：对城镇居保是否满意		
		B	比值比	P
年龄	0～14岁	参照组		
	15～59岁	0.673**	1.961	0.019

（续表）

自 变 量		因变量：对城镇居保是否满意		
		B	比值比	P
年 龄	60岁及以上	0.932***	2.539	0.003
受教育程度	小学及以下	参照组		
	初中或高中	−0.179	0.836	0.265
	大学及以上	−0.676***	0.509	0.005
从业状况	有稳定工作	参照组		
	无稳定工作	0.456***	1.578	0.003
	学生及学龄前儿童	0.516	1.675	0.480
家庭年医疗保健支出	最低	参照组		
	次低	−0.212	0.809	0.345
	中等	−0.319	0.727	0.142
	次高	0.040	1.040	0.862
	最高	−0.565***	0.568	0.005
过去一年健康状况变化	没变化	参照组		
	变好了	−0.243	0.784	0.224
	变坏了	−0.999***	0.368	0.000
是否患有慢性病		0.908***	2.480	0.000
参保手续是否方便		1.977***	7.220	0.000
常数项		−0.306	0.737	0.564
N		10 025		
卡方值		212.49		
P		0.000		

注：*$P<0.1$、**$P<0.05$、***$P<0.01$

主要结论如下：

（1）从年龄来看，参保居民中老年人对城镇居保制度最为满意，其次为适龄劳动力人群，最后是少年儿童。其中，老年人的满意度是儿童的2.54倍，适龄劳动力人群是儿童的1.96倍。产生这一结果的主要原因可能是以下3个方面：一是由于老年人的医疗服务需求较高，随着年龄的增长，对于医疗服务的利用也比其他年龄段要多，因此，对于参保后城镇居保制度带来的福利感受最深，从而对于制度也最满意；二是调查数据出现的偏差，在调查数据中儿童和少年学生的样本量比较小，且大量学生身体相对比较好，对于医疗服务利用比较少；三是劳动力人群对于医保服务需求的利用居于二者之间，其满意程度也居于二者之间。

（2）从受教育程度对城镇居保满意度的影响来看，学历越低，对于城镇居保制度的满意度越高，这说明不同学历对居民的医疗服务需求与医保制度的期望产生了影响。学历较低的人群比较容易对医疗服务需求和医保制度产生认同，可能认为有医疗保险并能够分担之前需要完全自付的医疗费用和负担就是一件很好的事情。不管怎么说，城镇居保制度是一项能够带来收益的"好"制度。与之相反，随着学历的提高，参保居民对于城镇居保制度的认识也更趋于理性，对制度的期望也相对较高。他们不仅仅满足于发生疾病后有地方可报销，还对城镇居保制度在定点医疗服务条件、保障水平、制度便捷性等方面有更高的要求。

（3）从就业状况来看，无稳定工作的参保人员比有稳定工作的参保人员对制度更为满意，前者是后者的1.58倍。这主要是由于如果参保人员没有稳定的工作，则对于疾病风险的应对能力更为薄弱，因而医疗保险制度的分担风险能力也就显得更为重要。没有稳定工作比有稳定工作的人员更"需要"也更"看重"医保，一旦参加保险且有服务利用和报销的经历，也更易于产生制度认同。

（4）从医疗保健支出对城镇居保制度的影响来看，参保后医疗保健支出越高，对城镇居保制度的满意度越差，其中，医保支出最高组的满意度仅为最低支出组的56.8%。由此可见，参保后医疗费用的支出情况会直接影响居民对于制度的满意度。如果城镇居民基本医疗保险政策能够进一步提高保障水平，减少参保居民的自付负担，制度的满意度将进一步提高。

（5）从参保后居民身体健康情况的变化造成对制度的影响来看，觉得与一年前相比身体健康没变化的人群满意度最高，其次是觉得健康情况变好了的，最不满意的是参保后身体健康情况还变坏了的。认为身体变坏了的参保人群对于制度的满意度仅为参照组的36.8%。从是否患有慢性病的参保居民对城镇居保制度的不同反应情况来看，患有慢性病的参保人群对于城镇居保制度的满意度是不患慢性病的参保人群的2.48倍。由此可见，城镇居保对患有慢性病的参保者提供了很大的保障。一旦患有慢性病，需要进行长期的治疗和调理，城镇居民基本医疗保险与社区卫生服务的联动将对其就诊行为和满意度产生重大的影响。因此，在制度的完善过程中，需要进一步发挥制度对慢性病患者、老年人等重点关注对象的保障作用。

（6）制度的便捷性对于居民满意度的评价具有非常明显的正相关关系。以参保手续为例，认为参保手续方便的参保居民对于制度的满意度是认为其不方便的人群的7.2倍，即参保手续方便与否对于满意度有重大影响，认为越方便则满意度越高。由此可见，在城镇居保制度发展的过程中，如果医保部门能够进一步提高医保经办的服务水平和效率，对于医保制度的可持续性发展将会产生明显的促进作用。

第七章

城镇居民基本医疗保险的制度瓶颈与完善路径

本研究对我国试点城市城镇居民基本医疗保险的制度变迁、政策运行、制度的公平性、效率和可持续性方面进行了较为全面和客观的评价。就试点城市城镇居民基本医疗保险的参保情况、筹资情况、服务利用情况、实际负担情况、制度满意度情况进行了深入的分析论证。在上述分析的基础上，本章的主要任务在于归纳并总结试点过程中我国城镇居民基本医疗保险政策存在的瓶颈问题，并结合目前学界关于城镇居民基本医疗保险政策发展的理论探索以及专家咨询的意见，在参考一些地方典型经验做法的基础上，提出完善我国城镇居民基本医疗保险政策的政策建议与实施路径。

第一节 现行城镇居民基本医疗保险面临的制度瓶颈

我国城镇居民基本医疗保险政策的核心目标是"保基本、广覆盖、可持续"。在这一目标的指引下，我国城镇居民基本医疗保险政策取得了长足的进步和发展。但是在完善城镇居民基本医疗保险政策的过程中，也面临着许多迫切需要解决的核心问题，这些问题源于城镇居民基本医疗保险政策的实践，分散在城镇居保制度试点工作的各个环节中。主要包括以下四个方面的问题。

一、城镇居民基本医疗保险参保环节的问题

一是存在对参保人群界定不清的问题。参保居民的分类复杂，由于中央没有明确的说法，各个试点城市对"非从业城镇居民"的概念和内涵理解存在着不一致。根据《国务院关于开展城镇居民基本医疗保险试点的指导意见》（国发〔2007〕20号），"不属于城镇职工基本医疗保险制度覆盖范围的中小学阶段的学生（包括职业高中、中专、技校

学生)、少年儿童和其他非从业城镇居民都可自愿参加城镇居民基本医疗保险"。①乍看其覆盖范围和保障对象都是明确的,但在地方试点实践中却发现其实是模糊的,例如,灵活就业人员和城市农民工及其子女等特殊群体是否应该纳入城镇居民基本医疗保险没有明确的制度规定。

二是由于户籍制度的原因造成了参保范围狭窄,大部分流动人口和农民工被排除在制度之外。城镇居民基本医疗保险政策是在当前我国城市化进程快速推进的背景下推行的。城市化进程中大量的农民进入城市,城乡人口的分布也由此悄然发生变化,有些城市的人口结构甚至出现了逆转。中国社会科学院发布的《2012年中国社会形势分析与预测》显示,截至2011年年底,我国的城市化水平首次超过50%。但是由于种种原因限制,大多数进城农民难以获得城镇户籍,形成一个庞大的"农民工"群体。这部分人群虽然工作和居住在城市中,但基本难以融入当地,不能成为具有户籍的城市居民并享受与当地居民一样的市民待遇,在社会保障方面更面临着制度缺失的困扰。虽然许多城市逐步将流动人口纳入相应的医保制度中,但由于大多数流动人口的工作不稳定,在医保制度未能完全解决异地医保衔接问题之前,许多流动人口可能选择不参保,造成实际上依然处于覆盖缺失的状态。

根据中国社会科学院的调查:"半城市化人口享受各类社会保障的比例明显低于全城市化人口。就养老保险而言,全城市化人口的享有率为63.1%,而半城市化人口仅为30.2%,还不足前者的一半;其医疗保险享有率似乎和全城市化人口相差不大,但其中81.1%的人享有的是'新农合',享受城镇职工医保和城镇居民基本医保的仅占17.6%,而在全城市化人口中享有上述两项医保的比例合计为81.2%。"②依照目前我国基本医疗保障体系框架的制度设计,没有城市户籍的农民工无法参加城镇居民基本医疗保险。从试点城市的情况来看,9个城市无一例外地将外地户籍人员排除在城镇居保制度之外。

三是部分人员参保意愿不强,连续参保的激励薄弱。从参保意愿及其影响因素的分析结果来看,部分人员的参保意愿不强。主要体现在:一方面,60岁以上的老年人参保意愿比较低,主要原因在于参保费用和老年人的收入不匹配,或者老年人的意识比较保守。老年人虽然身体健康情况随着年龄增长而变差,医疗风险较大,其参与医疗保险的实际需求是客观存在的,但是由于随着年龄的增长,其收入也可能下降。而且在我国城镇居民中,退休前具有正式工作的老年人均有退休工资等社会保障,而没有稳定工作或者在退休前下岗的部分老年人缺少相应的制度保障,其收入下降更为明显,进而影响了其支付能力。这部分老年人的疾病风险要么依靠子女来解决,要么无力解决,存在着医疗风险负担不公平的情况。另一方面,收入夹心层的参保意愿不高,主要原因在于这一部分人群收入并不是

---

① 国务院关于开展城镇居民基本医疗保险试点的指导意见[EB/OL].http://www.gov.cn/zwgk/2007-07/24/content_695118.htm.
② 2012年社会蓝皮书发布:我国城市化水平首超50%[EB/OL].http://china.cnr.cn/ygxw/201112/t20111220 508950435.shtml.

很高,对于参保费用很看重,同时自身又有一定的收入,对疾病风险的感知不如低收入者敏感,因而更容易考虑到未来的"预期收益"而选择不参保或观望的态度。

总而言之,城镇居民基本医疗保险参保人群大多数属于没有固定工作的人员,因此影响了其收入情况,在参保的过程中可能需要依靠其他有收入家庭成员的资助才能缴费参保。尽管目前试点城市都有较高的政府补助水平,但个人自负部分也比较高,且随着制度筹资水平的不断提高而提高。例如,试点城市在2007年普通成年人的个人缴费标准通常在200～300元,老年人个人缴费标准在100～200元,但最近几年有了很大的提高,个人出资水平基本上翻番,给参保人员带来一定的负担。调查数据显示,在应参保未参保的居民中,历年均有10%左右的居民由于保费太高而选择不参保。

从参保的制度设计来看,参保周期的灵活性缺失、低水平的保障和连续参保的激励措施薄弱也导致了部分居民不愿意参保。一方面,城镇居民的参保周期为一年,具有短期性的特征。和新农合制度不同的是,城镇居保没有设置个人账户,参保人员缴纳保费仅在参保当年的保险年度内有效。若当年没有发生医疗服务,其所缴纳的参保费就相当于"作废"了,第二年必须重新缴费;若未在参保缴费期限内缴费,就不再享受城镇居民医保待遇。[①]调查中部分人群觉得这样"很不划算"。还有部分没有稳定工作、收入不高的参保人员很难保证缴费的连续性和及时性,面临着因无法及时缴费而被迫断保的现象。这部分人员以后想要继续参保,还必须补缴应参保期间的基本医疗保险费,造成了许多非正规就业居民对于制度的观望。另一方面,我国城镇居民基本医疗保险以低水平作为制度原则。城镇居保制度通过设置起付线、共付比例和封顶线来平衡医保基金面临的压力,这有可能导致报销水平低、受益率低,相当多的参保人员得不到参保的实惠。许多困难家庭对参加城镇居保存有犹疑、抵触的心理,更倾向于参加新农合。[②]此外,对于已经参保的居民而言,存在着连续参保激励不明显的问题。国务院《关于开展城镇居民基本医疗保险试点的指导意见》指出,要"探索建立筹资水平、缴费年限和待遇水平相挂钩的机制"。从试点城市的情况来看,只有包头、常德、厦门、淄博4个城市有相关规定,且连续参保与待遇挂钩的条件都比较严苛,不利于参保居民形成良好的政策预期,在一定程度上影响了居民的参保。

四是"自愿参保"的原则造成一定程度的选择性参保,城镇居保扩面迅速但可能难以维持。一方面,国务院《关于开展城镇居民基本医疗保险试点的指导意见》规定,参加城镇居民基本医疗保险采取自愿原则。这一原则造成部分自认为年轻、身体健康的人群不愿意参保的"逆向选择"现象。调查中发现有些居民存在认识上的误区,认为"现在年轻、身体好,没必要参保,参保也是白费钱"。从应参保未参保人群的不参保原因来看,由于身体健康而不参保是最主要的原因,历年均排在第一位。2007年为

[①] 孙群.城镇居民医疗保险制度科学化的思考[J].江淮论坛,2011(2):130-133.
[②] 朱彪,袁长海,黄思桂,等.山东省城镇居民医疗保险试点中反映的问题及对策[J].中国卫生事业管理,2010(1):17-18.

24.80%，2008年下降到19.24%，2008年又猛增至36.43%，2011年回落到27.49%。这些自我感觉"身体好没必要"的居民以及那些青壮年容易选择不参保，实际上是存在"有病就参保，没病或病愈了就退出"的投机成分。这种"选择性加入"和"选择性退出"必然威胁城镇居民基本医疗保险筹资与支付的可持续性。①部分困难群体也由于经济原因而选择不参保。在调查中也发现，国家虽然号召将大学生群体纳入城镇居保制度，但由于此前大学生享受的是国家公费医疗保险，待遇远高于城镇居保，且大学生群体普遍身体好、患病率低，其参加城镇居保的意愿并不高。

另一方面，我国城市居民医疗保险制度在各级政府的主导下迅速扩面，覆盖率从2007年的基本空白蹿升到2012年的95%以上。2013年，温家宝总理在《政府工作报告》中透露，我国三大医疗保障制度覆盖的人群已达到13亿，基本医疗保险覆盖率超过95%。但是，如此迅速的参保率有可能存在着部分"水分"。由于新医改政策的影响，中央政府将构建全民医疗保险的目标提高到政治的高度，部分地方政府为了迎合上级的要求，有可能推行"运动式"的参保。调查中我们也发现，有些人员虽然已经参保，但并不了解城镇居保制度，甚至生病了也没有利用医疗保险制度。参加了居民医疗保险但依然因"没有医疗保险，看不起病"而未就诊。进一步分析，从各国的实践来看，这个过程经历的时间长短差别较大：德国是127年；奥地利是79年；比利时是118年；卢森堡是72年；以色列是84年。发展中国家凭借后发优势，经历的时间相对短一些，但大多也在20年以上：哥斯达黎加是20年；日本是36年；韩国是26年。②相比较而言，我国医疗保险的发展过程十分迅猛，尤其是城镇居民基本医疗保险。我国的"扩面"进程是政府主导的，政策带动是主要原因。"扩面"速度较快的恰恰是政策性补助资金重点投向的城镇居民基本医疗保险和新型农村合作医疗。③如果未来国家财政不再重点投入或支持，则参保的可持续性可能会出现较大的问题。

二、城镇居民基本医疗保险筹资环节存在的问题

一是城镇居民基本医疗保险筹资分类复杂。与城镇职工医疗保险制度与新型农村合作医疗制度相比，城镇居保制度的参保居民分类复杂，不仅居民参保缴费的标准繁多，各级政府针对不同人群的补助标准也不一，补助计算工作难度极大。《国务院关于开展城镇居民基本医疗保险试点的意见》规定，试点城市应根据当地的经济发展水平以及成年人和未成年人等不同人群的基本医疗消费需求，并考虑当地居民家庭和财政的负担能力，恰当地确定筹资水平。同时，国家将参保居民分为普通参保居民、学生、困难居民

---

① 刘雪.城镇居民基本医疗保险试点存在的问题与对策——以济南市为例[J].劳动保障世界，2010（6）：29-33.
② 刘军强．中国如何实现全民医保？——社会医疗保险制度发展的影响因素研究[J]．经济社会体制比较，2010（2）：115-122.
③ 何毅．医保"扩面"进程、职退比与基金结余管理——基于省际面板数据的研究[J]．保险研究，2012（5）：97-110.

（包括低保对象、丧失劳动能力的重度残疾人、低收入家庭、60周岁以上的老年人等）3类，按类别给予不同的政府补助。各地又在上述分类基础上进行了更为细致的分类。试点城市如包头、成都的补助标准达到8～10类。

在系统比较和分析各个城市的筹资标准和方法之后，我们可以发现，不同城市的筹资标准和执行办法均呈现出严重的碎片化特征。人群的划分和支付的标准均十分复杂。不同层级的政府财政补助在有些地方规定得较为明确，有些地方则没有进行严格的规定。"这不仅增加了医疗保险经办部门鉴定区分人群、按类登记缴费的工作量，而且加大了财政部门分类统计、结算补助等工作的难度。同时，在鉴定困难人群时也容易与参保居民产生分歧、引发矛盾。很多地方根据学生入学情况、低保、残疾等不同类别，分别交由教育、托幼、民政、残疾人联合会、医疗保险经办机构等部门负责收缴。责任的分散，必然导致执行力的弱化和效率的低下，不利于试点工作的开展。"[①]同时，考虑到城镇居民基本医疗保险政策的不断发展和筹资水平的不断提高，各级政府在财政补助方面的比例势必需要不断调整。这样的制度设计不仅使得制度的操作十分复杂，而且使得参保对象对于自身缴费以及周围人群的缴费产生多重疑问，很有可能成为未来制度统筹和衔接过程中的障碍。

二是筹资水平增长过快，造成地方政府财政和各地居民的负担不均。 在"个人缴费为主，政府适当补助"的政策原则下，早期"低水平"起步的制度中参保居民缴费较少，但近几年随着城镇参保居民对于制度保障待遇提高的呼声渐高，中央政府对于提高城镇居民基本医疗保险的补助水平以及保障待遇有了较大的投入，城镇居保的筹资水平有了显著的提高。政府对于城镇居保的筹资水平要求呈现出逐年翻番的"运动式"增长。从2007年试点之初的人均40元增长到2008年的人均80元、2010年的人均120元、2011年的人均200元、2012年的人均240元、2013年的人均280元。在中央政府补助加大的同时，对地方政府财政补助的要求也逐步提高。中央一再要求地方政府提供配套的财政补助，虽然财政实力雄厚的地方政府可能能够"配套"，但在一些财政较为薄弱的地区，尤其是中西部经济落后地区，则很可能难以达到。

2011年11月到2012年3月，审计署对18个省（自治区、直辖市，以下统称省）的54个县（市、区、旗，以下统称县）的财政性资金进行了审计调查，结果表明，县级财政的支出压力十分明显。中央政府配套的政策性安排支出占到当年地方政府财政支出的77.23%。[②]部分欠发达地区政府在财政收入有限的同时，低保、贫困问题、医改等刚性支出的配套压力十分大。为此，在城镇居民基本医疗保险筹资方面，中央政府还特意规定财政困难的地区可以分两年到位，只是这种年年加码式的增长，部分地方政府可能

[①] 朱彪，袁长海，黄思桂，等.山东省城镇居民医疗保险试点中反映的问题及对策[J].中国卫生事业管理，2010（1）：17-18.
[②] 县级财政仅够"吃饭" 54县自主安排不足3成.[EB/OL].http://news.hexun.com/2013-01-17/150249008.html.

分两年也不一定能够实现。

此外，在政府财政补助逐步加码的情况下，"个人缴费为主"的城镇居保制度难免会成为居民参保的缴费负担。2010年起，中央的政策文件开始明确提出"要适当提高个人筹资水平"。但参保个人究竟能够承担怎样的筹资水平还未能经过精确的测算。按照中央政策规定的2012年人均筹资水平要达到300元而各级政府补助240元的标准来算，个人人均筹资应该在60元左右，而在各地城镇居保政策的实际操作中，个人缴费水平已经远远超过这个标准。部分居民觉得政府补贴太少，依然难以承受个人缴费部分而选择不参保，2011年未参保居民中就有6.96%的人是因政府补贴太少而不参保。因此，需要在未来完善城镇居保的筹资过程中进一步明确中央政府、地方政府以及参保居民各自应该承担怎样的责任，通过科学的精算来研究三者各自应承担的参保费用的计算依据以及承受能力。

三是固定筹资的方式存在缺陷，且各地筹资水平不均，导致城镇居保制度内部的差距明显，为未来城镇居保制度统筹埋下隐患。现行的城镇居民基本医疗保险筹资制度是个人固定缴费再加上各级政府财政补贴，各地的具体筹资水平则根据当地经济社会发展情况、参保人群的医疗服务需求以及居民家庭和政府财政的负担能力来设定。制度规定的初衷是使得城镇居保制度因地制宜，具有可行性。然而，这样的筹资机制存在一定的缺陷。一是大多数地区实行的是固定保费制度。参保人缴费相同，待遇相同。这样的参保方式未能考虑参保人员在缴费能力和缴费意愿方面的差异性，可能导致制度的累退性，使得低收入的参保者负担反而较重。二是包括试点城市在内的大多数地方的筹资机制处于近乎固化的静态，难以自动实现筹资水平与当地社会经济发展、居民收入提高、医疗费用不断增长的现实情况挂钩，仅靠滞后并且频繁的政策修改来提高筹资水平不仅空间有限，还有可能导致政策对象对政策的不满和抵触。

三、城镇居民基本医疗保险服务利用环节存在的问题

一是参保居民的服务利用依然存在着与收入相关的不平等状况。试点城市的抽样调查数据显示：2011年不同收入组的未就诊状况中，最低收入组的两周患病未就诊率达到了63.43%，最高收入组为48.59%。其中，因经济原因未就诊的分布中，最低收入组达到28.79%，而最高收入组仅为4.55%。在应住院未住院方面，最低收入组为7.51%，最高收入组仅为0.94%。其中，最低收入组有74.55%的人由于经济原因应住院未住院，次低收入组和中等收入组均超过50%。因经济困难提前出院的比例中，最低收入组达到41.33%，次低收入组为32.00%，而最高收入组仅为2.50%。由此可见，低收入群体在服务利用方面低于高收入群体，其医疗负担远高于高收入群体，存在着服务利用和医疗负担的双重不公。

二是参保居民对保障范围和保障水平不满意。一方面，从医疗保障范围来看，我国城镇居民基本医疗保险制度资金主要用于保障居民的住院和门诊大病的医疗支出，有条件的地区逐步实行门诊统筹。因此，在制度试点之初，许多城市城镇居保制度未能涵

盖门诊。而从卫生经济学的视角来看，居民的基本医疗保障需求主要集中在门诊，常见病、多发病如果不能做到早发现、早干预、早治疗，就有可能导致大病。从试点调查问卷来看，许多居民认为城镇居保制度最大的问题在于保障范围太窄，历年均有约26%的参保居民反映这一问题，均排在第一位。

另一方面，从医疗保障水平来看，由于参保居民个人筹资能力的有限和政府财政补助的不足，城镇居民基本医疗保险的保障水平总体上而言比较低。为了保证试点地区城镇居保基金平衡，各城市均设置了起付线、报销比例和封顶线。在调查中，居民普遍反映城镇居保政策的起付线过高、报销比例低、封顶线过低的问题，诸多门槛导致参保居民的实际医疗保障待遇不高。历年均有约10%的人群由于觉得城镇居保报销比例低而不愿意参保。

在起付线方面，虽然在社区就诊起付线不算高，为100～200元，但在三级医院，各城市均为600～1 000元，相对较高。在共付比例方面，据统计，试点城市参保居民在享受服务过程中的实际门诊报销比例和住院报销比例分别为37.98%和40.14%。也就是说，共付比例中需要自付的比例达到60%左右。在封顶线方面，各个试点城市均不超过10万元，中西部试点城市甚至低于5万元。因此，在参保居民的医疗服务利用过程中，部分低收入居民由于以上门槛的限制而未就诊。

在门诊方面，2007—2008年因经济困难原因未就诊排在第一位，分别为46.40%和46.18%。在住院方面，由于经济困难应住院未住院的比例也均排在第一位，2007年高达82.55%，2008年为82.47%，到2011年依然有59.85%的应住院未住院参保人员是由于经济原因造成的。即使住院了，也有部分参保人员由医院总费用太高而提早出院。由此可见，城镇居保制度本身就是一个精巧的仪器。如果仅仅为了确保经济平衡甚至结余而设置门槛，则可能导致城镇居保制度执行效果的重大偏差。

三是城镇居民基本医疗保险服务水平有待提高。部分试点城市要求城镇居民基本医疗保险参保人员到社区首诊，但是由于目前社区卫生服务在基层还比较薄弱，居民对于社区卫生服务中心的医疗服务条件还不太信任。另外，国家目标药物目录的实行，使得部分社区卫生服务配药也难以满足居民的需求。虽然试点城市均有在制度设计（如报销比例等）方面对社区卫生服务倾斜，但参保居民依然未能形成"小病进社区，大病进医院"的合理就诊格局，而是依然无论小病大病都往大医院跑。

此外，在就医后医保报销制度方面，还存在着报销手续复杂、时间滞后的问题。调查数据显示，2007年有15.47%的居民认为报销环节不够便捷，2008年为12.49%，2011年依然有11.97%的参保居民认为报销手续复杂、时间滞后是城镇居保的一个制度缺陷。因此，需要进一步改进城镇居保的报销手续。

四、城镇居民基本医疗保险政策管理与统筹环节的问题

一是医保基金管理过度强调财务平衡和结余水平高导致制度效率损失。在城镇居民

基本医疗保险试点之初,由于对城镇居民参保和就医的情况难以预测,各城市普遍采取了"低水平"起步的原则,医疗保险待遇普遍不高。虽然各个试点城市在制度中规定在各级医院就诊的名义报销比例均不低于50%,高的达到70%,但住院和门诊的实际报销比例均不到40%。

从全国范围来看,过低的医疗保障水平造成两方面的后果:一方面,城镇居保基金大量结余。2007年城镇居保基金累计结余32.9亿元,当年结余率高达76.5%。2008年累计结余123.9亿元,当年结余率为58.7%。2011年累计结余达到了497亿元,累计结余率达到30.5%。另一方面,由于医保实际待遇水平不高,部分参保居民依然存在较重的疾病负担。从调查的情况来看,医疗保健支出超过当年家庭可支配收入40%以上的家庭达到10.93%。由此可见,大量的医保基金结余不仅给基金的保值增值带来压力,与此同时,许多需要分担的参保居民却未能完全享受到医保制度的保障,造成了医保制度的效率损失。

二是医疗费用支付机制不科学,尚未建立有效的医疗服务购买机制。目前,我国的医疗服务费用支付方式主要还是按服务项目付费,虽然各地也在探索总额预付、按人头预付等多种医疗费用支付方式,但是在医疗保险制度尚未找到如何监督医疗供方并与之协作的情况下,任何单一的医疗保险制度均难以实现对医疗服务提供系统的有效约束和监督作用。目前城镇居保对象的医疗费用占医院总费用的比例还不足以实现对医疗服务机构的大户谈判和有效购买。在支付制度改革未能有实质性进展的情况下,医疗服务按项目付费无疑会继续导致医疗供方诱导需求的行为,医疗供方有可能通过过度提供服务或利用医患双方的信息不对称来牟利,从而造成医保和医疗资源的浪费。因此,急需进行城镇居民基本医疗保险支付方式的改革,进一步提高医保资金的使用效率。

三是城镇居民基本医疗保险未能与医疗服务体系改革形成有效的配合。城镇居民基本医疗保险机构作为医疗服务第三方的购买者,除了提高自身的管理能力和管理水平之外,还需要和医疗服务供方形成良好的合作关系。目前,我国医疗服务体系的改革依然存在一定的困难。社区卫生服务发展的机遇与瓶颈并存,在公立医院改革推进缓慢的现实情况下,要打破传统等级化的医疗服务体系,医保制度需要发挥其应有的作用。

由于筹资水平较低,目前城镇居民基本医疗保险基金重点用于参保居民的住院和门诊大病医疗支出,使得其相对容易忽视社区卫生服务。加强初级卫生保健投入是各国普遍采用的做法,无论是先进国家还是后起国家,在经过成本效益分析后都意识到初级卫生保健可以显著改善一国的卫生绩效,并抑制医疗费用的过快上涨。因此,为了满足人们的卫生需求,同时降低医疗费用,有必要实行社区卫生服务门诊统筹,引导病人到社区卫生服务机构就医。①城镇居保制度目前在这一方面还比较薄弱。如果不能和有序的

---

① 贺小林,梁鸿.社区卫生服务门诊统筹政策的成效与经验[J].中国卫生政策研究,2011(4):16-21.

医疗服务体系相配合,未来城镇居保制度将无法及时应对疾病谱变化以及人口老龄化带来的医疗负担。

四是城镇居民基本医疗保险的制度统筹衔接问题逐步显现。从城镇居民基本医疗保险政策内部来看,由于幅员辽阔、人口众多的现实国情,长期以来我国社会保险制度的建设采取了中央政府指导与地方决策相结合的改革路径,具体体现在由中央政府制订制度建设总体框架的指导性政策文件,地方政府则根据各地的经济社会发展情况因地制宜地设计具体的制度规则,并承担政策试点与总结制度经验的责任。目前,我国城镇居保制度的统筹级别大多在市一级,统筹程度不高。这在很大程度上导致了各地居民医疗保险在筹资和保障水平上存在较大的差异,不仅不利于在更大范围内分担风险,还有可能造成各地各自为政,难以有效整合资源。随着经济的发展和流动人口的增多,参保居民异地就医的情况也逐渐增多,城镇居保异地报销的转接也成为一个新的问题。调查显示,自2009年起,就有5.44%的参保居民认为"不能异地报销"是城镇居民基本医疗保险的新问题。

从城镇居民基本医疗保险政策外部来看,与城镇职工医疗保险以及新型农村合作医疗制度之间的统筹衔接也逐步浮出水面。城镇居保制度对象主要以城镇非从业居民为主,而在政策实施的过程中,居民的就业和生活地都不可能是完全固定的。参保对象的身份有可能发生变化且形式多样,部分过去参加城镇职工医疗保险的就业人员因失业而转变为非从业居民,部分过去参加新农合的农民转变为城市居民,部分居民也有可能因找到工作而成为城镇职工。因此,如何做好3种主体制度之间的政策衔接,实现城镇居保制度之间的相互转化,避免政策的重复覆盖和重复参保,成为一个十分现实的问题。

审计署2011年的审计结果显示:目前,我国城镇居民医保以个人为单位参保,新农合以家庭为单位参保,在城镇化、工业化进程加快和人口流动不断加大的背景下,基本医疗保险制度间缺乏有效的衔接办法,医疗保险不同险种的参保对象存在交叉,造成重复参保。审计发现,截至2011年年底,547.64万人在3项居民医保间重复参保,财政多补贴9.23亿元。[①] 如果不能处理好这一问题,不仅可能造成财政资金未有效利用,还可能造成部分因身份变动或者异地流动居民难以连续性参保,影响居民参保的积极性。

此外,由于目前国家财政的承担能力有限,短期内还难以实现全民免费医疗。因此,即使建立了城镇居民基本医疗保险政策,对于这部分人群而言,参保费用的个人缴费部分依然难以承担,从而有可能造成其无法正常参保、享受医疗保险,需要由政府主导对其实施医疗救助。城镇居民基本医疗保险必须与医疗救助统筹安排、同步推进。

---

① 审计署发布新农合医疗和城镇居民医疗保险基金审计情况 [EB/OL]. http://finance.people.com.cn/n/2012/0802/c153180—18654980.html.

第二节　城镇居民基本医疗保险政策的改革优化与理论探讨

在总结和探讨了我国城镇居民基本医疗保险政策存在的瓶颈问题之后，制度的改革和优化设计需要我们明晰制度发展所面临的深层次问题，如政策理念、政策原则、政策环境、政策可行性等，并在此基础上思考未来完善城镇居民基本医疗保险政策的对策。首先，在城镇居民基本医疗保险的政策理念上，应确定明确的价值理念，并在政策制度设计和实施的过程中始终坚持，这样才能保证制度的稳定性和持续性。我国城镇居民基本医疗保险政策应该坚持社会保障关于公平的价值导向，坚持"公平优先，兼顾效率"的价值理念。其次，在政策原则方面，需要坚持因地制宜、渐进发展的原则。在试点初期允许各地探索适合当地经济发展与社会状况的城镇居保制度，但随着制度的发展需要逐步提高统筹层次，规范制度管理方式，为逐步实行在更大范围内的制度统筹做准备。最后，在具体设计制度时要考虑到制度的可行性。在完善政策的过程中需要与医疗服务供方、参保居民等相关利益主体进行沟通交流，以便能够制定出各方更容易接受和实行的政策。具体来看，在目前我国城镇居民基本医疗保险政策完善的过程中，需要重点探讨以下8个方面的问题。

一、关于参保覆盖面与户籍制度的问题

目前，我国城镇居民基本医疗保险政策存在着参保人群分类复杂且流动频繁的现实问题。因此，在强调快速推进城镇居保制度参保覆盖面的时候，需要进行更为细致的制度设计，对于参保人群的界定宜宽不宜窄，应该将在城市内居住超过一定时期（如6个月）的常住人口纳入当地城镇居保制度中。此外，从"人人享有公平医疗保险"的制度目标出发，应该将在本地没有参加医疗保险的流动人口均纳入参保的范围中，而不是简单地以户籍制度为门槛，将大量有医保需求的人群排除在制度之外。但是，从目前的情况来看，直接放松户籍制度的限制也有可能带来更多的问题。首先，由于各地经济发展水平、医疗保障程度、医疗技术水平存在较大差距，完全放开户籍的限制有可能造成大规模的"医疗移民"；其次，在现行的分级财政体制下，医保的投入主要还是依靠地方政府，在中央政府财政转移支付能力有限的情况下，为了避免"财政流失"，各地均倾向于将外地户籍人员排除在财政补助之外；再次，由于我国医疗保障制度的碎片化，以及医保信息系统的不完善，各地均无法实现流动人口的身份特征以及其是否参保的确认，为了避免选择性参保、重复参保的现象，各试点城市均采取了严格的户籍限制。

从未来的发展趋势来看，我国户籍制度的改革必然要走向逐步放松和淡化。彭希哲

教授认为，从城镇居民基本医疗保险政策的情况来看，也应该循序渐进地逐步放松对户籍的限制，可以将目前群众呼声比较强烈，且身份比较明确的、流动性比较小、已经到迁移地当地义务教育就读的外地户籍流动人口的子女等群体纳入城镇居保制度之内。而且应建立外来流动人口参保的积分制，如按照工作性质和停留时间等条件，逐步将其纳入参保范围，实现按居民生活地属地化参保。

二、关于自愿参保与应保尽保的问题

目前，我国城镇居民基本医疗保险政策将"自愿参保"作为一项原则，这可能是在制度初期考虑到充分尊重群众的意愿，避免因强制居民缴费参保而带来社会矛盾的大背景下实施的。这在制度试点阶段有一定的科学性，是为了提高制度的认同度和可行性而采取的临时措施。我们在调查研究中也发现，经过多年时间的发展，城镇居民基本医疗保险政策已经获得了居民的普遍认可，制度覆盖率已经达到一个很高的水平。但与此同时，自愿参保原则也使得部分人群尤其是年纪轻以及身体健康的人群目前不想参保，等身体不好时再参保的"逆向选择"问题。还有部分收入低的人群也以缴不起保费为由选择不参保，这样的情况既使得这部分人群实际上缺乏医疗保障，同时由于"选择性参保"，城镇居保的参保人口结构不合理，削弱了医保基金"风险池"的分担能力。

因此，从下一阶段完善城镇居民基本医疗保险，实现"应保尽保"的制度目标出发，应该逐步从自愿参保转变为半强制甚至是强制参保。理论上讲，由国家主导的社会医疗保险应该将强制参保作为其基本原则。考虑到制度的可行性，在强制参保的同时可以考虑以下措施来缓解制度压力，提高居民参保的积极性。一是从国家层面修改城镇居民基本医疗保险政策规定，出台正式的法律、法规规定居民必须参保。二是加大中央及各级政府对参保的财政补助，以增强参加医疗保险的制度吸引力，避免居民由于感觉财政补助少而不参保。三是进一步做好参保的宣传工作，将居民宣传的重点阵地放在社区，通过居委会、报纸等多渠道进行更为有效的宣传，针对群众关注的参保能够得到的实惠和待遇等问题讲清楚、讲明白，帮助居民提高对自身健康的保障意识。四是提高城镇居民基本医疗保险的经办和服务能力，让参保居民在参保缴费、服务就诊、费用报销等环节都能享受到方便、快捷、人性化的服务。五是强化参加医疗保险的激励和惩罚的细化措施，如将参保年限与服务待遇挂钩、断保后续保要补缴之前费用等。

三、关于制度筹资的责任分担问题

筹资是维持城镇居民基本医疗保险水平和可持续的最为重要的因素。考虑到医保是一项具有正外部效益的混合产品，在目前的筹资体系中，采取了"个人缴费为主，政府补助为辅"的原则，在理论上是合适的。在实际的政策实践中，这种机制也为城镇居保的迅速"扩面"奠定了坚实的经济基础。但在筹资责任的分担过程中，关于个人和政府、不同层级政府之间的出资比例并没有明确的说法，只是中央政府通过文件的形式来

规定一个固定的筹资数额和各个主体分担的金额，这有可能造成筹资负担分布不均的状况。在逐年增加的个人筹资部分面前，收入高的居民毫无压力，而收入低的居民压力很大。在逐年增长的财政补助面前，经济发达地区的政府可以兑现，而经济落后地区的财政压力很大。

因此，一方面，应该借鉴发达国家在完善医疗保险筹资和费用分担方面的成熟经验，取消固定金额的筹资方式，根据居民的家庭收入水平来制定不同的缴费率和医疗费用分担比例。从调查的情况来看，参保居民的收入相差很大，最低收入组和最高收入组的收入差距在10倍之多，继续按照统一的固定金额来收取医疗保险费显然是不合适的。必须根据居民家庭收入，设定不同的缴费率，以提高医疗筹资的累进性，同时，对位于贫困线以下的居民进行参保补贴，以增强医疗保险负担的公平性。另一方面，在现有中央财政转移支付的基础上，还应该进一步增强转移支付的力度。在听取地方政府意见建议的基础上，来慎重确定各级政府的责任分担机制和财政配套比例，而不是简单地采取行政命令和责任摊派的方式，打击地方政府维护和发展城镇居保制度的积极性。

政府除了在筹资环节负有责任之外，作为医疗保险制度的主导者，在维持城镇居保制度运行方面还需要承担其他重要责任。主要包括：一是制定城镇居民基本医疗保险政策的法律、法规，对医疗保险基金的管理进行监督；二是确保城镇居民基本医疗保险基金的安全，通过财政、审计等部门加强对医保基金的监督管理，防止医保基金出现风险；三是维护制度公平，协调不同参保群体利益关系。在财政增量的安排方面，加大对水平较低的医疗保险制度的转移支出，通过逐步平衡的办法缩小不同医疗保险制度之间的差距，为最终实现医疗保障制度合并、享受公平的国民医疗保障做好准备。

四、关于筹资水平与补偿水平的问题

筹资水平的高低决定了医疗保障制度的补偿水平，而筹资水平的高低取决于现阶段的社会经济发展水平，具体来讲取决于参保居民的收入水平和承受能力，以及各级政府财政的转移支付水平和承受能力。因此，现阶段的城镇居保筹资标准应该适度。从调查的情况来看，大部分居民个人缴费部分愿意出资维持在200元左右。从制度试点之初的水平来看，大多数城市个人缴费部分规定在200元左右是基本合适的。但是随着制度的发展和政府补贴部分的不断提高，个人缴费标准也在不断地增长，给居民带来一定的筹资压力。2011年参保居民对于城镇居保问题的反馈中，有10.65%的人认为"每年保费缴纳太高"。如果进一步提高城镇居保参保个人缴费，可能会造成居民的参保负担。在参保费用的财政补助方面，中央政府要求2012年是240元，2013年增长到280元。加大财政对城镇居保的补助固然是十分重要的，但是也需要对各地的财政承受能力进行科学合理的评估，之后再进行补贴保障的调整。否则，超越经济发展的现实条件给城镇居民提供高标准的医疗保障，有可能给各级地方政府尤其是经济欠发达地区的地方政府财政带来沉重的负担。而且任何社会保障均具有福利刚性，如果不能持续稳定地提高待遇水

平，就可能导致参保居民的不满。

因此，在目前筹资水平提高空间有限的情况下，应该在提高现有医保资金的使用效率上做文章。通过合理规划和利用医疗基金，提高医疗基金的补偿能力和补偿水平。一方面，应该合理地界定城镇居民基本医疗保险的待遇补偿水平，控制医保基金的结余水平，尽可能地将当年募集到的医保基金均用于居民当年的医疗保险。如果结余过多，可以考虑进行二次补偿，给予那些因患有重大疾病而造成沉重负担的人群另行补偿，以防止其因病致贫。另一方面，应该从严控制医疗费用，合理设计参保人员的医疗保障待遇模式，提高基金管理水平和改革医疗费用支付方式，注重医疗服务体系配合，来提高基金的使用效率。

五、关于保基本还是保大病的问题

在目前制度筹资水平有限的情况下，到底是将有限的资金用于化解较大疾病风险和较重的经济负担人群上，还是兼顾制度的受益面，逐步将制度转型到兼顾基本医疗保障与大病两个方面，一直是个有着重大争议的问题。对此，城镇居保制度试点初期的政策是明确的，即将现有资金重点放在保障住院和大病门诊上。理论上讲，居民的常见病、多发病对于居民的身体健康也有着十分重要的影响，如果门诊不能纳入城镇居保的保障范围内，有可能导致居民不能及时诊疗而出现"小病拖成大病"的情况。从长期来看，不利于提高医保资金的使用效率。因此，从2009年起，国家要求有条件的地区试行城镇居保门诊统筹，逐步将门诊也纳入医疗保障的范围。这样既能回应参保居民对于门诊报销的待遇呼声，提高其参保意愿，也有利于居民有病及时诊疗，形成"早发现、早干预、早治疗"的良好就医习惯。

2011年，人力资源和社会保障部召开了推进门诊统筹和付费方式改革视频会议，要求坚持以下几个基本原则。首先，在当前城镇居保的筹资水平整体较低的情况下，必须坚持基本保障的原则。其次，要依托基层，探索在社区卫生服务场所进行社区首诊、双向转诊的办法，同时要尊重参保人员的就医选择权。目前，有些城市虽然在城镇居保制度中规定了社区首诊，但均是通过行政命令的方式来实现的，不仅不利于社区卫生服务的发展，还造成了参保居民对于"看病难、看病贵"的抱怨。再次，要坚持保障大病的原则。通过合理确定病种、完善医保支付政策的方式来尽可能地引导居民到社区进行门诊就医，降低医疗服务的成本。最后，需要从绩效评估上下功夫，既要对门诊统筹数据认真分析，也要对住院费用等相关指标变化情况进行研究，统筹提高医保基金使用效率，强化对医疗服务行为的管理。[①]笔者认为这是十分科学有效的处理方式，有利于平衡好这一对"矛盾"，解决好居民的"看病难、看病贵"问题。

---

① 推进门诊统筹和付费方式改革视频会议召开［EB/OL］.https://www.zgylbx.com/index.php?m=content&c=index&a=show&catid=6&id=16384.

六、关于城镇居保与医疗服务体系联动的问题

国际经验表明,一个完善的医保制度必需依赖于一个有序有效的服务体系,但是在我国,这个有效的服务体系始终未被建立起来。过去,虽有三级医疗卫生网络,但实际上,这是一种按照居民身份强行配置的不公平的医疗服务分配方式。如省级单位定点省级医院,市级单位定点市级医院,普通居民定点街道和社区医院。改革之后,很多地区实行医保一卡通,患者可以随意选择医疗机构自由就医,以确保每个人公平地享有医疗服务权益。但这一改革也使得过去不显露的有序有效的服务体系缺乏问题显现化。

虽然这几年我国一直强调强基层和加快社区卫生服务的发展,以试图解决这一问题,但是这些政策努力的目标并不是非常清楚,且没有取得明显的效果。我国社区的医疗服务在逐年增长,二、三级医院的增长速度却更加明显。这固然有居民医疗保障与服务完善等积极方面的因素,但也存在着诱导需求的问题,如医疗资源的重复利用问题(一种是病人主动增加服务,有的患者先到三级医院去就诊,然后到社区医院去配药,事实上是把一次服务利用分拆成两次;另一种是医生有意的分割行为,在医保次均费用的控制下,医生通过少配药、一次检查一次配药等手段,导致医疗服务单元的分割以及医疗资源的重复利用)。由于当前有效率的服务体系还没有建立起来,因此,社区首诊、分级诊疗的概念还非常模糊。总体来说,在社区卫生服务发展中,没有把建立有序有效的服务体系作为一个重要目标,即如何建立有序有效的服务体系,以解决定点医疗、社区首诊、分级诊疗和防治结合的问题为核心。同时,在实现建立有序有效服务体系的目标理念与路径上也存在模糊认识。

七、关于医保支付方式改革的问题

医保支付方式的改革是提高医保资金使用效率的最为关键的手段。作为完善医保制度的核心议题,国内外已经对医保支付制度的改革开展了很多研究。主要研究成果可以归纳为以下四点:第一,目前国际上比较通用的医保支付方式主要包括按服务项目付费、按服务单元付费、按人头付费、按病种付费、总额预付以及混合支付方式付费。医保支付方式改革研究也主要是围绕着如何完善这几种支付方式来展开。第二,不同支付方式各有利弊,对医疗服务数量、服务质量和服务效率产生不同的影响。其目标不同、发展历程不同,其优势和劣势也不尽相同。第三,各种支付方式改革要取得成功都必须具备一定的实施条件。第四,从国际经验来看,西方发达国家大多已经从医保支付方向的后付制转向了预付制。以家庭责任医生为基础的按人头付费是未来医保支付方式改革的国际趋势。[1]

---

[1] 梁鸿.重视医保谈判机制设计[N].健康报,2012-4-23:05.

在我国医保支付制度的改革中，政府的主导作用十分重要，但不能完全由政府包办。由于医保支付方式涉及的付费环节主要还是一种市场经济行为，因此，支付制度的改革需要注重发挥市场机制的作用。在完善医保支付制度的改革中，国际上主要是通过建立利益导向机制，通过市场行为的方式来实现的。医保部门对于医疗服务行为的监督和购买也主要是通过市场行为来实现的。因此，需要重视对于大户谈判地位、医保经济杠杆的作用，以及医保在消除医疗市场信息不对称、监督医疗服务水平等方面的优势。目前，在我国医保自付方式的改革中，政府行政干预手段运用比较多，而对于上述市场手段的运用不足。因此，在进一步推进付费方式改革的工作中，一方面，要在基金收支预算管理方面，加强总额控制，探索总额预付；另一方面，要注意市场机制的运用，关键在于建立医保经办机构与医疗机构的谈判协商机制和风险分担机制。

八、关于制度融合与全民医保的问题

不同医疗保障制度的分散性导致了制度覆盖对象的边界模糊，医疗保障呈现重复叠加与碎片化的双重特征。一方面，不同的医疗保障制度的筹资水平、保障待遇相差甚远，造成了医保的碎片化；另一方面，不同医保政策的覆盖对象交叉，出现了重复参保、财政重叠补助的现象，造成医疗资源的浪费，加大了医疗保障政策的执行难度。因此，在我国三大医疗保障制度逐步覆盖了大多数群体之后，制度之间的融合问题就成为真正实现全民医保、人人公平享有医疗保障待遇的关键问题。由于历史原因，目前三大医保制度在筹资标准、保障范围、保障水平、管理主体之间都存在很大的差距，在政府没有能力彻底解决国民"看病难、看病贵"问题之前，不具备直接进行制度合并的条件。随着城市化水平的不断发展、人口的频繁流动，医保在不同制度间的衔接转移障碍越来越凸显。随着人们对于国民医疗保障权利意识的不断觉醒和发展，差别化的医疗保障待遇也越来越难以维持。因此，制度融合是未来医保发展的必然要求。

目前，学界的主流观点是制度融合可以分阶段、分步骤实现。由于城镇居民基本医疗保险和新型农村合作医疗制度在各方面均比较接近，有条件的地区可以优先考虑将两种制度合并，在条件逐步成熟时再与城镇职工医疗保险接轨。中国医疗保险研究会会长王东进提出了医保制度融合的"三步走"战略：第一步，在2010年之前将医疗保障体系的"四大板块"的框架建立起来，为制度的衔接和转换打基础；第二步，从2011年到2015年，在继续巩固和完善各项保障制度的同时，着手研究四大保障制度之间的衔接问题，提高统筹层次，将城镇居保与新农合合并就是这一步中的政策探索；第三步，从2016年到2020年，基本建立起覆盖城乡的基本医疗保障体系。笔者认为，在此基础上还需要进一步探索和理顺管理体制，最终将几大医疗保障制度均交由一个统一的行政部门管理和经办，实现真正意义上的国民医疗保障制度。

第三节 完善我国城镇居民基本医疗保险的政策建议与实施路径

我国城镇居民基本医疗保险政策面临一些制度实践环节的现实问题和理论问题。何文炯提出要实现医疗保险制度从"人人享有"转向"人人公平享有",必须解决以下4个问题:一是树立公平理念,逐步缩小人群之间、城乡之间和区域之间的社会医疗保险待遇差别,保障社会成员基本医疗需求;二是优化制度设计,增强社会医疗保险制度的公平性、可持续性和制度运行效率;三是完善体制机制,理顺经办和管理体制,健全筹资、待遇调整和结算机制,深化医疗卫生和药品流通体制改革;四是提高服务水平,做到方便、快捷、优质、高效。[①]笔者认同以上政策问题,认为经过系统的梳理和探讨,在下一阶段的制度建设和完善过程中需要采取以下政策措施。

首先,在参保环节,需要重新界定"城镇非从业居民"的定义,扩大城镇居民的范围,并采取积极的措施将大部分流动人群纳入参保范围。在城市居民分类方面进行简化归并,直接分为成年人和非成年人。或者取消不同的人群分类,按照统一的标准参保、享受制度待遇。针对流动人群的参保问题,取消户籍制度的严格限制,分批逐步地将流动居民纳入本地的城镇居保体系中。同时,制定连续参保的激励性措施,将参保时间与医保待遇挂钩,并建议加大优惠幅度和比例,每年增加2%,最多可以增加15%~20%。如果一年内未发生疾病,可以享受免费体检一次等。

其次,在筹资环节,一是需要相应简化筹资的分类,筹资标准可以统一。针对特殊人群(如老年人、贫困居民或者学生)的参保费用,除个人筹资部分外,不足部分由财政统一补助。二是暂缓政府以行政命令式的方式大幅度提高筹资标准,明确界定参保居民、中央政府与各级地方政府的筹资标准,在筹资之前应该进行缜密的调查研究和听证会,在听取各方意见的基础上形成一个恰当的筹资标准和分担比例。三是探索多元化的筹资方式,建议参照城镇职工的筹资方式,与当地居民的平均收入水平挂钩,收取个人筹资费用。

再次,在服务利用环节,一是需要将门诊纳入医疗统筹范围,但必须避免"撒胡椒面式"的保障。在现行的城镇居保制度试点中,部分城市虽然实现了城镇居保门诊统筹,但陷入了为改革而改革的陷阱,有将国家政策简单化的趋势。部分城市门诊统筹部分不设起付线,但设置了比较低的封顶线,如200~300元,这有可能造成医保资金的

---

① 何文炯.从"人人享有"到"人人公平享有"——社会医疗保险需要解决四大问题[J].中国医疗保险研究,2012(1):13-16.

不合理利用。主要原因在于医疗保险的原理是社会保障的"大数法则",通过居民筹集资金"聚沙成塔",在比较广的范围内建立一个分担医疗风险的"保险池"。门诊统筹政策的本意是鼓励参保居民能够到社区卫生服务中心等基层诊疗机构就诊,实现在医疗合理分流的同时,帮助居民养成及时合理诊疗的就医习惯。而现实中门诊可报销到低封顶线的做法实际上误解了政策目标,将人人享有医疗保障等同于人人享有相同的门诊报销额度。结果是虽然人人享有了门诊报销,但实际上没有起到真正减轻居民医疗风险的作用,反而分散了医保资金的使用效果。二是要随着经济的发展和社会物价水平的提高,逐步提高医疗费用的保险比例。在充分使用医保基金的基础上,对大病、重病以及因病造成灾难性支出的家庭进行二次补偿,提高城镇居保制度实际分担医疗风险的水平和效率。三是探索城镇居保制度与新农合制度合并的可能性,并逐步制订出制度融合的时间表。

最后,在现行制度环境下,短期内要大幅度提高城镇居保的筹资水平和保障水平,空间均十分有限。因此,当前的城镇居民基本医疗保险制度迫切需要进行3个方面的改革:

一是进行医保支付制度的改革。在医保支付制度的改革方面,目前支付方式的改革对于医保的风险分担功能重视有余,而对其谈判功能、监控功能和信息功能重视不足。要提升医保支付方式的整体功能,需要完善医保的其他三大功能,对医保整体功能进行开发。因此,未来城镇居保当年医保支付方式改革首先需要从理念创新着手。即从资源中心向权益中心转变;从以医保控费为核心转向医保的公平享有;从单一的购买方向大户谈判的角色转变。①在引导医疗服务供方向公益性方向转变的时候,还需要十分重视和医疗价格补偿机制的改革相配合。如果不改革扭曲的医疗价格机制,重新对医疗服务价格进行制度设计,仅靠简单的降价方式来进行调整,支付制度改革的政策目标也将难以实现。

在具体的路径方面,医保制度不能片面地为改革而改革,也不能说哪一种医保支付方式就是好的医保支付方式。从目前的改革方向来看,应该推行混合型的支付制度改革,在不同的情况下采取最为有效的支付方式。此外,过去的医保支付方式改革都将医保与医院的关系定位为不相容博弈的双方,即医院想通过不合理的医疗行为违规获取更多的收入。医疗保险机构则主要承担监控的职责,监督医院的不合理医疗行为,由于市场价格机制的不合理、医疗机构的运行机制不合理,两者处于时刻的博弈和对立状态,始终无法调整两者的利益关系。因此,医保支付方式改革需要寻求一种双方协作、共赢的基础措施。通过医保支付方式的契约化管理,明确各方的权利和义务,能够在现行的制度和环境下,达到多方目标利益的均衡。在新医改的推动下,利用居民医疗保险的大户谈判功能,通过协商议价的方式来寻求合作共赢的机制,从而在现有的体制下来规范

---

① 梁鸿,贺小林.医保支付方式改革政策演进路径的前瞻分析[J].中国医疗保险研究,2012(3):38-40.

和协调双方的利益和行为,达到医保支付方式改革的功能目标,共同推进医疗卫生事业的发展。

二是结合医疗服务体系的改革,促进社区卫生服务尤其是家庭责任医生制度的构建,以形成医保费用的"守门人制度"。积极发展社区卫生服务是控制医疗费用过快增长的重要举措,也是增强医疗服务利用的可及性、公平性,缓解"看病难、看病贵"问题的有效途径。目前,社区医疗服务还没有在全国普遍推行,多数患者看病就医还是习惯于选择大医院,这正是造成群众"看病难、看病贵"问题的原因之一。①在当前我国城镇居民基本医疗保险制度相对较低的筹资水平和较高的保障程度要求的现实条件下,要完善城镇居民基本医疗保险政策,一个最为关键的地方就是要和有效的医疗服务体系相衔接。充分利用社区卫生服务的优势,以低成本、经济适应的服务方式来提供方便适宜、经济可靠的基本医疗和公共卫生服务,切实提高居民的健康保障水平。

从具体的政策路径来看,构建有效的服务体系需要家庭责任医生制度的支撑。由于城镇居民健康需求水平超越社会经济发展的承担能力,加上不断加剧的人口老龄化的现实国情,医疗资源短缺与居民健康需求发展的矛盾将在一定时期内长期存在。"早发现、早干预、早治疗"的家庭责任医生服务模式是在目前国情下解决群众"看病难、看病贵"问题最重要的可行路径。作为基本医疗和公共卫生服务两个网底的家庭责任医生服务模式由于其连续性、综合性、个性化的服务特点和优势,既可以做到防治结合,对诊断明确的慢性病进行早期检测、定期观察、合理用药、按时服药以及生活行为方式指导等综合干预,又可以在相对较低的成本下为居民提供基本医疗服务和更高服务的诊断方案的指导。做到节约医疗资源和医保费用,提升居民健康的政策功效。

当前家庭责任医生制度改革的政策核心目标是提供有价值的服务,通过给固定辖区内的固定服务人群提供连续性、综合性、个性化的服务来体现其服务价值和效用。而服务价值和效用提高也会反过来增强社区居民对家庭医生的依从性和依赖性,进而建立起长期稳固的服务关系,从而引导并逐步形成事实上的社区首诊、逐级转诊的目标。家庭责任医生制度的改革发展既需要通过家庭责任医生的培养和培训来不断提高其服务水平和内在价值,也需要通过制度的激励来鼓励家庭医生创造有价值的服务。因而家庭医生制度的推行需要和医保支付方式改革结合起来,通过医保签约服务费的方式来提高家庭医生的收入水平和家庭医生自身的价值,将家庭医生制度逐步建成参保居民健康和医保费用的双重"守门人"。

三是必须加强对医保基金的监督和管理,提高医保机构的经办效率。当前有限的医保资金因为监管不力还存在很大的浪费。随着城镇居民基本医疗保险基金规模的不断壮大,医保基金管理的风险也在不断增加,一些违法违规的医疗服务行为表现突出,欺诈骗保的行为时有发生。医疗保险经办工作中既要防止医疗服务供方的骗保行为(如虚构

---

① 郑功成.中国社会保障改革与发展战略(医疗保障卷)[M].北京:人民出版社,2011:179.

医疗服务、伪造医疗账目），又要防止医疗服务需方的骗保行为（如伪造报销单据、骗取医保药物转卖），同时还需要应对更为复杂的供需双方合谋的骗保行为（如诱导需方过度医疗、不按医保支付规定的范围和比例进行结算等）。因此，必须通过加强医疗保险的力量来弥补市场的信息不对称。从目前的情况来看，"医疗保险对于医院和医生的监督与制约作用正在逐步加强。医疗保险机构有专职人员与医院长期打交道，甚至工作人员本身可能就是学医出身，对基本医学知识以及医院工作程序很熟悉，与医务人员之间的信息不对称程度较轻，由他们负责去规范医院和医生的诊疗行为，约束力很强"。[①]通过医保机构对医院的监督，可以有效抑制医生诱导需求的行为。在目前各地医保经办机构人员较少、经办力量不足的情况下，需要加强医保经办队伍的力量。建议将各地医保经办机构实体化，建立一支专业化、职业化的医保监管队伍，通过加强医保与卫生信息系统的联网建设等方式来监督定点医疗机构的行为。除此之外，还可以广泛地利用多种外部监督主体的力量，如通过参保居民、新闻媒体、人大代表以及鼓励定点医疗机构之间的相互竞争、相互监督来实现对医保经济管理和使用的监督。总之，只要是有助于提升医保基金管理的技术和方法，都应该加以重视。

---

① 梁鸿，褚亮.试论政府在医疗卫生市场中的作用［J］.复旦学报（社会科学版），2005（6）：91-97.

研究结论与展望

一、本研究的基本结论

通过以上7章的研究，本书重点关注了以下4个方面的问题：（1）城镇居民基本医疗保险政策的变迁历程、影响因素，以及城镇居民基本医疗保险政策变迁具有哪些特征？存在哪些问题？（2）城镇居民基本医疗保险的核心政策目标与执行状况、当前试点城市城镇居民基本医疗保险政策运行情况，以及在制度公平性这一核心政策目标方面取得了哪些进展？（3）城镇居民基本医疗保险政策评估与风险识别，重点关注参保意愿的情况如何？哪些因素影响了居民的参保？服务利用的情况如何？哪些因素影响了服务利用？制度满意度的情况如何？哪些因素影响了居民满意度？（4）城镇居民基本医疗保险面临哪些制度瓶颈和深层次问题？需要怎样的配套措施来完善和推进城镇居保制度改革？通过研究和回答以上4个方面的问题，期望达到梳理政策脉络、提供理论指导、了解政策现状、识别政策风险、提供政策建议的目的。具体的研究结论如下：

首先，从城镇居民基本医疗保险政策的政策变迁历程来看，中华人民共和国成立以来，关于城镇居民的医疗保障的相关政策历经了3个主要阶段：一是依附于公费和劳保制度的居民"半费"保障阶段（1951—1992年）；二是制度缺失下的居民自我保障阶段（1993—2007年）；三是城镇居民基本医疗保险政策试点和完善阶段（2007年至今）。研究发现，财政约束与政府观念是城镇居保政策变迁的首要影响因素，而传统医保政策发展的路径依赖与利益集团的薄弱也间接影响了城镇居保政策的出台。从制度变迁的契机来看，机制缺欠与新医改政策议题的扩散则成为决定城镇居保政策出台的关键因素。从总体上看，我国城镇居民基本医疗保险政策是一场渐进式的改革，具有自上而下与自下而上相结合、强制性与诱致性变迁相结合、从应急性到系统性改革的特征。

其次，本研究以国务院关于城镇居民基本医疗保险情况试点调查的9个城市的城镇居保政策作为蓝本，对城镇居民基本医疗保险政策的运行情况进行详细分析和比较。对城镇居民基本医疗保险政策在参保人群、筹资标准、服务利用、政策待遇、管理监督等环节的政策规定进行了分析和比较研究，找出试点城市城镇居保政策的共同点和特征、经验和不足。通过对9个城市的实证调查数据来了解城镇居保的参保、筹资、服务利用、实际受益、居民负担、制度满意度等情况，进行分析，识别政策存在的问题和风险。

（1）在试点城市医保政策的筹资公平性方面，采用国际上研究公平性比较通用的收入五分法，通过计算城镇居保的基尼系数、集中指数以及卡克瓦尼指数来分析居民基本医疗保险的公平性。通过计算，2007年城镇居民基本医疗保险筹资的卡克瓦尼指数为0.18，说明筹资在人群中是累进的，表明筹资后的收入公平性有所改善。2011年城镇居民基本医疗保险筹资的卡克瓦尼指数为0.37。城镇居民基本医疗保险筹资也呈累进特点，即较低收入居民承担的卫生筹资负担比较高收入的居民轻，体现了城镇居民基本医疗保险政策筹资环节的公平性。

（2）从试点城市城镇居民基本医疗保险的服务利用公平性来看，被调查的城镇居民基本医疗保险试点城市的服务需求和利用存在以下的显著特征：一是服务需求与收入情况不匹配，收入越低的人群越容易患病，其服务需求越高，存在着与收入密切相关的健康不平等。低收入组的两周患病率、慢性病患病率、因病卧床率均远高于高收入组。二是服务利用与收入情况密切相关。收入越低的人群，未就诊比例越高，其中，因经济困难而未就诊的比例在历年均是排名第一的关键因素。随着收入的降低，未就诊的比例明显高于其他组别。

（3）从试点城市城镇居民基本医疗保险的负担公平来看，依然存在着由于疾病而因病致贫的现象。研究表明，虽然城镇居民基本医疗保险对缓解和减少医疗家庭灾难性支出和因病致贫方面发挥了一定的作用，但是由于家庭经济情况和患病严重程度的不同，实际负担的"不公平"现象依然存在。

再次，研究还就试点城市城镇居民基本医疗保险政策的参保、服务利用和满意度进行了专门研究和评估。首先，从城镇居民基本医疗保险政策的参保意愿及其影响因素来看，城镇居保的参保率增长比较迅速。但历年均有少部分人群应参保未参保，存在一定的"逆向选择"风险。其次，从城镇居民基本医疗保险政策服务利用来看，虽然城镇居保制度的出台时间较晚，其具有制度的后发优势，发展比较快，但参保居民与应参保未参保居民在患病情况方面没有很大的差别，缺乏对未参保居民的政策吸引力。再次，从城镇居民医疗服务利用的影响因素来看，性别、年龄、受教育程度、婚姻状况等个人基本特征及健康状况变化、是否患病等健康因素对是否参加体检具有显著影响；婚姻状况、健康意识、家庭收入对患病是否就诊影响不显著。除了两周内是否患病这一因素显著外，其他因素对是否应住院未住院均没有显著影响。

最后，本研究归纳并总结了试点过程中我国城镇居民基本医疗保险政策存在的瓶颈问题，并结合目前学界关于城镇居民基本医疗保险政策发展的理论探索以及专家咨询的意见，在参考一些地方典型经验做法的基础上，提出完善我国城镇居民基本医疗保险政策的政策建议与实施路径。从现行城镇居民基本医疗保险面临的制度瓶颈来看，各个环节均存在一些迫切需要解决的现实问题：

（1）在参保环节：对参保人群界定不清；由于户籍制度的原因，造成了参保范围狭窄,大部分流动人口和农民工被排除在制度之外;部分人员参保意愿不强,连续参保的激励薄弱;"自愿参保"的原则造成一定程度的选择性参保,制度覆盖面扩展迅速但可能难以维持。(2)在筹资环节:筹资与财政补偿分类复杂;筹资水平增长过快,造成了地方政府财政和各地居民的负担不均。(3)在服务利用环节:参保居民的服务利用依然存在着与收入相关的不平等状况,参保居民对保障范围和保障水平不满意;城镇居民基本医疗保险服务水平也有待提高。(4)在医疗保险制度管理与统筹环节:医保基金管理过度强调财务平衡和结余水平高,导致制度效率损失;医疗费用支付机制不科学,尚未建立有效的医疗服务购买机制;城镇居民基本医疗保险未能与医疗服务体系改革形成有效的配合;城镇居民基本医疗保险的制度统筹衔接问题逐步显现。

为此,本研究认为,在短期内要大幅度提高城镇居保的筹资水平和保障水平,在空间均十分有限的现行制度环境下,迫切需要进行3个方面的改革:一是进行医保支付制度的改革;二是结合医疗服务体系的改革,促进社区卫生服务尤其是家庭责任医生制度的构建,以形成医保费用的"守门人制度";三是必须加强对医保基金的监督和管理,提高医保机构的经办效率。

二、本研究的创新点与贡献

本研究可能的创新体现在以下3个方面:

一是首次系统梳理了我国城镇居民基本医疗保险政策的变迁历程,并分析了我国城镇居保政策变迁的影响因素和特征。目前,针对我国城镇居民基本医疗保险政策的研究尚处于起步阶段,本研究在一定程度上弥补了研究基础资料分析不足和系统性不强的问题。

二是运用大规模的调查数据就城镇居民基本医疗保险政策的运行状况进行了实证分析和研究。就我国城镇居民基本医疗保险进行了政策评价与风险识别。在筹资公平、服务利用公平和实际负担公平3个方面就制度公平性进行了研究。同时,就制度的参保情况及其影响因素、服务利用情况及其影响因素、满意度及其影响因素进行了实证研究和分析。在一定程度上加强了研究的实证性和可靠性,为找出目前城镇居保制度存在的瓶颈问题提供了政策依据。

三是就我国城镇居民基本医疗保险政策各个环节存在的问题进行了较为系统的归纳和总结,并结合目前学界关于城镇居民基本医疗保险政策发展的理论探索以及专家咨询的意见,在参考一些地方典型经验做法的基础上,提出改进我国城镇居民基本医疗保险政策的政策建议与实施路径。结合目前城镇居保筹资增长和待遇水平大幅度增长均十分有限的政策环境,重点强调了医保支付制度改革、与医疗服务体系的联动改革,尤其是注重家庭责任医生制度的建立以及提高城镇居保的管理水平和监管力度。

三、本研究存在的不足和需要进一步讨论的问题

由于城镇居民基本医疗保险政策起步最晚,因此,在制度的运行方面还存在着诸多

的问题。目前，城镇居民基本医疗保险政策的完善研究已经成为实现我国全民医保的关键环节，也是政府和学术界重点关注的热点问题。但医疗保险制度的研究是一个十分复杂和系统的问题，囿于本人的研究水平，本研究对该领域的探索是初步的，存在许多不成熟和探讨不够深入的问题，有待于未来的进一步拓展研究。

一是对于城镇居保制度变迁过程的考察，未能从事实角度深入了解和考察制度变迁发生时的具体原因，而只是做了理论的初步分析。二是限于研究条件，未能就各试点城市城镇居保制度的最新进展进行跟踪研究。三是对于相关调查数据的分析和挖掘还是浅层次的、不足的，在未来的研究中需要同城镇职工医疗保险、新型农村合作医疗制度的相关数据进行更为深入的比较研究，以考察我国城镇居民基本医疗保险政策相对于其他两大医保主体制度而言存在的不足和差距。四是由于公共政策需要在具体的政策环境下来制订和执行，因此，本研究得出的关于完善制度的政策建议也只是在总体上归纳，具有一般意义上的规范性，有必要结合各个地方的具体情况，有针对性地进行具体的制度设计。

总之，任何涉及公共事务的政策研究都是系统和发展的。对于制度的研究和分析是一种在静态的、理论的层面进行的研究，而政策环境瞬息万变，需要政策去解决的问题也在不断地更新之中。因此，对于我国城镇居民医疗保险政策的研究和其他任何公共政策的研究一样，将是一个长期的、动态的过程。所有公共政策研究的目标均在于分析和总结现有政策存在的问题和找到相关的解决之道。对于城镇居民基本医疗保险政策而言，要找到提高制度效率的办法，也有待于在今后的研究中不断地深入政策实践中去调研、去发现、去总结。

参考文献

［1］梁鸿，褚亮.试论政府在医疗卫生市场中的作用［J］.复旦学报（社会科学版），2005（6）：91-97.

［2］胡锦涛.中国共产党第十七次全国代表大会报告［EB/OL］.http://cpc.people.com.cn/GB/104019/104101/6429414.html.

［3］国务院关于建立城镇职工基本医疗保险制度的决定［EB/OL］.http://www.gov.cn/banshi/2005-08/04/content_20256.htm.

［4］全国11.3亿人参加基本医保未参保人群主要有3类［EB/OL］.http://www.china.com.cn/policy/txt/2009-04/14/content_17599974.htm.

［5］国务院办公厅转发卫生部等部门关于建立新型农村合作医疗制度意见的通知［EB/OL］.http://www.gov.cn/zwgk/2005-08/12/content_21850.htm.

［6］孟宏斌.利益主体联动机制：西部新型农村合作医疗持续发展的关键［J］.四川大学学报（哲学社会科学版），2009（6）：113-117.

［7］周婷玉，李伟.我国有10亿余人享受基本医疗保障［J］.共产党员，2009（6）：24.

［8］人力资源和社会保障部、国家统计局.2007年劳动和社会保障事业发展统计公报［EB/OL］.http://www.mohrss.gov.cn/SYrlzyhshbzb/zwgk/szrs/tjgb/201710/t20171031_280387.html.

［9］申曙光，彭浩然.全民医保的实现路径——基于公平视角的思考［J］.中国人民大学学报，2009（2）：18-23.

［10］中共中央国务院关于深化医药卫生体制改革的意见［EB/OL］.http://www.sdpc.gov.cn/shfz/yywstzgg/ygzc/t20090407_359819.htm.

［11］刘雪.城镇居民基本医疗保险试点存在的问题与对策——以济南市为例［J］.劳动保障世界，2010（6）：29-33.

［12］中国卫生服务调查研究组.第三次国家卫生服务调查分析报告［R］.北京：中国协和医科大学出版社.2004：93.

［13］严良军.城镇居民基本医疗保险的行与思［J］.中国社会保障，2006（9）：43-44.

［14］王欢，苏锦英，闫磊磊，等.底线公平视角下城镇居民基本医疗保险政策与新型农村合作医疗制度的比较［J］.医学与社会，2009（1）：3-5.

［15］刘立藏，刘国恩，严霄，等.我国城镇居民自我医疗相关因素分析［J］.中国卫生统计，2009（12）：569-572.

［16］王鹏，刘国恩.我国城镇居民病伤治疗措施选择的影响因素分析：来自我国9城市的微观数据［J］.中国卫生经济，2011（9）：60-63.

［17］马娟，于凯.城镇居民基本医疗制度分析——基于上海、北京和广州试点方案的比较［J］.劳动保障世界，2010（6）：26-29.

［18］苏映宇.城镇居民基本医疗保险政策实践研究综述［J］.社会保障研究，2009（3）：38-41.

［19］代宝珍，毛宗福.城镇化进程中城镇居民基本医疗保险可持续发展策略研究［J］.中国卫生经济，2010（2）：23-25.

［20］刘钧.大学生医疗保障的缺失与重构——兼评目前学术界流行的观点［J］.中央财经大学学报，2011（2）：17-20.

［21］丛树海.论构建以大病保障为核心的医疗保障制度［J］.上海财经大学学报，2006（1）：53-59.

［22］郭有德.医疗保险中道德风险的经济学分析［J］.复旦学报（社会科学版），2011（1）：116-123.

［23］王翔.城镇居民基本医疗保险付费制度研究——兼析镇江市居民医保付费方式的完善［J］.中国卫生经济，2008（12）：23-26.

［24］欧燕燕，丁少群.六城市城镇居民基本医疗保险政策比较研究［J］.地方财政研究，2009（6）：16-21.

［25］贺巧知.城镇居民医疗保险的参保意愿问题研究——以广州市城镇居民医疗保险为例［J］.卫生软科学，2009（1）：55-59.

［26］王健.江苏省城镇居民基本医疗保险制度研究［D］，江苏大学硕士学位论文，2011：1-3.

［27］朱彪，袁长海，黄思桂，等.山东省城镇居民医疗保险试点中反映的问题及对策［J］.中国卫生事业管理，2010（1）：17-18.

［28］闫永亮，闫菊娥，赖莎，等.三种医疗保障制度参保者疾病经济风险及负担研究［J］.中国卫生经济，2012（2）：30-32.

［29］樊路宏，平其能.统筹城乡医疗保障管理体制的探索——以苏州经验为例［J］.学海，2012（2）：102-107.

［30］世界银行.《中国医改政策建议报告》：立即整合城乡医保非务实之举［EB/OL］.http://journal.healthpolicy.cn/ch/reader/view_news.aspx?id=20110127162032001.

［31］郑功成.中国社会保障改革与发展战略——理念、目标与行动方案［M］.北京，

人民出版社, 2008: 17-20.

[32] 刁孝华, 谭湘渝.我国医疗保障体系的构建时序与制度整合[J].财经科学, 2010（3）: 77-84.

[33] 胡涛.城镇居民基本医疗保险初探[J].保险研究, 2008（2）: 47-49.

[34] 郑功成.全面深化医改需要理性选择行动方案[J].中国医疗保险, 2012（5）: 23-26.

[35] 贺小林, 梁鸿.社区卫生服务与医保联动的政策成效——上海长宁的经验与启示[J].中国医疗保险, 2012（6）: 30-33.

[36] 顾海.城镇居民医疗顾客满意度指数的实证研究[J].南京社会科学, 2008（3）: 102-106.

[37] 仇雨临, 张静祎, 徐璨, 等.城镇居民基本医疗保险满意度研究: 以天台县为例[J].中国卫生政策研究, 2009（2）: 11-17.

[38] 权衡.收入分配与社会和谐[M].上海: 上海社会科学院出版社, 2006.

[39] 刘慧侠.健康不平等: 走向可持续、和谐增长的羁绊——转型期中国健康不平等研究[D].西北大学博士学位论文, 2006: 13-15.

[40] 侯剑平, 邱长溶.健康公平理论研究综述[J].经济学动态, 2006（7）: 97-102.

[41] Evans T, Whitehead M, Diderichsen F, et al.挑战健康不公平——从理念到行动[M].牛津: 牛津大学出版社.2003: 25.

[42] Whitehead M. The concepts and principles of equity and health[J]. *International Journal of Health Services*. 1992, 22(3): 429-445.

[43] 王欢.全民医保目标下医疗保障制度底线公平研究[D].华中科技大学博士学位论文, 2006: 13-15.

[44] 庇古.福利经济学[M].北京: 商务印书馆, 1981: 120-123.

[45] 董黎明.我国城乡基本医疗保险一体化研究[M].北京: 经济科学出版社, 2011: 36.

[46] 李华.农村合作医疗制度的经济学分析[D].吉林大学博士学位论文, 2006: 19-20.

[47] 陈瑞华.信息经济学[M].天津: 南开大学出版社, 2003: 13-14.

[48] 李琼.中国全民医疗保障实现路径研究[M].北京: 人民出版社, 2009: 25.

[49] 徐宁.统筹城乡医疗保障——以镇江、昆山为例[D].武汉大学博士学位论文, 2010: 38.

[50] 欧文·E.休斯.公共管理导论[M].彭和平, 周明德, 金竹青, 等译.北京: 中国人民大学出版社, 2001: 14.

[51] Arrow K J. Uncertainty and the welfare economics of medical care[J]. *American Economic Review*, 1963, 53: 941-973.

[52] Mcguire T G. Physician agency[M]. *Handbook of Health Economics*, 2000: 463-

536.

[53] 曼瑟尔·奥尔森.集体行动的逻辑［M］.陈郁，郭宇峰，李崇新，译.上海：上海三联书店，上海人民出版社，2007：13.

[54] 詹姆斯·M.布坎南.公共物品的需求与供给［M］.马珺，译.上海：上海人民出版社，2009：47.

[55] 李华.理性政府与理性农民的简单博弈——新型农村合作医疗制度进入机制分析［J］.学习与探索，2007（4）：124-127.

[56] 毛克宇.基于新制度经济学的公立医院薪酬管理研究［D］.天津大学博士学位论文，2009：8-15.

[57] Coase R H. The Nature of the Firm［J］. *Economica*, 1937(11): 386-405.

[58] 道格拉斯·诺思.制度、制度变迁与经济绩效［M］.杭行，译.上海：格致出版社，上海三联书店，上海人民出版社，2008：3.

[59] Brennan R. Evolutionary economics and the markets-as-networks approach［J］. *Industrial Marketing Management*, 2006(7): 829-838.

[60] 孙良.中国制度变迁理论研究述评［J］.经济学动态，2002（2）：50-52.

[61] 卡尔·帕顿，大卫·沙维奇.公共政策分析和规划的初步方法［M］.孙兰芝，胡启生，等译.北京：华夏出版社，2012：18-19.

[62] 赵德余.权利、危机与公共政策：一个比较政治的视角［M］.上海：上海三联书店，2012：141.

[63] 迈克·希尔，彼特·休普.执行公共政策［M］.黄健荣，等译.北京：商务印书馆，2011：59.

[64] 杰伊·沙夫里茨，卡伦·莱恩，克里斯托弗·博里克.公共政策经典［M］.彭云望，译.北京：北京大学出版社，2008：19.

[65] 杨肖光.家庭暴力干预政策过程分析及社会组织在其中的作用——以广西壮族自治区为例［D］.复旦大学博士学位论文，2008：13-15.

[66] 胡善联.循证决策研究方法的进展［J］.卫生经济研究，2006（8）：39-40.

[67] 胡善联.循证卫生决策研究方法介绍［J］.中国循证医学杂志，2007，7（2）：142-146.

[68] 李幼平，王莉，文进，等.注重证据，循证决策［J］.中国循证医学杂志，2008，8（1）：1-3.

[69] 迈克尔·豪利特，M.拉米什.公共政策研究：政策循环与政策子系统［M］.庞诗，等译.北京：三联书店，2006：90.

[70] 顾海，李佳佳.机会不平等对城乡居民医疗需求的影响研究［J］.江苏社会科学，2012（2）：52-56.

[71] 高春亮，毛丰付，余晖，等.激励机制、财政负担与中国医疗保障制度演变——

基于建国后医疗制度相关文件的解读[J].管理世界,2009(4):66-74.

[72] 赵曼.中国医疗保险制度改革回顾与展望[J].湖北社会科学,2009(7):60-63.

[73] 宋晓梧.建国60年我国医疗保障体系的回顾与展望[J].中国卫生政策研究,2009(10):6-14.

[74] 中华人民共和国劳动保险条例[EB/OL].https://www.ruiwen.com/gongwen/tiaoli/18946.html.

[75] 关于全国各级人民政府、党派、团体及所属事业单位的国家工作人员实行公费医疗预防的指示[EB/OL].http://www.ce.cn/xwzx/gnsz/szyw/200705/29/t20070529_11526269.shtml.

[76] 郑秉文,高庆波,于环,等.60年回顾:社保理论与社保制度的互动[J].中国社会保障,2009(10):114-117.

[77] 吴敬琏.当代中国经济改革[M].上海:上海远东出版社,2004:323.

[78] 郑功成.中国社会保障改革与发展战略[M].北京:人民出版社,2011:2.

[79] 李卫平.公费、劳保医疗制度的发展及改革方向[J].中国卫生经济,1991(8):4-7.

[80] 公费医疗管理办法[EB/OL].https://wenku.baidu.com/view/e5a4844be518964bcf847c48.html.

[81] 舒皋甫.城镇医疗保障体制改革政策工具研究[D].复旦大学硕士学位论文,2009.

[82] 国务院批转国家体改委关于1989年经济体制改革要点的通知[EB/OL].http://www.cnki.com.cn/Article/CJFDTotal-GWYB198907011.htm.

[83] 唐玉兰.公费医疗、劳保医疗制度改革现状分析[J].中国卫生经济,1991(11):44-46.

[84] 王延中.不得已的"三条保障线"与"两个确保"[J].中国社会保障,2007(11):22-23.

[85] 张苗."全民医保"是新医改的历史性进步[J].中国社会保障,2009(5):76-77.

[86] 刘洪清."全民医保"的"中国速度"[J].中国社会保障,2011(1):19-21.

[87] 胡大洋.构建城镇居民医疗保障制度的探讨[J].群众,2006(10):43-45.

[88] 国务院关于开展城镇居民基本医疗保险试点的指导意见[EB/OL].http://www.gov.cn/zwgk/2007-07/24/content_695118.htm.

[89] 关于做好2008年城镇居民基本医疗保险试点工作的通知[EB/OL].https://mall.cnki.net/magazine/Article/LDKX200808035.htm.

[90] 人力资源和社会保障部关于做好2010年城镇居民基本医疗保险工作的通知[EB/OL].http://www.chinaacc.com/new/63_73_201101/24ya1675847950.shtml.

［91］ 国务院办公厅关于印发深化医药卫生体制改革2012年主要工作安排的通知［EB/OL］.http://www.gov.cn/zwgk/2012-04/18/content_2115928.htm.

［92］ Arnott R, Greenwald B, Stiglitz J E. Information and economic efficiency［J］. *Information Economics and Policy*, 1994(1): 77-82.

［93］ 郑功成.中国社会保障制度变迁与政策评估［M］.北京：中国人民大学出版社，2002：121.

［94］ 黄庆杰.城乡统筹的农村社会养老保障：制度选择与政府责任［D］.中国社会科学院研究生院博士学位论文，2009：31.

［95］ 王绍光.中国公共政策议程设置的模式［J］.中国社会科学，2006（5）：86-99.

［96］ 赵德余.解释粮食政策变迁的观念逻辑：政治经济学的视野［J］.中国农村经济，2010（4）：20-29.

［97］ 顾昕.诊断与处方：直面中国医疗体制改革［M］.北京：社会科学文献出版社，2006：48-55.

［98］ David P A. Clio and the economics of QWERTY［J］. *American Economic Review*, 1985, 75(2): 332-337.

［99］ Arthur W B. Competing technologies, increasing returns, and lock in by historical events［J］. *Economic Journal*, 1989, 99(3): 11-131.

［100］ North D. *Institutions, Institutional Change and Economic Performance*［M］. Cambridge: Cambridge University Press, 1990.

［101］ Pierson P. Increasing returns, path dependence, and the study of politics［J］. *American Political Science Review*, 2000, 94(2): 251-267.

［102］ Mahoney J. Path dependence in historical sociology［J］. *Theory and Society*, 2000, 29(4): 507-548.

［103］ 李宏伟，屈锡华.路径演化：超越路径依赖与路径创造［J］.四川大学学报（哲学社会科学版），2012（2）：108-114.

［104］ 吴敬琏.路径依赖与中国改革——对诺斯教授演讲的评论［J］.改革，1995（3）：57-59.

［105］ 尹贻梅，刘志高，刘卫东.路径依赖理论研究进展评述［J］.外国经济与管理，2011（8）：1-7.

［106］ 申曙光，周坚.新型农村合作医疗的制度性缺陷与改进［J］.中山大学学报（社会科学版），2008（3）：198-203.

［107］ 詹姆斯·M.布坎南.自由、市场和国家［M］.吴良健，桑伍，曾获，译.北京：北京经济学院出版社，1988：65.

［108］ 刘岚.医疗保障制度模式与改革方向［M］.北京：中国社会出版社，2007：61.

［109］ Marshall T H, Bottomore T. *Citizenship and Social Class*［M］. London: Pluto Press,

1992: 15.

[110] Romanyshyn J M. *Social Welfare: Charity to Justice* [M]. New York: Random House, 1971: 34.

[111] Marc J. Roberts, William Hsiao, Peter Berman，等.通向正确的卫生改革之路——提高卫生改革绩效和公平性的指南［M］.任明辉，主译.北京：北京大学医学出版社，2010.

[112] 彭宅文.社会保障与社会公平：地方政府治理的视角［J］.中国人民大学学报，2009（2）：12-17.

[113] 吴锡泓，金荣枰.政策学的主要理论［M］.上海：复旦大学出版社，2005：61.

[114] 林毅夫，蔡昉，李周.中国的奇迹：发展战略与经济改革［M］.上海：上海人民出版社，2009：265-271.

[115] 丁煌，定明捷.国外政策执行理论前沿评述［J］.公共行政评论，2010（2）：119-148.

[116] 周雪光，艾云.多重逻辑下的制度变迁：一个分析框架［J］.中国社会科学，2010（2）：138-150.

[117] 关于开展城镇居民基本医疗保险试点的指导意见［EB/OL］.http://www.gov.cn/zwgk/2007-07/24/content_695118.htm.

[118] R.科斯，A.阿尔钦，D.诺斯，等.财产权利与制度变迁——产权学派与新制度经济学派译文集［M］.上海：上海人民出版社，2005：18-38.

[119] 杨瑞龙.论我国制度变迁方式与制度选择目标的冲突及其协调［J］.经济研究，1994（5）：40-49.

[120] 黄少安.制度变迁主体角色转换假说及其对中国制度变革的解释［J］.经济研究，1999（1）：70.

[121] 史晋川，沈国兵.论制度变迁理论与制度变迁方式划分标准［J］.经济学家，2002（1）：41-46.

[122] 杨瑞龙.论制度供给［J］.经济研究，1993（8）：45-52.

[123] 王思斌.改革中弱势群体的政策支持［J］.北京大学学报（哲学社会科学版），2003（11）：83-90.

[124] 韩丽丽.应对突发事件的社会政策制定及其优化［J］.中州学刊，2010（3）：127-131.

[125] 尼尔·吉尔伯特.社会福利的目标定位——全球发展趋势与展望［M］.郑秉文，等译.北京：中国劳动社会保障出版社，2004：171.

[126] 顾昕，高梦滔.中国社会救助体系中的目标定位问题［J］.学习与实践，2007（4）：5-11.

[127] 审计署发布新农合医疗和城镇居民基本医疗保险基金审计情况［EB/OL］.http://

finance.people.com.cn/n/2012/0802/c153180-18654980.html.

[128] 刘国恩,等.国务院城镇居民基本医疗保险试点调查报告[R].国务院城镇基本医疗保险试点评估专家组,北京大学光华管理学院,2008(1).

[129] 曹俊山.上海城镇居民基本医疗保险政策评价与完善研究[D].复旦大学博士学位论文,2011:95.

[130] 薛新东,刘国恩.城镇居民基本医疗保险的参与意愿及影响因素[J].西北人口,2009(1):62-66.

[131] 王晶.中国农村医疗筹资公平性研究——基于全国八个农业县医疗筹资系统的实证研究[J].社会性研究,2008(5):160-185.

[132] 申曙光,孙健,刘巧,等.新型农村合作医疗制度公平性研究——以广东省为例[J].人口与经济,2009(5):84-90.

[133] 顾海,王维.江苏省城镇居民医疗保险的筹资公平性研究——基于1500份问卷的实证分析[J].江苏行政学院学报,2009(6):55-59.

[134] 郑功成.社保立法应实现城乡一体化[J].农村工作通讯,2011(7):42.

[135] 高建民,裴瑶琳,雷瑞杰,等.不同收入人群的卫生公平性研究:来自陕西眉县的证据[J].中国卫生经济,2012(3):51-54.

[136] 卢建龙,徐晓程,张倩,等.卫生筹资公平性研究方法综述[J].中国卫生资源,2012(4):302-305.

[137] 袁源.基尼系数的计算方法及数学推导[EB/OL].http://wenku.baidu.com/view/72c46b11cc7931b765ce15b8.html.

[138] 梁维萍,郑建中,韩颖,等.健康与卫生保健的公平性及其测量方法评介[J].中国农村卫生事业管理,2007,27(10):742-744.

[139] 金春林,李芬,王力男,等.从公平的视角看上海市卫生筹资[J].卫生经济研究,2012(5):79-82.

[140] 吕文洁.我国城镇卫生筹资公平性研究——基于医疗保健支出累进度的测算[J].财经研究,2009(2):123-135.

[141] 孟庆跃.中国卫生保健体制改革与健康公平[J].中国卫生经济,2007(1):9-14.

[142] 周绿林,孙翠,刘石柱,等.城镇职工重大疾病保障水平测量研究[J].中国卫生经济,2011(8):33-35.

[143] 申曙光,侯小娟.我国社会医疗保险制度"碎片化"与制度整合目标[J].广东社会科学,2012(3):19-25.

[144] 顾昕.全民医保的新探索[M].北京:社会科学文献出版社,2010.

[145] 人力资源社会保障部发布2011年全国社会保险情况[EB/OL].http://www.gov.cn/gzdt/2012-06/27/content_2171250.htm.

[146] 王震.乡城流动工人医疗保险覆盖率及其影响因素的经验分析——基于大连、上

海、武汉、深圳、重庆五城市调查数据［J］.中国人口科学，2007（5）：60-71.

［147］左延莉，胡善联，刘宝，等.新型农村合作医疗试点卫生服务利用的影响因素分析［J］.中国卫生资源，2006（5）：223-225.

［148］龚幼龙，陈家应，Henry Lucas，等.企、事业职工家庭卫生服务公平性研究［J］.中国卫生资源，2001（4）：163-165.

［149］解垩.与收入相关的健康及医疗服务利用不平等研究［J］.经济研究，2009（2）：92-105.

［150］齐良书，李子奈.与收入相关的健康和医疗服务利用流动性［J］.经济研究，2011（9）：83-95.

［151］封进，刘芳.新农合对改善医疗服务利用不平等的影响——基于2004年和2006年的调查数据［J］.中国卫生政策研究，2012（3）：45-50.

［152］胡宏伟.城镇居民医疗保险对卫生服务利用的影响——政策效应与稳健性检验［J］.中南财经政法大学学报，2012（5）：21-28.

［153］高建民，陈星，裴瑶琳，等.三种基本医疗保障制度下居民卫生服务需要和利用比较分析［J］.中国卫生政策研究，2011（4）：48-54.

［154］朱铭来，奎潮.财政压力视角下基本医疗保险制度的可持续发展［R］.2011：184-204.

［155］2012年社会蓝皮书发布：我国城市化水平首超50%［EB/OL］.http://china.cnr.cn/ygxw/201112/t20111220_508950435.shtml.

［156］孙群.城镇居民医疗保险政策科学化的思考［J］.江淮论坛，2011（2）：130-133.

［157］刘军强. 中国如何实现全民医保？——社会医疗保险制度发展的影响因素研究［J］.经济社会体制比较，2010（2）：115-122.

［158］何毅.医保"扩面"进程、职退比与基金结余管理——基于省际面板数据的研究［J］.保险研究，2012（5）：97-110.

［159］县级财政仅够"吃饭"54县自主安排不足3成［EB/OL］.http://news.hexun.com/2013-01-17/150249008.html.

［160］贺小林，梁鸿.社区卫生服务门诊统筹政策的成效与经验［J］.中国卫生政策研究，2011（4）：16-21.

［161］推进门诊统筹和付费方式改革视频会议召开［EB/OL］.https://www.zgylbx.com/index.php?m=content&c=index&a=show&catid=6&id=16384.

［162］梁鸿.重视医保谈判机制设计［N］.健康报，2012-4-23：05.

［163］何文炯.从"人人享有"到"人人公平享有"——社会医疗保险需要解决四大问题［J］.中国医疗保险研究，2012（1）：13-16.

［164］梁鸿，贺小林.医保支付方式改革政策演进路径的前瞻分析［J］.中国医疗保险研究，2012（3）：38-40.

后记

　　学识的限度与专业的执着一直困扰着本书的写作和修改过程——虽然总想将其作为一个结束的句点和全新的开始，这样的决定我迟迟徘徊了7年。

　　中国的城镇居民基本医疗保险制度自2007年起开始在部分城市试点。2010年，有幸在我的博士生导师、复旦大学社会发展与公共政策学院梁鸿教授的指导下，追踪并见证了这一制度变迁，从政策试点到制度推广、再到统筹完善并逐步成为健康中国的根本保障制度之一，其带来的政策福祉已经深深影响到中国城镇居民的日常生活。医疗保障致力于让每一个中国人病有所医，对其制度的探究和完善既不平坦，更显艰难。本书对探索"健康中国"战略下城镇居民基本医疗保险制度变迁与政策分析进行了初步的方向性研究，虽然初涉这一领域，但2007年城镇居民基本医疗保险制度出台恰逢其时，到目前已取得坚实的制度性跨越，进行了城乡居民医疗保险制度统筹，并向着"人人享有基本医疗保障"的战略目标继续完善，全民医疗保险这一历史性的画卷已经徐徐展开。

　　我一直想探究城镇居民基本医疗保险政策的变迁历程、影响因素以及城镇居民基本医疗保险政策变迁具有哪些特征？存在怎样的问题？城镇居民基本医疗保险的核心政策目标与执行状况、试点城市城镇居民基本医疗保险政策运行情况怎样？在制度公平性这一核心政策目标方面取得了哪些进展？城镇居民基本医疗保险政策评估与风险识别应怎样进行？居民参保意愿的情况如何？哪些因素影响了居民的参保？服务利用的情况如何？哪些因素影响了服务利用？制度满意度的情况如何？哪些因素影响了居民满意度？城镇居民基本医疗保险面临哪些制度瓶颈和深层次问题？需要怎样的配套措施来完善和推进城镇居保制度改革？本研究通过了解城镇居民基本医疗保险政策运行情况，发现试点中存在的问题及原因，总结试点经验，探索政策发展规律，为完善城镇居保政策、提供科学的决策依据做了一些基础性工作。这既是对制度变迁的真实记录，也是对政策完善的孜孜以求。

　　本书的撰写缘于我在复旦大学攻读博士学位期间的积累，3年的时光转瞬即逝，至今又是7年，往事历历在目。感谢复旦大学社会发展与公共政策学院彭希哲教授、王桂新教授、赵德余教授、郭有德教授、任远教授、田文华教授、滕五晓教授等的授业指导。如果说母校"博学而笃志，切问而近思"的精神熏陶了我，导师的培养和教诲更将伴随终身。从参与国家哲学社会科学重大项目"新医改背景下中国医疗保障体系研究",到后来主持上海市城镇居民基本医疗保险制度完善研究、上海市社会保障战略框架完善研究、上海市完善社区健康服务研究,一路走来,感谢导师的充分信任与辛勤培养,也感谢国家哲学社会科学规划办、中共上海市委党校、上海市人民政府发展研究中心、上海市人力资源和社会保障局对这些研究提供的资助。本书对国家城镇居民医疗保险首批试点城市分析的数据来自国务院城镇居民基本医疗保险试点入户调查数据,北京大学光华管理学院和中国医疗保险研究会牵头了这项调查,各试点城市医疗保障部门为本研究的推进提供了宝贵的基础素材和实践经验。2020年年初,新冠肺炎肆虐神州大地,回想起医疗保障与卫生政策领域研究的每一个瞬间,不禁感慨万千。几年前关注并一直呼吁的医保支付制度的改革;结合医疗服务体系的医保改革,促进社区卫生服务尤其是家庭责任医生制度的构建,以形成医保费用的"守门人"制度;加强对医保基金的监督和管理,提高医保机构的经办效率;2018年夏天针对上海疾病预防控制弱化或危及超大城市公共卫生安全的专项调研……许许多多的改变正在发生,一个微弱的呼声,一些小小的希冀,愿医疗保障制度的逐步完善能够支撑起健康中国的梦想!

我在中共上海市委党校的领导和同事曾峻教授、马西恒教授、罗峰教授、周敬青教授、董幼鸿教授等对学科事业发展的责任感一直鼓励和鞭策着我的研究。作为一名踏入学术研究领域不久的年轻学者,一路上还得到了许许多多师长的无私帮助和精心指导,家人的支持也常常让我备感珍惜。最后,本书的出版得到了中共上海市委党校马克思主义创新工程出版资金的资助,在资助的评审过程中,匿名评审人对书稿提出了十分中肯的指导建议和非常有价值的修改意见,复旦大学出版社、中共上海市委党校科研处也为本书的出版付出了大量的辛勤劳动,在此一并深表感谢!

2021 年 3 月 9 日

图书在版编目(CIP)数据

健康中国的城镇居民医疗保险:制度变迁与政策分析/贺小林著. —上海:复旦大学出版社,2021.3
ISBN 978-7-309-15522-8

Ⅰ.①健… Ⅱ.①贺… Ⅲ.①城镇-医疗保险-研究-中国 Ⅳ.①F842.684

中国版本图书馆 CIP 数据核字(2021)第 041198 号

健康中国的城镇居民医疗保险:制度变迁与政策分析
贺小林 著
责任编辑/陆俊杰

复旦大学出版社有限公司出版发行
上海市国权路 579 号 邮编:200433
网址:fupnet@fudanpress.com http://www.fudanpress.com
门市零售:86-21-65102580 团体订购:86-21-65104505
外埠邮购:86-21-65642846 出版部电话:86-21-65642845
上海华业装潢印刷厂有限公司

开本 787×1092 1/16 印张 13 字数 277 千
2021 年 3 月第 1 版第 1 次印刷

ISBN 978-7-309-15522-8/F·2786
定价:42.00 元

如有印装质量问题,请向复旦大学出版社有限公司出版部调换。
版权所有 侵权必究